砲彈下的渴望

加薩走廊轟炸日記

MOHAMMED OMER

穆罕默德・奧默——著　溫澤元——譯

SHELL SHOCKED

On the Ground Under Israel's Gaza Assault

推薦序

在絕路中緊抱盼望

張翠容

如果你認為你是個珍惜人權、公義、民主、自由的人，那你沒有理由把頭別過去，不去理會他們，至少也得聽聽他們的聲音吧！

當得知居住在加薩的巴勒斯坦裔記者穆罕默德．奧默（Mohammed Omer）親自撰寫了他那驚心動魄的生活經歷，我的第一反應是：噢，加薩人終於可以發出一點聲音來了，即使如何微弱，但只要我們聆聽，便有希望變得強大。

我屏著呼吸，迫不及待翻看他的書稿《砲彈下的渴望》，我的思緒又回到既遙遠卻親近的加薩。雖然我在二〇〇六年已經離開了這塊絕望的土地，但從來沒有忘記在那裡所認識的每一個人。他們與我們都一樣有血有肉，有著共同的情感；唯一不同者，就是他們連最卑微的渴望——過正常的生活，也受到剝奪。

在這個只有三百六十五平方公里的地中海土地上，住了近一百八十萬人，它永遠都是以巴地區衝突的前線。

我們在新聞上多次聽到加薩受到以色列狂轟猛炸。事實上，加薩居民的生命每天都受到威脅，朝不保夕。記得在加薩時，每當我與當地朋友說再見，他們總會不捨地回說：「再見？好的，如果明天我還活著的話。」

導彈、槍擊、圍困等等，我曾與加薩居民一起經歷過，只是我可以離開，他們不能，他們甚至前往同屬巴勒斯坦人自治區的西岸也不能，因為加薩一直受到封鎖，活像個大牢獄。

當加薩衝突一發生，通常傳統媒體會先收到以色列傳來的消息，指控巴勒斯坦人向他們襲擊，他們只是自衛而已。

這就涉及到雙方的傳播能力，誰充分掌控國際媒體和傳播手段，誰便擁有話語權。如是者，在這方面，強弱已經很明顯，連記者都難以到達的加薩，加薩居民又如何能發聲？因此，奧默的這本書在此情況下顯得如此的難得。

原來，自二〇〇〇年巴勒斯坦人起義以來，加薩一直遭以色列海陸空封鎖，非一般人可以進入，理由是，加薩是激進民族主義火車頭、巴勒斯坦激進組織「哈瑪斯」的基地。

加薩已陷入一個黑暗循環中。一次，一份香港報章訪問了我，談及加薩問題。說完後我警告記者，以色列領事館一定來找她，請她有心理準備。果然電話響了，對方要求她到領事館走一趟。

總領事親自接見，並給與該報專訪。報導出來，大標是：「寧輸傳媒戰，要贏真戰爭」。多霸氣啊！連同之前以色到駐美大使的一句話：「以軍對加薩已很克制，應該獲得諾貝爾和平獎，」這兩位外交人員簡直是絕代雙驕。他們說話時，毫無憐憫之心。

當以色列襲擊加薩時，會用最兇狠的屠殺方式，二〇〇九年的空襲如是，二〇一四年所謂的「護刃行動」更如是。他們除了攻擊哈瑪斯政府機關和其武裝據點外，不少小孩、婦女、老年人、青少年，以及其他無辜的老百姓都成為受害者。死傷數字以千萬計，而且大部分皆為婦孺，這就是以色列所推行的「集體性懲罰」政策。

這種把平民也一併視作襲擊對象，用國家機器進行大規模殺戮的行為，有批評者指出這種嚴重違反國際法的行為是國家恐怖主義。

不過，以色列對這次襲擊巴勒斯坦人的行動也有說法，他們指稱加薩的巴勒斯坦激進組織先以火箭砲攻擊以色列邊境，因此，他們要用百噸導彈和數十架戰機自衛、報復。

自衛以及報復成為美國主流媒體報道以色列襲擊行動的主調，加薩走廊則早已被描繪成恐怖組織的基地，當地居民全都是潛在的恐怖分子，是他們挑起衝突的事端。

可是，過去以巴和平談判一直沒有實質進展，立國遙遙無期，巴勒斯坦自治政府貪腐無能，巴勒斯坦人如籠中鳥，寸步難移。在這情況下，他們於二〇〇六年巴勒斯坦自治區的大選，在絕望中把選票投給採激進手段的哈瑪斯，哈瑪斯就這樣贏取大選；但以色列和美國一直不願承認，並加緊對加薩的圍困和攻擊。可是，無論怎樣激進，哈瑪斯的力量與以色列相比，都十分懸殊，就像小孩對大人一樣。因此，一有衝突，雙方的傷亡數字都是非常不對等的。只要巴勒斯坦人繼續受到圍困，看不到出路，那麼，衝突將永不止息。

奧默就在加薩這個世界上最大的「監獄」成為不一樣的記者，為什麼呢？正如他所說，不像其他國際記者，他們這些來自加薩的新聞工作者不僅是播報新聞，他們還在加薩生活，也可能在加薩死去。奧默表示，無論環境怎樣惡劣，他仍會緊抱盼望。因此，他要記錄，特別是二〇一四年以色列採取的「護刃行動」，我們在電視上只遠距離看到以色列對加薩的空襲，就像戰爭遊戲。從高空往下望，人變得如此微不足道，而轟炸的聲音亦掩蓋了受害者的哀嚎。

但，奧默的一枝筆尤如相機把鏡頭對準受害人及其家庭，並且更來個大特寫，令我們無法迴避，直視他們超乎想像的生存處境。怎麼二十一世紀都已經踏入第二個十年，文明以外竟卻有個殘酷的世界，這是我們在新聞上無法得知的。

奧默訴說加薩故事能力之高，可能由於他就生活在其中，他的觀察與感情比其他外國記者來得更深刻、真摯。儘管加薩如此令人沮喪，奧默在書中仍然仔細描繪了加薩居民的日常，一種在巨大恐懼和艱苦中依然堅持維持日常生活的勇氣。他們在絕路中緊抱盼望，盼望著國際公民社會的關注及援手；即使過去外界對這塊土地一籌莫展，可是和平組織如雨後春筍，從國際到以巴地區，特別是以巴兩地人民攜手推動和平，卑微中見強大。只要人與人之間彼此能夠靠近，盼望總在人間，這一代不行，下一代，再下一代。

令我驚訝的是，原來台灣也有個巴勒斯坦網（http://palinfo.habago.org），同情者更多年來每個月在台北有個站樁行動，風雨不改，抗議以色列對巴勒斯坦人的政策。或許你會質疑其成效，但卻不能否定當中的道德力量。

我期待這本《砲彈下的渴望》可以拉近大家的距離，讓同理心照亮世界黑暗的角落，重建人類文明的核心價值。

引言[1]

時隔加薩走廊的上一場戰爭已經一年，我回想起第一次跟賈拉勒．戎迪亞碰面的場景。二〇一四年夏天，我看見他坐在殘破的自家上頭，周遭盡是塵土與碎石。雖然他努力維持冷靜，我還是在他臉上看出壓力刻蝕出的紋路。跟許多住在加薩走廊的人一樣，歷經以色列近期一連串的襲擊之後，人民已經能夠預測出空襲的頻率約莫三到四年一次——如今賈拉勒已經一無所有。賈拉勒說出內心的疑惑：他的妻子還有六個孩子的未來該怎麼辦？如今家園已毀，他們該安身何處？哪裡才是真正安全的？他們被困在加薩走廊，哪裡都去不了，唯一能做的，就是等待有一天不再有炸彈轟炸、空中看不見戰機。或許如此，他們才能重拾足夠的平靜重建家園、找回那種正常的生活。

一年過後，賈拉勒仍舊無家可歸。他的住宅仍然呈現毀損狀態，家人雖然安在，但也僅只是活著而已。至於我自己，則盡可能保持樂觀，這片狹長的飛地[2]過去是一片秀麗、自給自足

1 本書全書註腳皆為譯註。

2 「飛地」是一種人文地理概念，意指在某個地理區境內畫有一塊隸屬於他地的區域。

的沃土，如今已然成為斷壁殘垣，在這裡生活絕非易事。以色列決心要讓我們永遠回不了家，這就是加薩走廊居民所面對的現實。一九四七年到一九四八年有一場肅清行動，當時以色列覬覦一塊聯合國尚未允諾的領土，因此針對該區域的非猶太人進行種族淨化[3]。那次事件之後，加薩走廊成為一塊安居的樂園，讓成千上萬名非猶太裔居民，得以從伊爾根、史騰恩，還有利希[4]等民兵組織的屠殺魔掌中逃出來。這些以恐怖分子自居的組織，就是今天以色列軍隊、警方，還有以色列國安局的前身。不過直到今天，那些比支持猶太復國的民兵組織更早逃到這裡的長者、男人、女人，還有小孩，縱然已經與家園失散，他們手上還握著自家的鑰匙。這些鑰匙代表著希望跟決心，他們希望有一天能共重返故土。

經歷二〇一四年以色列襲擊之後，許多加薩走廊裡的孩童仍然驚魂未甫。我們持續居住在這座圍城中，人民所能夠購買、對外輸出，還有進口的貨品都受到限制。我們無處可去、動彈不得，外人要來探訪更是難上加難。聽著人權主義者高聲頌讚，「巴勒斯坦人能在這種侵略行徑之下存活下來，」我們內心感到無可奈何，畢竟我們早就過了好長一段這樣的日子了。他們說的或許沒錯，但終究點出了一個無可迴避的問題，「我們為什麼得被迫繼續忍受、過著這種悲慘的生活呢？」二次世界大戰延續了六年；希特勒統治的德國發動的攻擊，還有讓人不能苟同的種族淨化長達十二年。我們受到的壓迫已經綿延六十七年，以色列占領巴勒斯坦的期間在歷史上已沒有其他案例可比擬。

每一天、每分每秒，我們都活在扭曲的現實當中。我們所經歷的這場人為災難，就是為了要鞏固、宣揚他們奇怪的價值——那股昭然若揭的種族歧視心態。而他們全憑著信仰以及種族，就讓自己有了這股特權，隨後卻又對這一切行徑予以否認。這些舉動的目的，就是要讓我們的存在（他們所不能接納的種族、信仰）變得令人無法忍受。他們的目標，就是逼迫我們「自願」放棄我們的國家、事業、家人、家園、祖先，還有文化。他們所施加的迫害相當系統性，也影響生活的每一個層面。他們阻止我們重建家園，還進行軍事襲擊、鎖定攻擊目標、監禁人民，甚至將居民圍困、不供應餐食，還有各種泯滅人性、剝奪人權的刑罰。為了抵制我們的運動，還以「公共安全」的名義，設置各種城牆以及檢查站。

不過儘管如此，我們還是留在這裡。沒錯，在加薩走廊我們永遠找得到生存下去的方式。女人會將那些轟炸我們家園、已然廢棄的坦克砲彈製成花盆。學生回到被炸彈毀得坑坑疤疤的學校，矢志完成學業；他們用膠帶將毀損的課本黏好，也簡單將原子筆修復成堪用的狀態。每到傍晚，我們藉著燭光讀書。瓦斯、水，還有電力不時會斷絕供應，在加薩走廊，這也是天天都得面對的現況。我們就這樣專注在生存的基本層面，秉著我們引以為豪的決心，繼續勉強度日。我們也是人，我們懷抱夢想，但也會有惡夢來襲；我們堅忍強壯，但也有脆弱的時候。在

3　一九四八年五月以色列正式宣布建國，以色列建國隔日，中東其他國家不承認其存在，便向以色列宣戰。而該年在戰爭中，以色列占領了約旦河西岸的部分領土，約旦則占有東耶路撒冷、以色列南部，而埃及則在沿海地區占有一小塊土地，後來被稱之為「加薩走廊」。而在一九八四的戰爭中，大量的阿拉伯人逃離「猶太國家」，此後這次流亡也被阿拉伯人稱為「大災難」。

4　猶太復國主義的激進軍事分子，組織目標是以武力手段，建立一個完全由猶太人組成的國家。

繼續盼望、祈求正義的同時，我們對於自給自足的能力感到自豪，也會謙卑地感謝上帝，讓我們獲得外界的協助。

時至今日，正義仍未降臨。每次賈拉勒碰到我的時候，他都會問：西方世界每次談到跟人權相關的民主還有存在主義時，都表現得振振有辭，他們會將理想落實到行動上嗎？他們難道沒有聽說以色列對加薩走廊的侵害嗎？他的雙眼在我的眼中不斷尋找希望。他知道我曾在加薩走廊以外的地區待過，也不時跟具有影響力的西方人士與談。很多時候，我的雙眼沒有辦法迎上他的凝視。我能感覺得到西方強權對於加薩走廊所遭受的一切其實關注甚少。居住在加薩走廊的兩百萬居民，其實常感覺自己似乎不存在這個世上。我沒辦法把這個令人惶恐的事實告訴賈拉勒，我讓他繼續保持這股希望，告訴他我會繼續把他的故事推廣到全世界。我向他保證，他的聲音絕對不會遭人忽視。

與賈拉勒相同，我們都是加薩走廊的居民，天天都要經歷各種攻擊，還要承受每幾年一次的大型襲擊。從我還是一個孩子，經過青壯年期，到現在為人夫、為人父，這就是我的生命經歷。第一次巴勒斯坦大起義[5]發生的幾年前，我來到這個世上；直到今天，共有四代人歷經以色列的侵略，但是多數人對於一切所知甚少。距離上一次大規模攻擊已經一年了，二〇一四年夏天，我們在無可言喻的煉獄中生活了五十一天。[6]每經歷一次襲擊，人民之間就更加緊密、更有韌性，也越發堅定。這種求生意志，以及重建家園的決心，讓我們團結一致。人們始終懷抱這樣的希望——或許去年夏天的攻擊是最後一次了，大家不再需要過著這種痛苦的生活。然後，我們雖懷抱希望，但卻沒什麼信心。

本書闡述了戰爭的各種面向，也收錄了我過去撰寫、有關以色列侵略行為的報導。社群媒體對最近的攻擊行動造成了不同的影響。處理到以色列情勢的相關議題時，審查刪節的現象：無論是媒體的政策，還是新聞記者的自我審查都無所不在。過去被草草帶過的新聞事件，現在都備受質疑。因為有了社群媒體，以色列的攻擊行為終於無所遁形，新聞媒體不得不派記者到現場報導。儘管歐洲跟美國的新聞媒體還是抱持著特定的立場來報導，但是整體而言情況還是有所改善。像賈拉勒這樣的人民之聲，很少有機會能夠推送到新聞媒體上；然而「數位解釋之聲」（Electronic Hasbara Force）的論點，一個由志工組成的網絡、目的是透過社群媒體向全世界呈現以色列政府的態度，卻是惱人地不停放送。他們的立場包含以色列「維持純猶太人國家」、「為自己辯護」的權利，這種先發制人的手段實在是極端矛盾。

在媒體上，以色列的安全永遠都是擺在第一位。我們常聽到猶太籍移民需要更多保障，還有以色列工人、學生、軍方、警方以及外交官也是，大家都需要安全；但是從來沒有人主張要維護數百萬名巴勒斯坦人，他們忍受毫無間斷的攻擊行為，還被逐出在一九四八年以色列建國之前已經定居幾千年的老家，那片人民悉心照料、珍視的土地。這種不被重視或選擇性忽略的現象，讓數百萬名巴勒斯坦人所承受的壓迫，越來越不可收拾、越來越嚴重。

在主流媒體上，很少有人提及加薩走廊人民的權益，也不曾替我們辯護，甚至單純替人

5 一九八七年巴勒斯坦群眾舉行的大起義，主要是反對以色列長久以來的軍事侵略。

6 也就是二〇一四年以色列發動的軍事鎮壓。

民的生命發聲；畢竟我們不像其他國家，我們沒有陸海空三軍，也沒有核子武器。我們至今仍未設置任何檢查站，我們也沒有將以色列人民的住宅剷平、剝奪他們做生意的權利，更沒有監禁以色列人民、甚至是孩童。我們沒有在他們的城市周遭建造城牆、沒有把他們的農作物連根拔起，也沒有扣留稅收。我們不會去計算人體所需的最低卡路里攝取量，再把超出的食物列在違禁品清單當中。假如以色列人隨時想要出國，巴勒斯坦人不會予以阻擋，也不會禁止他們到學校上課。我們不會切斷他們的電源、炸毀淨水場，也不會用污水灌滿每條大街小巷。我們不會扣留供給醫院藥物的船運。如果他們的漁民在人為畫定的界線周圍遊蕩，我們也不會用槍射殺；也不會讓人民在等待醫療核准的時候當場死在檢查站。我們也絕對不會因為夫妻身在兩塊不同的領土上，而禁止他們住在一起。上述這些事巴勒斯坦人都不會做，因為那都是以色列人施加在我們身上的。他們使用這種手段已經好幾十年了，而這還不包括每三到五年一次的大規模軍事攻擊。

巴勒斯坦的陳述顯然很少浮上檯面，哪天有人看到關於巴勒斯坦的新聞，大概也是在以色列辯護自身權益的時候順帶提到。這個蕞爾小國傾注大量資金來操弄媒體。巴勒斯坦當權花了很多時間，試圖跟哈瑪斯（Hamas）[7]談和。一旦雙方有所接觸，以色列和美國就會威脅巴勒斯坦，要讓駐紮當地的代表扣留他們的稅收。很多時候，巴勒斯坦當局幾乎都要破產；支付薪資已經不容易，更遑論應付以色列用金錢堆出的媒體高牆。

對大多數的媒體而言，如果不要播報實情，巴勒斯坦人看起會比較沒有人性，也因此讓所有報導都站在施壓者那邊，而不是受害者那方。我們是受侵占的人民。我們從一九六七年的六月六日就正式受到占領，而從一九四七年十一月三十日至今，巴勒斯坦也不斷遭受種族淨化。掠奪土地、占領他人家園，這就是衝突的根源。這種衝突非關信仰，從來就跟宗教一點關係都沒有。以種族之名，宗教只是用來畫分隔離的手段而已。

以色列占領土地的原因，跟信仰、聖經故事，或是其他用來合理化自己行徑的藉口無關。真正的動機是戰爭：爭奪上流水源、河川，還有地下水。大家都想要控制、利用豐富的天然資源，像是適合耕作的土地，還有西部沿海與加薩走廊沿岸的天然氣層。政經勢力也至關重要，大家都想在中東握有軍事經濟的影響力。真相就是如此，其他理由都是幌子。

其實基督教、伊斯蘭教，還有猶太教這三種信仰在這片聖地上，和平共存了超過一千四百年。雖然偶爾仍會爆發衝突，但導火線多半都是入侵者所致，像是中世紀歐洲的十字軍、土耳其帝國、羅馬帝國，或是今天擁護猶太人復國的積極分子。如果沒有外力介入，巴勒斯坦的這些民族基本上能和平自處。而且歷史也證明，我們甚至還很喜歡彼此呢！

社群媒體改變了大家對以巴衝突的認知，從原本閃爍模糊、單一面向的理想主義，轉變成多面向、追求實事根據的真相。大家的理解慢慢從想像，轉變為現實，我希望這本書也能達到這樣的目的。

7　哈瑪斯是巴勒斯坦一個宗教性的政治組織，是成立於一九八七年的一個伊斯蘭教尼遜派組織，其宗旨是以武力消滅以色列。哈瑪斯主要活動區域有加薩走廊、卡達，還有其他中東地區。

我寫這本書，是希望能把那些需要讓大家知道的故事，得以保存延續。有些段落正向積極，像是在上一次的攻擊中，有四千五百名嬰孩在加薩走廊降生（本書第278頁）；有的故事則是令人心痛，像是在襲擊中不幸喪命的青年艾哈邁德，透過他姐姐娜耶斯的回憶以及一字一句，我們才得以紀念他（本書第227頁）。在此我也希望能向加薩走廊的基督徒跟穆斯林致敬，他們團結一致的心堅定無比；這裡的牧師跟伊瑪目[8]都敞開教堂跟清真寺的大門，不會把信仰不同的人擋在門外。大家都忘記巴勒斯坦人其實有著各種信仰，當中還包含了猶太教。在古羅馬的記載、希伯來古書，還有歐亞的史學地圖裡都可得知，巴勒斯坦已有三千多年歷史。在耶路撒冷舊城區那個紀念一九四八年以前戰敗身亡的英國士兵的墓碑上，也有所記載。巴勒斯坦地區包含部分現今的黎巴嫩、伊拉克、約旦、以色列、埃及，還有加薩走廊，如果你在上述地區出生成長，那麼你就是所謂的巴勒斯坦人。儘管很多人體內可能流著高加索人、亞洲人，或者是非洲人的血液，但是巴勒斯坦並不是民族，我們屬於阿拉伯民族。在這裡，種族跟信仰不能直接畫上等號，這片土地上除了伊斯蘭教、猶太教、朱斯教，還有基督教跟其他宗教。

在加薩走廊，基督徒與穆斯林共患難、共生死。巴勒斯坦的這兩個宗教族群，都親眼目睹學校以及教堂、清真寺被以色列軍隊炸毀。以色列軍方還有西岸狂熱的猶太居民會逮捕他們、禁止他們飲食，加以羞辱、把他們與家人拆散、禁止他們離開巴勒斯坦，甚至直接奪走他們的性命。縱使以色列捏造出一套說詞，也很有系統地剝奪我們的人權，基督徒與穆斯林始終秉持著基本的人道精神，堅定地團結一致。

我們不能忘記這些事實，因為延長占領加薩的主要戰略，就是製造原本根本不存在的分化現象。這種假想的分化現象，時常是西方國家政府「兩國方案」[9]關切的核心議題。無論是兩個國家還是一個國家，這個爭議在中東根本無足輕重，對於巴勒斯坦或以色列來說更稱不上是個問題。這種兩國論述，根本只是在癥結的表層塗上一層厚厚的漆，讓人誤以為其實狀況大有進展。從政經層面來看，如果以色列占領加薩所投入的資本代價比利益高，他們才有可能會收手。逼迫以色列付出代價，這正是「抵制、撤資、制裁運動」（DBS）[10]的目的；而此舉的優點，就是這種訴諸法律的方式毋需動用槍械、濫殺無辜，就能達到目的。這個辦法不涉及暴力，而在南非的先例中也確實成效卓著。

就我個人而言，我很樂見以色列跟巴勒斯坦能夠秉持平等包容的心態，團結成一個國家。二〇一五年的四月二日，佩尤研究團隊公開一份報告：《世界宗教的未來：人口成長預測，2010–2050》（*The Future of World Religions: Population Growth Projections, 2010–2050*）。根據這份報告預測，到了二〇五〇年，將近百分之八十的猶太人口會聚集在兩個國家：以色列跟美國。

---

8 此字原意是指在伊斯蘭教儀式上領禱的人，在伊斯蘭教中占有相當重要的地位。

9 以巴衝突中的政治解決方案之一，此方案主張居住在巴勒斯坦土地上的猶太人以及阿拉伯人，各自建立兩個不同的國家。

10 人權團體於二〇〇五年成立的運動，主要是從經濟、社會與政治方面加以制裁，迫使以色列停止非法侵占、迫害其他種族。

很有趣的是，直到今天，在兩個國家裡，美國人、巴勒斯坦人、以色列人、穆斯林、猶太人，還有基督徒，他們時常一同工作、住在同一個社區、去同一間店消費，有時甚至彼此成為朋友。每個族群都有自己的信仰群體、習俗，以及傳統。他們能夠和平共存，不用建立圍牆、檢查站，也無須使用炸彈、隔離法規，更遑論那些為了打壓，所施加於加薩以及約旦河以西居民的手段了。只有在以色列，戰爭才永不止息。綜觀上述現象，我發現問題根本不是人種、信仰，或是種族，政策才是關鍵。改變政策，才能改變動盪的現況。

唯有和平共榮，才能獲得強盛的力量。假使以色列自認受到鄰國威脅，他們就要把巴勒斯坦當作能互信互重的夥伴。只要回溯到發生於二〇〇〇年的衝突暴動，我們就能發現，巴勒斯坦人跟以色列人曾經有過一段相對和平的時期。在以色列境內上班的巴勒斯坦籍勞工，加班到晚上還是能安然返家。至少在這個時期，他們還能夠掙錢養家、維持生計。不像現在，以色列隨意侵占土地、設立禁區，緊閉國界，讓巴勒斯坦人不得不依靠國際組織以及慈善團體的救濟度日。這樣的景況，讓加薩走廊裡八成的巴勒斯坦人成了難民，還需要聯合國救濟組織的協助。正當聯合國一再呼籲以色列終止這種占領攻擊行為、也要巴勒斯坦人有所自覺時，卻不斷受到美國阻撓，甚至讓以色列打壓加薩的行動加倍。

面對這種戰爭罪行、打壓巴勒斯坦人權的事件時，國際法常常隱身幕後、不見人影。在我目前寥寥數年的人生當中，對於避免濫殺無辜這種事情，我發現國際組織通常都令人絕望，也起不了什麼作用。想想二〇一一年，國際組織同意在利比亞上空設立禁飛區；但是當巴勒斯坦人希望避免以色列高空轟炸時，卻遭到否決。保護利比亞跟加薩當地的無辜民眾，我覺得這兩件事根本沒有差別，而且聯合國組織甚至已經來到加薩，提供在地協助。

以下我提出兩個積極正面的看法作結：雖然加薩走廊每天都活在絕望之中、面臨嚴重的失業狀況，巴勒斯坦人的韌性仍然不受動搖。年輕一代的巴勒斯坦人盡己所能，養活自己、穩固基本人權——即便只有少數人能獲得以色列允許，到海外追尋夢想，他們還是到學校、大學受教，把教育視為未來人生的基石。以色列應該要跟這一代年輕人建立友好關係，而不是把他們當作仇敵看待。

另外一點則是跟美國有關係。回想我初次到哈佛大學、哥倫比亞大學，還有美國各地的猶太教堂演講時，雖然很多人專心聆聽，不過還是會有對於真相感到不屑、鼓譟謾罵。這股現象現在已經有所轉變，而且也跟美國年輕一代的猶太人有所連結。我了解這個過程進展得相當緩慢，甚至需要花上好幾年，不過這種感覺讓人安心。改變及將來臨，這是很棒的現象。

——穆罕默德・奧默

當我的孩子嚎啕大哭

我們似乎沒有活著的權利，也不允許替自己辯護。根據美國的說法，這種權力只有以色列人獨享

我的兒子奧邁三個月大的時候，躺在嬰兒床裡、身上裹著毛巾正在哭泣。夜已深，這個時候沒電沒水。我的妻子莉娜發狂似地安撫並哄著我們的孩子，臉上卻掛著一行行的淚。今天晚上，奧邁的搖籃曲是華格納的《女武神的騎行》（*Ride of the Valkyries*），只不過是以色列版。以色列F-16導彈的爆炸聲像大鼓般敲打著地面，地獄之火導彈擔任管樂器，無人機則是負責演奏弦樂。在我們四周，以色列武裝直昇機與地面迫擊砲的轟炸聲完成了這首交響樂，他們的聲響跟華格納低音號的樂音一樣清晰可辨。

不過這不是表演，這齣死亡的歌劇已經上演好幾天。受驚嚇的嬰孩以及身處濃煙之中的孩童，他們嚎啕的哭聲取代了觀眾的掌聲。榴霰彈從建築物以及車子旁呼嘯而過；同時另一顆導彈也找到轟炸目標，精準地炸毀另一戶人家。現在超過六人喪命，隔壁醫生的住家被三顆以色列F-16導彈擊毀。攻擊目標究竟為何，沒人知曉。醫生已然喪命，而他的雙親早在上一場二〇〇八到二〇〇九年的戰事中身亡。空襲的聲音在我跟莉娜的耳邊嗡嗡作響，奧邁也哭個不

停。現在死亡總數已經累積到一百八十六人，另外還有一千三百九十人受傷。聯合國指出，這些人多是加薩市民。

戰爭的終點遙遙無期，大量的坦克車在遠方的國界聚集，準備來一場陸地大襲擊。空中嗖嗖盤旋的阿帕契直升機製造出空氣震波，使得奧邁的嬰兒床不斷搖晃。警報聲劃破寂靜的夜空——以色列軍艦又發射了另一顆導彈。國界就在不遠處，但是我們卻無法動身離開。自二〇〇七年開始，加薩走廊就成了一座圍城。我們不像以色列有防空洞可躲，加薩的一百八十萬市民裡，有超過一半是未滿十八歲的孩童。他們全都擠在如曼哈頓一般大的區域，無法抽身。我們只能留在原地祈禱，希望自己不會成為下一個攻擊目標。

這一切我過去也曾經歷過。我雖在加薩長大成人，但是以人夫人父的身分度過戰亂，這還是頭一遭。這種感受截然不同，我多希望自己有辦法能憑空把妻兒從這裡抽離。但這裡是我摯愛的故土，還能怎麼辦呢？空襲看似永無止境，噪音也實在響得惱人。在這種緊繃寂靜的時刻，莉娜開始給奧邁餵奶，靜靜地祈禱。

轟隆轟隆！突然有一顆炸彈從天而降砸在家門外頭。莉娜衝出房外，一邊把奧邁緊摟懷中，一邊尋找安全的角落。奧邁不斷哭吼，無法平復。這樣尖銳的哭聲帶給我的恐懼，只有為人父母者才能體會。我找不到方法安撫奧邁，只好趁他躺在我妻子懷裡時，緊握著他的小手。莉娜把奧邁牢牢揣在懷中，我們焦急地穿越一個又一個的房間，眼睛緊盯著天空、觀察是否又有導彈襲來。以色列一直以來都聲稱自己的攻擊目標很準確、不會傷及無辜。真的是這樣嗎？若真是如此，為什麼會有這麼多小孩、女人跟長者身受重傷，變成殘廢，甚至失去性命呢？又為什麼會有醫院被炸毀？怎麼會有學校、橋梁、自來水處理廠、溫室，或其他市民成為攻擊目標呢？統計數據總是呈現出天差地別的事實。

轟隆！突然閃過另一道白光，別處又傳來爆炸聲。緊繃的情緒幾乎讓人無以為繼，無人機的嗡嗡聲更是讓情況雪上加霜。我們一邊戒備、一邊等待，又有一連串的地獄之火導彈打得整棟建築物搖搖晃晃。我們無法闔眼、無以成眠，唯一值得慶幸的是我們還活著。

我把冰箱門打開，接著又關上。現在還是無電可用，但我也不會感到詫異。莉娜試著進入夢鄉，好不容易小睡一會兒，卻又顫抖著醒來。這就是加薩遇襲的景況，對於戰爭會延續多長、什麼時候會結束，我們也毫無頭緒。

為了讓自己分心，我們開始聊天，也很好奇在隔離牆[11]另一頭的以色列人在做些什麼。他們的行動不受限制，能夠來去自如。有了空襲警報跟防空洞可躲，他們會感到安全嗎？他們不用擔心自己的房子被軍艦擊碎、不用害怕坦克車把大街小巷給碾碎、不用擔心推土機把房屋剷平、不用害怕轟炸機把鄰居給炸毀，也不用擔心無人機追查出自己的行蹤。以色列握有的軍事實力位居全球第四，他們有完備的陸海空三軍，還有鐵穹防禦系統[12]，能夠有效抵擋加薩自製的火箭飛彈。加薩沒有陸軍、海軍跟空軍，也沒有設立檢查站提供安全保障。我們似乎沒有活著的權利，也不允許替自己的處境辯護。根據美國的說法，這種權利只有以色列人能夠獨享。

仔細思量這種偽善的行徑，讓我對這樣不平等待遇有了更深的認知。以色列的主要城市離加薩只有短短幾小時車程，但是我們身處的卻是截然二分的世界，加薩就像是波蘭的羅茲、克拉科夫，還有華沙貧民窟的混合體[13]。沒有以色列的允許，我們不能擅自離開，也不能進入以色列境內。以色列限制我們的飲食，興之所至也會進行突襲檢查，更擅自決定加薩人民能夠使用哪些產品，小至衛生紙、糖，還有煤磚都在管制範圍。以色列還會逮捕我們的孩童、父母，他們想把人犯扣留多久就有多久。他們用步槍的紅外線瞄準鏡對著我們的孩子，只為貪圖一時的快感。以色列社會難道不知道我們過的是什麼生活？難道不知道政府用他們的稅金來欺壓我們嗎？他們的雙親或是祖父母來到巴勒斯坦之前，難道沒有遭受過同樣駭人的遭遇？催生猶太民族重返巴勒斯坦運動的動機，不就是為了避免這種欺壓的行為，再次發生在「任何人」身上嗎？

以下稍為修改莎士比亞的台詞，他說的確實沒錯：「阿拉伯人就沒有眼睛嗎？難道我們就沒有手、沒有五臟、沒有身體、沒有感知、沒有欲念、沒有情感嗎？我們不是跟你們吃著同樣的食物、受到同樣的武器傷害、為同樣的病痛糾纏、用相同的方法治療、也同遭受酷寒溽暑嗎？你們刺傷我們，難道我們就不會流血？你們搔我們癢，難道我們就不會笑？你們用毒害我們，難道我們就不會死？假如你們對不起我們，我們難道不會報復？如果我們在各種事情上都是一樣的，那報仇這件事也就別無二致了。[14]」

11 編註：指二〇〇二年以來，以色列為了防止巴勒斯坦激進分子而築起長八、九公尺高的圍牆，牆基本上沿著以巴國界再偏東一些築起，所以納入了不少國際上認為應屬巴勒斯坦的國土，並使得有些農地、公路、學校就這樣被拆散。目前這面牆還在建造中，已超過四百公里。

12 以色列自行開發的反火箭系統，能自動探測火箭彈，攔截五到七十公里以內的目標。

13 歷史上，納粹都曾在這些地區設立過集中營。

14 原文出莎士比亞（William Shakespeare）的《威尼斯商人》（*The Merchant of Venice*）。

縱使絕望失意，加薩還是我的家。無論身在何方、無論出入國門時要在檢查站等多久，甚至要在烈日底下跟海關人員爭論他們欺壓旅客以及受害者的行徑，通過拉法市關口時，我還是備感喜悅，因為終於回家了。

我其實是有選擇的，我有荷蘭的公民身分。每當砲聲隆隆，我都不禁問我自己，該不該舉家搬到荷蘭去，到那個我兒子出生的地方，繼續我在鹿特丹伊拉姆斯大學跟哥倫比亞的博士班研究，試著把F-16導彈還有以色列施加於我們的惡夢拋諸腦後。

但是身為記者，我有義務要把事實傳達給同胞跟以色列人民。我選擇留在巴勒斯坦，我要跟妻兒、父母，還有兄弟姐妹待在這個摯愛的家園。

以色列從一九四七年之後就讓我們的生活支離破碎[15]。我跟家人生為錯誤的種族，信奉錯誤的宗教，所以此地不歡迎我們。不過這裡是我的家鄉，我心意已決，永遠不會離開。這是世人所享有的權利，無論你是巴勒斯坦人或以色列人皆然，也不論你信奉猶太教、基督教，還是伊斯蘭教。我們終究都同樣是人。

15 聯合國於一九四七年通過分治法案，主張建立一個猶太國、一個阿拉伯國，而以色列於一九四八年宣布建國、於一九四九年成為聯合國會員國。

黑夜降臨加薩

以色列不斷突擊加薩

齋戒月[16]的夜晚總是歡欣滿溢，親朋好友會齊聚一堂享受開齋飯[17]。但是今年的氣氛卻不同於以往。

夜晚最令人恐懼。每到夜晚，以色列軍方會提高的轟炸的頻率，沒有一個地方是安全的。清真寺、教堂，甚至學校或是醫院，到處都有可能成為下一個目標。

周一，以色列軍隊向位在加薩中心戴爾阿達斯的阿克薩醫院展開一連串砲火襲擊，他們聲稱自己是要轟炸被藏匿的坦克砲彈。首發砲彈爆炸時，哈利勒．哈塔卜這位外科醫師正在開刀。察覺砲擊之後他立刻衝下樓，發現至少有四人死亡、十二位同仁受傷，包含醫生、護士、看護，還有管理人員。這些醫療人員全部變成了傷患。

16 齋戒月為伊斯蘭曆當中的第九個月分。齋戒期間，所有穆斯林在日出之後不得飲食、性交，日落之後則可以自由進食。

17 此為齋戒月期間，每日黃昏後的第一餐。

面積比半個紐約市小一些的加薩走廊，是一百八十萬人的家，這些人大多是穆斯林，當中摻雜少數的基督教徒。自從二〇〇七年被以色列跟埃及封鎖之後，加薩人民就與外界隔絕。對所有未滿七歲的孩子來說，這已經是他們經歷到的第三次長期攻擊了。

據報導指出，經歷了兩周的砲火猛攻，已經有超過六百名巴勒斯坦人喪命。而以色列陸地突襲之後，有二十八位以色列士兵死亡，另外還有兩名以色列市民死於衝突之中。

加薩根本沒有電源可用，到處都是一片黑；民生用水腐敗發臭，食物也全部變質。這個夏日夜晚，到處都瀰漫著恐懼的氛圍。

我拜訪了位於第八大街的阿爾巴巴一家人，因為這個十五人的大家庭跟炸彈之間，只隔著一層皺皺的鐵皮屋頂。二十三歲的哈尼．阿爾巴巴聽見無人機的嗡嗡聲。這些無人機有些只是為了監視用，有些則被改裝成武器。這次來的到底是哪一種無人機沒有人猜得出來。無人機的聲響，足以把孩子們嚇得匆匆躲到街角、一邊發抖一邊祈禱。哈尼緊張地盯著夜空，檢查無人機的蹤影。

以色列的攻擊行動已經殺害了好幾戶家庭。周日，在靠近汗尤尼斯[18]的一個小鎮裡，炸彈炸毀阿布．賈姆一家的住宅，造成二十多人死亡。為了安全起見，哈尼的父親把一家人分散到不同房間裡——這種令人厭惡的躲炸彈場景，天天都在加薩的各戶人家中上演。

這個時候，突然有一顆炸彈在阿爾巴巴住家後方的田地爆炸，震出一聲巨響，接著發出一道閃光。地面劇烈地搖晃，空氣開始內爆，整個人的肺似乎要被抽成真空。

夜幕再度降臨。這個區域為何會遭到襲擊，原因至今未明，這裡沒有「恐怖分子」，也沒有火箭砲彈。住在這一帶的，都是被攻擊行動嚇得膽戰心驚的平凡家庭。

長期處在戰亂之下，加薩走廊的各式資源已然枯竭。政府沒有錢來維繫公共服務，多數人也過著一貧如洗的生活。截至目前為止，至少有十二萬名加薩市民被戰爭搞得流離失所，好幾千位加薩人也暫時躲在聯合國學校避難。大多數的難民返家時，迎接他們的只剩一堆廢墟，幾乎無法重建家園。用來建造房屋的水泥更遭到以色列嚴厲管制，因為懷疑這些水泥會被哈瑪斯挪用，拿去建造士兵專用的通道。

在敘法醫院裡讓我感到最驚訝的，莫過於這些受災家庭的堅忍的韌性。為了躲避砲火，他們在自己的國土上成了難民。我目睹一位從城市西部逃難而來的祖母，試著安撫她的四個孫子跟兩個女兒。這一家人吃著幾片麵包、配著兩份酸奶，還有小黃瓜跟番茄，這就是他們的開齋飯。

停戰協議的確有可能落實，但是各方人馬都需要出面談判。上周埃及提案時，沒有任何人來徵詢哈瑪斯的意見。如果國際組織有勇氣跟哈瑪斯對話的話，各方甚至也有可能和平共處。哈瑪斯要求的停戰條約，跟聯合國呼籲的內容別無二致：開放國界、讓人民有工作、學習、以及重建家園的機會。假使加薩有辦法好好地獨立自處，以色列也無須擔憂自己的安危，無須害怕加薩走廊鋌而走險、觸發危機。

18 此為加薩走廊五省當中，面積最大的一個省分。

二〇〇八年一月，加薩跟埃及國界的屏障終於撤除。數以千計的加薩人民湧入埃及，迫不及待地去領取民生必需品。我還記得當時巴勒斯坦社會有多麼寬慰，儘管這樣倏忽即逝的自由是一時的紓解。

我的鄰居光是喝到一瓶可口可樂就欣喜若狂了。能夠有遷徙的自由、能夠取得新鮮的食物、乾淨的水，能夠享有啜飲可口可樂的樂趣，這種大家都視為理所當然的正常生活，正是加薩人民需要的。開啟國界的第一天，哈瑪斯就立刻停止從加薩發射火箭砲彈，以色列政府應當將這點銘記在心。

無論官方聲明為何，以色列根本無意擊潰哈瑪斯，他們只是想稍微削弱、分化哈瑪斯的武力。哈瑪斯的存在，恰好讓以色列有一個正當、可供譴責的對象，不費吹灰之力就有了合理的攻擊目標。然而占領加薩唯一的目的，正是要讓兩國的下一代都變得更為激進。

像阿爾巴巴這樣的家庭，根本不該被迫帶著孩子在屋內逃竄、祈求越多人活著越好。而遠在以色列國境另一端的阿什杜德，那裡的人民也不該窩在防空洞裡，躲避加薩激進分子的火箭砲彈。

假使各方政府沒有坐下來好好協商，我怕像這樣不平等、訴諸刑罰的暴力循環，會讓巴勒斯坦人變成伊斯蘭國（ISIS）的極端分子。大概也只有內心最黑暗、最憤世忌俗的人才會希望如此吧。

肉身已廢，精神尚存

「不像其他國際記者，我們這些來自加薩的新聞工作者不只播報新聞，」新聞記者穆罕默德・奧默說：「我們在這裡生活，在這裡死去。」

日子一天一天過去，不時會傳來一些最新消息，表示以色列又展開新的屠殺行動。每天都有另一戶人家遭到砲擊，而屋內遁入夢鄉的孩子就這樣喪生。

連看個足球也不安全。以色列發射的精準導彈，奪走了幾名正在看世界盃足球賽少年的性命，他們永遠也無法知道誰輸誰贏。

雖然沒有足夠的憑據能夠證實，不過以色列確實將我們視為「人肉盾牌」，只是到處都找不到他們的把柄。我們被以色列當成攻擊目標，但是他們卻成了受害者。

這種生活看似超乎現實，實際經歷起來卻是場惡夢。每個被他們屠殺的人都有自己的生命、感覺，以及記憶。他們的存亡都會影響到許多父母、孩子以及配偶。但在這裡大家沒有辦法哀悼，因為每個人都得在這個越來越窄的牢籠當中，不斷死裡逃生。如果要讓大家更清楚加薩實際的傷亡規模，那麼可以把死亡人數等比例放大來看，也就是說在三周內，有十二萬以色列居民或三百萬名美國人遭到謀殺。我們是遭到控管的一群人，從能吃什麼、能去哪裡、能過怎麼樣的生活，甚至能跟誰接觸聯繫等，都遭到嚴格的限制。我們的選擇甚少。

加薩是我的家，我跟其他人一同受苦受難。

身為新聞記者，最讓我感到震驚的莫過於一位正在替孩子哺乳的母親，被以色列導彈炸死的場景，畢竟我的妻子每天都會替我們四個月大的兒子餵奶。那位母親當場死亡，孩子卻奇蹟似地活了下來。

我親眼目睹並經歷這樣的場面，也絕望地把這件事刊登在推特上，不斷轉發。身為人類、身為住在加薩的巴勒斯坦人、新聞記者，同時也身為一個父親，我感到極端憤怒。為了挖掘更多報導，我每天在有如汪洋大海一般的屍體血泊中移動，而這些散落的屍體多屬於我所熟識的人：鄰居、朋友或是社區居民。我們不像其他國際記者，來自加薩的新聞工作者不只播報新聞，我們在這裡生活，在這裡死去。

國際新聞記者到這裡親眼目睹加薩的大屠殺時，我們只能希望他們能為此感到謙遜悲憫；這些圍繞在他們身旁的遺體，上一秒鐘還是活生生的大人、孩童以及嬰兒，他們還在跟這種惡劣的環境奮鬥、努力活下去，下一秒卻一命嗚呼。只要有新聞報導在媒體上發送，加薩的人民都會祈求，希望這些報導能夠公正無私地把事實傳傳遞給外面的世界。

唉！但是一切總是事與願違。即便記者想要中立地報導實情，雇用他們的上級機關還是會要求他們把報導背景、細節跟事情全部抹去。那些勇於發聲、勇於把事實公諸於世的記者，常常隔天就發現自己被調職，甚至遭到開除。因此，社群媒體上來自人民或公民記者的報導，填補了這段現實與大眾認知之間的差距，這些人也替加薩的相關報導帶來新氣象。

從紐約、倫敦、巴黎、柏林、雪梨、德里，還有奈洛比，這些來自世界各地的新聞閱聽者，你們應該開始質疑自己接觸到的資訊了，不要全盤接收媒體塞給你們的訊息。把新聞報導放到一邊、開始質疑，交叉比對所有資料。推特一百四十個字的限制只是改變的開始，但不全然是真正的事實。

我用最快的速度草草將筆記寫下、蒐集各方訪談，再跟官方資料相互核對，接著衝到電腦前面，趁斷電之前趕快把我腦中的靈感濃縮成文字。我的壓力總是來自於「來不來得及在斷電之前，把這則故事上傳呢？」狀況好的話，電源大概也只夠我用兩個多小時。戰爭最後的九天，我都活在黑暗之中。再者，生命有限！如果運氣好，我會盡可能在報導新聞之前，把握一、兩個鐘頭小睡一下。這場戰爭不只殘害我們的肉身，對精神還有情緒來說也是一場折磨。他們精心策畫出這樣的攻擊模式，讓原本已經邊緣化的族群，經歷這種非人的生活。

加薩當地的記者跟國際新聞記者有諸多不同。在加薩當地播報的新聞不需要加入背景介紹，放上大屠殺以及人民絕望的照片就已足夠，畢竟我們身歷其境，歷史背景大家早已相當熟稔。國際媒體需要解釋的面向更多，也需要在報導中加入歷史介紹，如何精準、如實地把新聞呈現出來也非常重要。如果我看到一所由聯合國近東巴勒斯坦難民救濟和工程處（UNRWA）[19]設立、被拿來充當難民營的學校被砲彈擊中，我會訪問被這一幕撼動的人，他們對於那些美

19 往後若提及此機構，皆以「近東救濟和工程處」簡稱。

國供應的武器作何感想——諸如F-16、無人機、阿帕契直升機、以色列坦克、巡航導彈、海軍軍艦，還有迫擊砲。沒錯，這些武器的來源都需要公諸於世。美國的新聞媒體都會表示，伊朗提供武器給加薩政府，但是他們從來不會提及以色列的武器來源為何。其實以色列聲稱伊朗供應給我們的那些武器，至今加薩人民仍在癡癡的等。加薩軍隊所擁有的，只不過是小型武器跟自製飛彈而已。反觀以色列，他們擁有的武器全都是先進發達的美軍裝備。

二〇一一年，我在開羅跟西奈半島製作有關阿拉伯之春[20]的新聞。但是加薩對我來說不一樣，這是我的故鄉、出生地，還有家人、親友同事所在的國家。從加薩北邊的加巴里雅到遙遠南邊的拉法市，有我的祖母，還有我的叔叔以及堂表兄弟姐妹。

許多地區的人都跟我的人生有著程度不同的關連，在拉法市，從私交篤甚的摯友、工作上的夥伴，到偶然結識的朋友。除了提問訪談之外，我盡量少說、試著多加聆聽，希望能撰寫出嚴肅認真的報導。在以色列二〇一四年殘暴攻擊的最後一個月中，我幾乎無法壓抑自己的情緒，對一個懷有同理心的人而言，在這種情況下保持理性實在難上加難。

諷刺的是，以色列對近東救濟和工程處的阿布胡珊學校的殘暴行徑，反而讓我下定決心要表現得更為專業，因為事實就是最有力的鐵證。而紀實影像也要散播到世界各地，讓所有人讀到、看到這些報導，才能進一步起身反抗、改善這個不利於我們的現實。

書寫關於這間學校的報導時，我必須忍住自己童年的回憶——流亡到拉法市之前，在祖母家隔壁的學校度過一年級的回憶。當我看見學校殘骸裡四散的屍體時，我的腦中還是不禁閃過人生中第一個老師亞西爾的影像。現在我已屆而立之年，但是從前在這個遭到以色列砲彈轟炸之地玩耍時，我還是一個七歲的孩子。

在伊斯蘭大學，我同樣也感受到青少年時期的那股興奮之情。我遁身到教育的環境裡，逃離拉法市難民營所帶給我的悲傷回憶，來到比較美好的加薩市。這一切對我而言意義重大，在城市裡的這座高大建築物中，我感覺自己從拉法市的牽絆之中解放了出來。

但是這周，就當我需要把最新消息傳遞給CNN、告訴他們我摯愛的母校被以色列炸毀的消息時，我整個人幾乎無法呼吸。我在這所大學受教育：為了回加薩，在以色列的檢查站等待好幾個小時之後，趕回學校教室考語言學。被轟炸的事實對我來說實在難以接受，看著CNN邀請以色列官員出面澄清為何要轟炸一間莘莘學子受教育的大學時，我發現這整個世界有多麼偽善、多麼不公不義時，我也難以承受。

我當然可以選擇視而不見，讓自己維持理智；縱然事實相當瘋狂。但是看見廢墟一般的家園，還有那些漁民、農夫、醫生和老師臉上絕望的神情，我願意貢獻自己的心力、挖掘真相。沒有一件事該被忽略遺忘，從一位母親臉上沾染的塵土，到孩童眼中的恐懼，以及鄰居試圖從瓦礫中重建家園的過程，這些都值得一一記錄。儘管有人說我報導偏頗，但是加薩是我的家，我會把這個批評當成稱讚繼續走下去。

20 發生於二〇一〇到二〇一一年之間，阿拉伯世界的一次革命行動。阿拉伯世界各個國家的民眾走上街頭，試圖推翻該國的專制政體。

無聲的恐懼

周一的早晨，以色列啟動了「護刃行動」（Operation Protective Edge）21。從此之後，至少有四十九人身亡、三百一十人受傷，傷亡數字不斷增加

在加薩市，神聖的齋戒月才開始不久，這段期間裡，大家會反思自省，調整自己的言行舉止；在白天，人民都會禁止飲食。一般來說，加薩的居民會期待負責通知禱告時刻的人出面提醒，一旦收到指示，就表示執行完最後一次儀式之後就能開始進食。開齋時，大家不外乎會嚐一口蜜棗、喝一口水。但是不同於以往，這次開齋並沒有這樣的氛圍。

F-16導彈爆炸造成的震波，讓窗戶劇烈的震動，也在鄰近的田地上灑滿了泥土以及砲彈的彈片。嬰兒哭個不停、小狗不斷吠叫，鄰近的社區也變得喧囂混亂。街上看不到半台車輛，所有移動的物品都會被當成攻擊標的。F-16導彈尖銳的聲音響徹夜空，無人機單調的嗡嗡聲也不斷在頭頂上縈繞。到處都危機四伏，而且我們也無處可逃。

以色列所謂的「護刃行動」於周一稍早啟動，許多以色列士兵在加薩走廊的十個地點展開空襲，開啟保衛行動的序曲。上個周末，以色列警察與示威遊行群眾（分別位於耶路撒冷、阿拉伯屬東耶路撒冷，以及以色列北部的阿拉伯小鎮）的衝突爆發後，氣氛始終非常緊繃。而我

在撰寫這篇文章時，加薩在十四年前由各界團體募資建造的國際機場，也已經遭到以色列六次襲擊了。

只要以色列朝加薩發射飛彈，我們也會試圖反抗，以粗糙的自製砲彈還以顏色。雙方不斷嘗試在戰略技術上贏過對方，戰爭似乎綿綿無絕期。

在兩方不斷交火之下，加薩跟以色列南方的人民就成了砲火的犧牲品。

無人機、導彈、坦克車、直升機、地面部隊，還有夜間突襲，這些武器、攻擊行為幾乎每周都可以在加薩走廊見到。加薩內外的復仇聲浪漸漸壯大，我想在接下來的日子裡，死傷只會越來越慘重。

死亡人數穩定增加：現在已經有四十九死、三百一十人受傷，還有六十四棟民房被夷為平地。巴勒斯坦內政部發言人埃亞德・阿畢申表示，有一百九十二位受傷的民眾是孩童以及女人。傷亡數字每分每秒都在變動。內政部也說在過去兩天，加薩總共發生了五百一十起空襲事件，但是數字依舊持續攀升。在加薩走廊，每分鐘都聽得到空襲的砲擊聲。

加薩在經濟層面也已陷入絕境。前任哈瑪斯掌政時，已經有四萬兩千多名雇員好幾個月領不到薪水，生活條件每況愈下。領不到薪資，就連食物、飲用水這樣的生活必需品也負擔不起。政府雇員沒有錢可以消費，也連帶影響到整個經濟環境——商店、農夫、供應商、服務

21 以色列政府於二〇一四年七月八日發動「護刃行動」，反擊哈瑪斯政權。

業，還有那些倚靠他人消費來盈利的業者。官方估計，總共超過二十五萬人的生活受到影響。同理可證，銀行倒閉也代表數以萬計的巴勒斯坦公務人員每個月不會有固定收入。接二連三的空襲，加上不時出現的陸地突襲，使得有錢購買民生必需品的民眾，趕緊搶購超市裡買得到的商品。所有乾糧雜貨，像是奶粉、扁豆，還有通心粉，全都一掃而空，但就連這些基本的主食，對很多人而言仍是奢侈的享受。

駐拉馬拉的埃及大使威爾．阿提亞表示，埃及目前正在協商，希望能讓各方都同意停戰。目前看來，無論是以色列軍方還是巴勒斯坦的反抗勢力，雙方似乎都不以休戰為最終目的。隸屬哈瑪斯的卡薩姆軍團，其發言人歐貝達指出：「看著敵人在加薩跟約旦河西岸犯罪，我們無法沉默以待。」

哈瑪斯領導者伊斯梅爾．阿什卡也表態自己對於停戰感到厭惡，「抵抗的結果不會是休戰。除非以色列承諾停止侵略加薩、解除通關限制、釋放所有交換俘虜協議當中的囚犯，我們才會停止反抗。」

阿什卡堅決表示，「反抗行動能打垮特拉維夫[22]。」

在加薩的敘法醫院裡，有一位名叫肯南．哈邁德的孩子，他遭到彈片襲擊而受傷。我詢問當時發生什麼事，他如此回應：「我們家被一顆炸彈轟炸，親戚就帶我來這間醫院。」

問及他的雙親在哪裡時，他則回答：「爸媽還在家裡。」這個孩子抱持著父母仍然健在的想法，孰不知他們正好在今天下葬。

以色列軍方表示近期將會展開陸地保衛行動，而在加薩走廊的邊界，部隊跟武器也已經整裝待發。周三一早，以色列的海軍也將加入攻擊行動的行列，開始從海上朝加薩投擲飛彈。

加薩衛生署表示，各家醫院都面臨藥品短缺的狀況，有四分之一的醫療補給品現在已存貨不足。衛生署發言人阿奇克巴醫生呼籲國際團體，要求他們正視加薩的需求，並加以協助。

衛生署同時要求埃及開放拉法市通關，讓病患急需的醫療補給品能夠送到各間醫院。過去幾個月以來，拉法市的通關大門早已深鎖、禁止通行。

22 以色列的第二大城。

拉法市開放通關，通行速度卻極其緩慢、有所限制

埃及開放拉法市通關，但是當地政府機關表示通行速度太過緩慢，有些傷患甚至要等超過二十四小時，整體狀況讓人不甚滿意

埃及跟哈瑪斯的關係緊張，因此並不是協調停戰協議的最佳人選，甚至根本幫不上忙。如今埃及終於開放拉法市通關。這項禁令自埃及前總統穆罕默德．穆爾西[23]被罷黜之後就延續至今，現在來自加薩的傷患終於能夠順利通關。自從聯合國要求埃及重啟拉法通道之後，埃及現任總統塞西[24]就頒布這項新政策。

不過這項措施仍然有所限制：根據巴勒斯坦邊境管制單位還有埃及政府的規定，拉法通道只能讓住在加薩的埃及人（而且父母必須都是埃及國民），還有受傷的巴勒斯坦人以及醫療用品通關。

就連傷患要通關也似乎不甚容易。根據管理加薩通關的局長馬赫．阿布．薩卜哈的指示，這周四只有「極少數」的受傷民眾，還有整整三輛巴士的埃及人能夠過關。

上周三傍晚正好是荷蘭對上阿根廷的世界杯足球賽，有十位加薩居民在汗尤尼斯海濱的咖

啡廳看球賽時受了傷。直到周四傍晚，這群傷患還在等待救護車帶他們通關。一位在通關管制局上班、不願具名的官員低調表示，當天並不是所有運送傷患的救護車都能順利通過。

巴勒斯坦內政部也表態，有好幾千位居民早已登記要通關，但並非所有人都能通過這扇本該「敞開」的關口。

儘管哈瑪斯跟埃及關係始終緊繃，周三時埃及外交部發言人巴德爾・艾提還是對加薩境內越演越烈的攻擊事件表達關切。

艾提在一篇新聞稿當中呼籲，希望雙方對於這種殘暴的攻擊行為有所節制。他呼籲不該讓情況越來越複雜，否則重啟協商的機會則更為渺茫。

在先前衝突中，埃及居中協調停戰，扮演相當重要的角色。不過這樣的影響力在塞西就任之後，顯得越來越單薄。

根據哈瑪斯內部人士指出，他們將艾提的新聞稿解讀成一份警告，「目的是要提醒我們，以色列會把加薩的部分領土從地圖上抹去。」

該人士還提出，「這並不是哈瑪斯期待的答覆。埃及先前已經多次扮演協調角色，這一次，他們也要確保自己會向以色列施壓，要求以色列釋放二〇一二年十月換俘協議中的全體囚犯。」

23 埃及首位民選總統。二〇一二年上任、二〇一三年遭到埃及軍方罷黜。

24 全名為阿卜杜勒・法塔赫・塞西，二〇一四年當選埃及總統。

埃及政府指控哈瑪斯協助激進分子，讓那些激進人士在西奈半島引起暴動；不過哈瑪斯否認這項指控。過去實權政府曾靠著許多地底隧道來獲得大量營收，如今這些通道早已被摧毀、成為廢墟。

二〇一一年，以色列用一千零二十七名巴勒斯坦俘虜，跟一位遭巴勒斯坦監禁五年的以色列士兵沙利特相互交換，雙方得以成功換俘，都是埃及居中協調的功勞。

在近期以色列密集轟炸加薩的情況底下，拉法市關口幾乎見不到保全以及工作人員的身影。一到深夜，拉法市國界就成了一個沒有人敢接近的地方。

在拉法邊境拍片的攝影師阿貝德・阿菲菲於周四表示，即便是大白天，對那些準備通關的民眾來說，這個地方也給人不祥的預感。

他還提到：「以色列的無人機不斷在上空盤旋，坦克也不斷轟炸。」

數百名持有外籍護照的巴勒斯坦人站在通關口，希望能從加薩撤離。一旦埃及宣布關閉通道，這群人便轉身離去；而數千名居留證即將過期的外國學生和勞工，也全都擠在加薩境內。

通常拉法市關口兩周會開放一次，讓參加小朝（Umrah）[25]的民眾能夠通行。這項措施得以落實，是沙烏地阿拉伯政府向埃及施壓，要求他們不能禁止民眾參加小朝或者朝覲（Hajj）[26]。

在周四清晨等待通關的群眾當中，有一為男子名叫莫森・卡維爾，他飽受脊椎損傷之苦。當周一的暴力行動逐漸升溫後、在以色列發動的第一次攻擊中，卡維爾在汗尤尼斯的家中遭到導彈襲擊，脊椎受到嚴重損傷。

哈瑪斯政權的領導人哈立德・馬夏爾現身《半島電視台》[27]，公開表態希望能尋求阿拉伯各國的協助，當中以埃及的武裝部隊尤甚。

「我們還在等待埃及的精良部隊給予回應。」馬夏爾表示。

同時，在邊境通關任職的阿布．沙巴哈也指出，他目前還沒收到埃及的通知，不知道周五是否會重新開放，讓擠在沿海地帶的數千位人民與旅客得以通關。

25 是穆斯林在任何時間點，前進麥加朝聖的行動。

26 每年朝覲的日期是伊斯蘭曆十二月的八日到十二日。朝覲是每年穆斯林規模最大的聚會，根據朝覲規範，基本上每一位穆斯林一生中至少必須朝覲一次。

27 《半島電視台》於一九九六年開播，是一家位於卡達的國際電視媒體，節目內容以新聞為主。

死亡人數攀升，哈瑪斯支持度成長

儘管市民遭到攻擊的比例上升，但是隨著以色列提高攻擊頻率，哈瑪斯也重拾加薩當地居民的支持

無論是躲在地下室，還是散落在不同隱匿處，許多哈瑪斯的領導人都居住在較不醒目的場所，盡量不要讓敵方整握自己的行蹤、成為空襲目標。

不過在地面上，以色列軍方仍然朝著這些領導人的住家投擲F-16導彈——而且依據當地居民的說法，這些導彈常常會炸到錯誤的目標，把那些跟領導人毫不相干的家庭轟得一乾二淨。

雖然全國死亡人數以及建築遭到破壞的比例逐漸攀升，但是這周五的加薩瀰漫著一股氣氛——當以色列的砲火越猛烈，哈瑪斯就更受到加薩人民的歡迎。畢竟哈瑪斯執政七年以來聲望不斷下跌，這次算是一個翻身的機會。

加薩《穆塔莫報》的主編墨菲．阿布．夏麥拉表示，「過去，大家都把以色列封鎖加薩的責任推給哈瑪斯，認為這都是他們執政不力的結果。不過在以色列侵略的這段期間，人民都非常重視哈瑪斯，我也感覺得到他們逐漸獲得社會支持。」

周五，以色列的F-16導彈以及火箭砲持續朝加薩走廊轟炸；一百零五位巴勒斯坦人喪命、

至少七百五十人受傷、超過兩百戶人家被夷為平地。幾千位平民百姓以及孩童嬰兒全都無家可歸，他們的家當遭到破壞，生活也變得支離破碎。

以色列官方表示，自從周二的攻擊行動開展之後，他們已經發動一千一百次空襲了；換言之，每四分半鐘就有一場。同時加薩為了報復，也已經發射了估計四百六十枚飛彈以及迫擊砲，只不過大多數都被以色列的鐵穹防衛系統擋了下來。

對於之後可能會發生的地面突襲，加薩居民都非常擔憂。以色列軍方領導人坦承他們確實有將地面突襲納入考量，並且也已經召集三萬三千名後備軍人準備行動。

以色列與加薩國界上有一排通了電的柵欄，在柵欄的另一頭，以色列的坦克車早在幾天前就開始聚集。

將老百姓當成攻擊目標

以色列空襲的強度還有攻擊平民百姓的頻率都高得嚇人，加薩民眾紛紛表達驚恐之情，他們認為以色列軍方根本是刻意攻擊老百姓。

周四下午兩點，死傷人數已經達到九十四人，聯合國人道主義事務協調處表示，有百分之七十七的死亡人口為市井小民，當中包含十一名女子以及二十一名孩童。

周五稍早，一位名叫阿納斯·阿布威卡斯的巴勒斯坦醫生於以色列襲擊中喪命。他的住家在大約凌晨三點半（格林威治標準時間凌晨一點半），遭到三顆以色列F-16導彈轟炸。當時這位醫生還在睡夢之中，他的身體被砲彈炸得四分五裂，散落在公寓的每個角落。

這起事件在他居住的塔爾哈瓦引起公憤。鄰居都表示，這位醫生並不隸屬於任何政治團體，而且也是一位認真的醫生。他的住家現場，沒有別人居住的痕跡，而他的公寓隔壁就是法哈辦公室——一個貸款機構，專門服務那些想結婚，但是經濟困難的加薩年輕情侶。

一位住在汗尤尼斯的居民馬哈茂德・阿納迦爾，他跟其他人在幫哈吉一家八口收拾遺骸的時候，內心始終感到打擊。周四傍晚，哈吉一家人死於以色列空襲，而這場空襲同樣也奪走周遭幾戶鄰居的性命。

「以色列怎麼敢說自己沒有瞄準小老百姓？」阿納迦爾這樣說到：「假如以色列真的有心要停止用火箭砲襲擊加薩，那他們怎麼會趁著人民在睡覺的時候發動攻勢？」

心中的夢魘

三十六歲的謝里夫・穆斯塔法身兼公務員以及三個孩子的爸，他表示在拉法市的鄰居甘納姆一家人，絕對是以色列濫殺之下的犧牲品。

穆斯塔法表示，以色列軍方原先一定是想轟炸一位伊斯蘭聖戰組織的成員甘納姆的住宅，但最後卻把他在睡夢中的表親全部炸死。

穆斯塔法還這樣說：「他們一家人過得很清寒，而且為人善良，也從來不會干涉別人的生活。」

「但是以色列真的在乎他們瞄準了誰，或是把誰給殺了嗎？」他忍不住大聲質問。

拉法市裡的耶布納一帶是這周狀況最慘烈的區域，自從甘納姆一家人遭到強烈襲擊之後，整個地方的居民都顯得驚惶失措。

甘納姆的四層樓住家現在已經成為廢墟，而由居民組成的臨時救難團隊正在尋找甘納姆一家的遺體，並且從裡到外徹底搜查。

正當救難隊從瓦礫堆裡挖出二十歲的迪卜．甘納姆燒焦的屍體時，鄰居看著跟他們一同禱告的這位少年的母親，還有其它親人，全都站在穆斯塔法身後啜泣。

穆斯塔法繼續尋找，隨後也在廢石堆當中找到七歲的加利亞．甘納姆的遺體。

「我永遠無法想像自己的孩子成為這樣的死屍。」他說。

「我有一種感覺，這些喪命的青少年當中有一個就是我的小孩，這個念頭就像夢魘一樣。」鄰居表示，有另一位身分未明的年長女性也同樣死於這場攻擊，而且傷勢最為嚴重。她的遺體送達醫院時全部呈燒焦狀，這一點也讓當地的人權團體打電話詢問，想要調查以色列用的究竟是什麼武器。

在鑄鉛行動（以色列於二〇〇八年年末到二〇〇九年年初，針對加薩採取的軍事攻擊行動）之中，加薩醫院的國際醫生發現，死者的屍體都呈現一些不尋常的症狀，原因就是以色列使用實驗性武器「高密度惰性金屬炸彈」（DIME）。

「火箭砲彈裡含有化學有毒物質，國際團體必須來加薩採集證據。」巴勒斯坦人權維護網的穆罕默德．阿賈莫說。

阿賈莫表示，以色列近期的攻擊行動，跟二〇〇八年與二〇一二年不同，其中最大的差別就是，最近以色列都選在深夜發動攻擊。阿賈莫認為這樣一來，以軍才能擴大攻擊範圍、傷害更多人。

許多加薩市民向《中東之眼》網站[28]反應，這周大家在享用開齋大餐時，空襲頻率似乎有增加的傾向。通常在晚上十點過後，加薩的電力會被切斷，這也代表空襲最頻繁的期間，正好是民眾身處黑暗的時刻。

阿札麥告訴《中東之眼》：「把老百姓當成攻擊目標根本違反國際戰爭法，所有日內瓦公約[29]的簽署國都必須立刻採取行動。」

停戰晤談

自從周二以色列開始侵擾加薩之後，美國總統與以色列總理納坦尼雅胡[30]在周四首次通電話，歐巴馬主動提出協助，願意幫助以色列與哈瑪斯達成停戰協議。

美國是否能直接與哈瑪斯有所聯繫，這點還得持續關注。分析師也表示，卡達跟土耳其也有可能出面協調。

埃及總統穆爾西曾在二〇一二年居中調解，讓以色列與哈瑪斯達成停戰協議，不過哈瑪斯卻指控以色列沒有履行停戰條件。

自從以色列於二〇一四年的侵略行動開始以來，哈瑪斯的資深領導人馬哈茂德・扎哈爾初次公開表態。哈瑪斯的阿克薩衛星頻道於周五播放了一捲預錄的聲明，指出哈瑪斯不怕以色列的威脅，而且以方的攻擊行動終將失敗。扎哈爾暗指以色列違公然反條約，必然得為此付出代價。

「以色列挑起戰火，而我們會準備好所有檔案文件，以色列就等著簽字吧。」扎哈爾表示。

儘管白宮發出聲明稿，表示他們對持續延燒的戰火甚感憂心。不過許多加薩人民認為美國的立場有所偏頗，他們也會拿放大鏡檢視美國的一舉一動，看看他們是否會認真調解停戰，讓降臨加薩這座圍城的攻擊行為得以畫上句點。

28 專門播報中東事件的線上新聞平台。

29 於一八六四年到一九四九年，於瑞士日內瓦簽署的一系列公約。公約內容主要是針對戰爭受難者，還有戰爭時期平民百姓待遇的規範。

30 於二〇〇九年就任，是以色列建國以來任期第二長的總理。

巴勒斯坦孩童死於以色列的砲彈下

截至目前為止，以色列的空襲行動至少已讓十三名孩童喪失性命

在加薩走廊的拉法市，身為三女一子的母親，烏姆．法迪正盡己所能的安撫自己的孩子。不過以色列不斷空襲加薩這座圍城，九歲大的拉德整晚都哭個不停。

「很難跟孩子解釋政治是怎麼一回事，他們從鄰居小孩那邊聽到以色列又在襲擊加薩，但是向他們解釋原因很不容易。」跟丈夫一同住在塔拉勒斯丹的法迪，對著《半島電視台》說。

巴勒斯坦衛生署表示，在周四的以色列空襲中，有七名巴勒斯坦市民身亡，當中包含五位孩童；而這是以色列侵略三天以來，死傷最為慘重的一場攻擊。

根據加薩衛生署統計，自從以色列又展開武力侵略後，在幾百次空襲行動裡，總共有三十二名巴勒斯坦人喪生、超過兩百三十人受傷，還有六十四戶人家的住宅全被砲彈夷為平地。

法迪說：「我自己也很害怕，小孩全部都躲到我的房間來。我怎麼可能維持冷靜，讓孩子誤以為我很勇敢呢？」她還提到自己根本不敢踏出家門一步，連出門辦日常雜事都不敢，只怕自己會被炸傷，甚至失去性命。

國際兒童保護組織巴勒斯坦分部指出，這周三至少有八名巴勒斯坦孩童死於以色列的砲彈

之下，還有許多人民身受重傷。報導指出，以色列砲彈轟炸歐德．阿瑪德．穆罕默德．卡維爾的住家時（據稱卡維爾是哈瑪斯激進分子，居住在加薩南邊的汗尤尼斯），有六名孩童全部死於同一顆炸彈之下。

「昨天，為了要摧毀一間不屬於軍方攻擊目標的住宅，有六名孩童喪生。」國際保護兒童組織的計畫主任埃亞德．阿布．奎特斯表示，「國際組織必須向以色列施壓，要求他們履行日內瓦公約的義務。」

奎特斯向《半島電視台》透露，「以色列顯然把全體的加薩人民當成攻擊目標、毫無區別，有為數眾多的巴勒斯坦居民，包含許多孩童，都遭到以軍襲擊。」

以色列總統納坦尼雅胡於周二發出一項聲明，他否認以色列軍方有意攻擊巴勒斯坦市民。「以色列攻擊的是哈瑪斯恐怖分子，並不是無辜的老百姓。相形之下，反而是哈瑪斯把砲火對準以色列民眾，還隱身在巴勒斯坦人民背後。因此，對於以色列與巴勒斯坦市民受到的傷害，哈瑪斯必須全權負責。」

巴勒斯坦醫生阿瑪德．阿布．塔瓦希奈表示，因為以色列暴力相向，加薩境內的巴勒斯坦孩童全都活在極大的壓力底下，他們也需要極大的協助，才能克服創傷後心理壓力症候群。

塔瓦希奈告訴《半島電視台》：「創傷這個字在西方世界的意思是指，人在正常狀況下突然感到崩潰、受到挫折。崩潰受挫的感覺就是所謂的創傷，不過對於我們巴勒斯坦人而言，每天都在經歷創傷。」

「創傷這個字並不能完全表達加薩經歷的一切，我不覺得有如實表達出我們的恐懼。」

兒童保護組織巴勒斯坦分部的資料顯示，在以色列上一場大型武力突襲當中，總共有三十三名孩童喪生；不過在二〇〇八到二〇〇九年為期三周的鑄鉛行動裡，總共有三百五十三名孩童死亡、八百六十人受傷。

近東救濟和工程處發現，在二〇一二年十一月以色列攻擊行動的兩個月後，罹患創傷後心理壓力症候群的比例來到百分之百，而且有百分之四十二的病患未滿九歲。聯合國兒童基金會的一項調查也顯示，加薩的孩童百分之九十一有睡眠障礙、百分之八十五無法集中精神，而百分之八十二有易怒以及緊繃的狀況。

加薩社區心理健康計畫的胡珊．艾諾努公開建議，「小孩子沒辦法面對這種艱難的生活模式。父母或其他家庭成員應該盡可能提供協助，讓孩子們冷靜下來、減輕他們的恐懼。」這項健康計畫提供全天候服務，讓加薩的巴勒斯坦人能夠撥打專線電話尋求精神協助。

艾諾努告訴《半島電視台》，經歷創傷的孩童通常會有精神方面的問題，像是隨時黏在父母身邊、半夜尿床，或是因為以色列砲彈轟炸，導致孩童對於巨大的聲響有所恐懼。

「加薩不斷遭受侵襲迫害。無論是政治、經濟還是社會層面，這裡的情況已經好不到哪裡去了，這場戰爭更是火上添油。」

拉法市的法迪告訴《半島電視台》，他說自己的女兒已經開始尿床，而在以色列二〇一二年的軍事行動期間，這件事也曾經上演。「我們又再度活在創傷之中，連關個冰箱門我的女兒都會怕。」

物價上升，食物水源短缺

未來的日子將更為艱難，加薩市民未雨綢繆、紛紛向店家賒帳換取現有的糧食；商家也哀嚎自己有限的存糧已經在架上腐爛

隨著加薩的戰火持續延燒，人民生計在許多層面都深受波及。加薩人的行動自由越來越受限，像是水、糧食、新鮮的蔬菜水果這些生活必需品，也變得更難取得，民眾也負擔不起。聯合國的人道主義事務協調廳，在一份本周五發布的緊急通報當中提到：「加薩的大街小巷都空無一人，幾乎所有店家都大門深鎖。」

歐薩瑪．賈爾夏這位身形削瘦的二十一歲青年，在以色列空襲的威脅之下，是少數繼續開店營業的老闆。他經營的蔬菜攤就位於加薩市十分繁忙的一個區域，這裡有三十多棟住宅大樓，他總共需要供應好幾百戶家庭的蔬菜水果。

一般而言，他通常都會賣出價值幾百謝克爾[31]的蔬菜。不過最近，縱使身為大街上唯一開

31 以色列貨幣，在約旦河西岸以及加薩走廊也通用。

張的菜攤，店內仍然門可羅雀。

賈爾夏告訴《中東之眼》：「現在正在打戰，所以大家都不敢出門買東西。」

五十一歲的計程車司機阿布．福阿德，他是少數敢到賈爾夏店內消費的人。畢竟身為六個孩子的爹，他說在家看著這麼多嗷嗷待哺的孩子也不是辦法。

福阿德說：「不管這裡剩下什麼我都要買，就算是小扁豆還是別的東西，能讓家人吃一頓飽飯就好。」

他說自己算是幸運，現在是齋戒月，一天只需要張羅一餐。要是其他時候，他就得煩惱三餐的著落了。

他更向《中東之眼》透露，「現在不管是什麼東西，價格都高得嚇人，而且連種在離我家只有幾百英呎遠的新鮮小黃瓜都買不到了。」

其實在他家後方有好幾間農舍，但是在無人機跟轟炸機環伺的情況之下，確實需要鋼鐵般的意志才敢踏出家門，把那些聞起來還算新鮮的食物帶回家。

戰爭影響整個大環境

悲慘的情況不只發生在消費者與店家身上，幾乎整個農業市場還有供應鏈都被以色列侵略所影響。農夫的土地以及作物被以色列的炸彈轟炸、消費者不敢出門購物，還有好幾萬名哈瑪斯／巴勒斯坦的公務人員還在等待政府補發的薪水，大家都快付不起食物跟天然氣的錢，過得苦不堪言。

以色列的F–16導彈仍在空中不斷咆哮，銀行依舊暫停營業。

以色列跟巴勒斯坦的衝突戰爭期間，幾乎所有的巴勒斯坦銀行跟公家機關都大門深鎖，代表所有人哪裡都去不了、什麼事也做不了。加薩的經濟學家紛紛認為，以色列就是蓄意要破壞加薩的經濟狀況，阻斷加薩政府提供的公共服務，打亂人民每天的行程。

「齋戒月跟開齋節的習俗已經漸漸凋零，因為加薩的消費市場大量依靠這種季節性的商品。」馬赫・塔巴如此說到。塔巴是巴勒斯坦商會的公務幹事，同時也是一位加薩經濟學家。

塔巴也認為，就算以色列或埃及的邊境再次開放，許多容易變質的食品（像是奶製品），送到市場的時候也早已過期。

另外一個需要依靠每日銀行交易的商品就是燃油。「如果銀行沒有交易，我們就沒有燃油可用。」塔巴也提到，「假使缺乏燃油、影響到某個產業，那麼整個巴勒斯坦的經濟狀況就會逐漸崩解。」

一位持續跟以色列商人接觸、希望隱匿姓名的業者表態，「我們的經濟狀況相當拮据，不可能向以色列賒帳。」

他還補充，「以色列商人才不管戰爭。他們都要確保對方已經先付款，才會交貨。假如日後孩子喝的牛奶短缺，我們就要面臨更多危機。」

無法遏止的通貨膨脹

經歷以色列連日來的砲火襲擊，加薩境內的所有商品都相當稀少。農民不敢外出耕作，怕自己成為導彈攻擊的目標，畢竟已經有許多農地以及都市的住宅區，全都遭到以色列轟炸。

內政部表示，光是加薩農業方面的損失，估計就已經有兩百五十萬美元，但是現在還不是谷底。根據巴勒斯坦農業紓解委員會的資料顯示，二〇一二年，以色列發動的軍事攻擊規模還比現在的護刃行動來得小，不過彼時就已經造成加薩農業兩百萬美元的損失了。

賈爾夏說商品數量驟降，導致價格在幾天之內飆漲。這樣的情況，讓今年失業率在二月已經成長到百分之四十已的加薩人民，過著更動盪不安的生活。

「即便是買得起食物的人，都發現價格變貴了。」賈爾夏表示。

「戰爭爆發前，七公斤的馬鈴薯大概賣十謝克爾（三塊美金），現在同樣的價格只買得到四公斤了。原本十謝克爾買得到八公斤洋蔥，現在也只能買到五公斤而已。」

沒電可用加上被迫歇業幾天，賈爾夏店內架子上擺放的商品也漸漸變質。危機爆發前他有先囤積存貨，不過生意不佳、冰箱空間有限，加上長時間的斷電，讓保存冷藏食物更為困難，而其它的商品也已經瀕臨腐敗邊緣了。

有些客人還是願意冒著生命危險到賈爾夏的攤位買菜，只不過他們身上都沒有現金、必須賒帳；賈爾夏的帳本上記載著滿滿的顧客姓名，他們都說之後會回來還清帳款。估算之後，賈爾夏發現客戶積欠的帳款已經高達數萬謝克爾（相當於數千美金），而且也不知道最後究竟能回收多少。

不過其他攤販則是採取不同策略。二十五歲的哈姆薩．阿巴巴在加薩經營一家肉攤，他表示即使有很多客戶付不出錢，他還是盡可能用最快的速度把商品賣出。

「對肉攤來說，就算是讓客戶賒帳，都比讓肉在沒電的冰箱中腐爛還好。」阿巴巴說道。他同時也表達要來開店做生意，內心其實相當恐懼。

很多店家也很害怕自己會變成以色列攻擊的目標，從周一開始，已經有一百二十多名加薩的巴勒斯坦人喪生，砲火也沒有減弱的趨勢。

不過阿巴巴表示，早在以色列決定於周一稍早發動空襲之前，他的生意就已經受到影響。他說：「很多人都被低迷的景氣影響，現在很少人會來買肉，大家都用雞肉加工食品來替代肉類。」

有些加薩居民已經養成習慣，趁著太陽下山之前、開齋飯的前一小時，趕快外出採買還算新鮮的蔬菜水果。不過以色列的F-16導彈把所有公共、私人交通工具當成攻擊目標，所以無法步行到商店的民眾，還是不想冒著生命危險，寧願留在家中。

阿巴巴認為在這種狀況底下，許多民眾都靠著罐頭食品還有醃漬食物度日。而那些抱著未雨綢繆的心態，深怕日後生活條件惡化還有以色列攻擊行動越演越烈，並且手頭上還有一些現金的幸運民眾，則會繼續購買新鮮食材，或是盡可能向店家賒帳。

阿巴巴坦承，「苦日子還在後頭，現在大家都在為此做足準備。」

加薩官方表示：以色列轟炸機摧毀淨水、污水處理廠

原先已經不甚健全的淨水、污水處理系統遭受以色列襲擊，加薩公共衛生狀況蒙上陰影。

在二〇一四年以巴衝突的第六天，死亡人數已經超過一百四十五人，當中包含二十八名孩童，還有約莫一千人受傷。以色列破壞了重要的水源以及污水處理廠，揚言要讓加薩經歷一場慘重的人道災難。

巴勒斯坦官方在周六表示，以色列攻擊位於加薩不同地區的水井，讓數千戶家庭沒有乾淨的飲用水可取用。世界慈善組織「樂施會」[32]表示到了該周末，大概有百分之九十的加薩水源就不適合人類飲用了。

地下污水處理系統也同樣遭到以色列攻擊。周六稍早，加薩的轟炸機朝著加薩西部城市的污水處理廠投擲炸彈。根據加薩自來水處理廠的主管薩埃德·阿丁·阿塔巴什表示，在加薩走廊損傷最為慘烈的，就是沙堤難民營、塔哈瓦、什克艾林，還有一些西部地區。

阿塔巴什告訴記者，以色列是刻意將飛彈瞄準這些水井的。

「轟炸機直接對準兩座水井開砲，一座水井靠近馬克瓦希（這個區域人口密集，還有許多住宅大樓），另一座則是在查圖恩，總共有七千名居民使用這兩口水井。」

以色列的轟炸機更是襲擊了五條供水管線，絕大多數的加薩市民都要倚賴這些供水管線。每條管線大約供應兩萬名住戶民生用水，所以將近有十萬人受到影響。

許多重要的基礎建設都遭受以色列襲擊，巴勒斯坦的醫療衛生系統面臨危機；世界衛生組織已經呼籲各界募資六百萬美元來幫助加薩，防止衛生體系瓦解。加薩當局估計每座水井的損傷約莫十五萬美元，而民眾必須付出的成本更是無法衡量。面臨這樣的處境，許多家庭被迫儲存昂貴稀有的飲用水。

根據《今日基督教報》（*Christian Today*）本周五的報導，樂施會主管尼希和特・潘代上周表態，「我們現在很努力提供服務，但是大家都沒什麼安全感，這讓協助的過程更為困難。」即使有百分之九十的水源已經不適合人類飲用，但是以色列不斷發動攻擊，協助樂施會的其他組織也只得暫停消毒水源的工作。僅存的其他公共建設也面臨威脅：因為燃油短缺，樂施會害怕水泵跟淨水場會在幾天之內停止運作。

影響最為慘烈的，還有位於加薩北方的沙堤難民營。直到上個月才行使總理職權的哈尼亞，正是在沙堤難民營出生的。這個難民營似乎被以色列視為值得攻擊的目標，根據目擊民眾指出，沙堤難民營至少被以色列的F-16導彈轟炸過一次。

阿塔巴什表示需要等到戰爭結束之後才有辦法修復供水系統，而在那之前，難民營當中的

32 樂施會是國際發展及救援的非政府組織。

七萬名居民將會無水可用。

加薩當局認為以色列對水源以及污水處理系統的攻擊，是對巴勒斯坦人民的「集體懲罰」。「根據國際法規，攻擊民用供水系統屬於戰爭罪。」阿塔巴什表示，「以色列的戰鬥機轟炸一座污水處理廠。這座處理廠每天都要過濾四個不同來源、總共兩萬五千公升的污水。」

以色列近期的一場攻擊，讓已經瀕臨毀損的污水處理廠情況更加惡化。《紐約時報》在去年的報導中指出，至少有十三座處理廠的污水外流，或是瀕臨外洩邊緣；每天還有三百五十萬立方英呎的污水排放到地中海裡。

阿塔巴什向國際團體求助，希望他們要求以色列停止攻擊淨水與污水處理廠。他說所有被以色列圍困的人民還是享有合法的基本人權，以色列不該剝奪我們取用乾淨水源、享有衛生、維護公共環境的權利。

他說：「為了市民的生活，我們不斷努力、想要改善加薩的用水設施。然而以色列刻意攻擊水井，目的只是為了在這酷熱的夏季，讓民眾過著苦不堪言的日子。」

跟其他國家相同，加薩地區的夏季用水量比其他季節來的多。不過以色列破壞了電力系統，所以家家戶戶的抽水機也無法使用。

「在同一段時間內很難有水又有電。」身為七個孩子母親的烏姆．拉姆齊表示。偶爾才從水龍頭低下的水滴，根本不敷家人飲用，也沒辦法讓她照常做家事。

加薩地區每年大概需要一億八千萬公升的水，不過當地的淨水廠每年只能處理八千萬公升的水。為了度過缺水時期，加薩當局會不定時切斷供水，再把水源依據人口密度分配到不同的地區。對拉姆齊來說，這樣子的生活實在是太過艱辛。

她說：「洗東西要用到水、煮飯需要用到水、口渴的時候要喝水，我的孩子上完廁所也需要水。」

拉姆齊的其中一個孩子表示，到了隔天廁所就沒水可以沖水了。假如這樣子的狀況持續蔓延，那麼加薩人民所面臨的人道災難，就比直接被以色列砲彈攻擊還來得更慘絕人寰。沙堤難民營的居民表示在某些地區，會有少量卡車配送有限的水到各個家庭，不過這些水僅供飲用，不能做為其他用途。

「我們從來沒有想過要洗澡。」拉姆齊告訴《中東之眼》：「現在洗澡對我們來說太奢侈。」加薩的夏天酷熱難耐，居民都認為在這麼熱的天氣之下生活相當艱苦；在戰爭期間，人間煉獄的景象就更容易想像了。

為了改善整體情況，世界銀行組織提出了耗資四千三百萬美元的「北加薩緊急污水處理計畫」（North Gaza Emergency Sewage Treatment Project）。世界銀行希望藉此能達成以下目標：「首先，緩解加薩的緊急狀況；針對一些建設不佳的區域、還有加薩北部貝特來哈德區的污水湖，本計畫希望能夠舒緩該地區人民的環境健康、緩解居民衛生安全方面的威脅。再來，此一提案也希望能制定出長遠、合宜的辦法，改善北加薩省分的污水處理狀況。」

不過直到現在，這項計畫還沒募集到任何資金；況且以色列持續攻擊加薩，所有發展只能停滯不前。看來在情況好轉之前，我們還得面臨更深的谷底。

努力保持希望的一戶人家

炸彈跟導彈就在屋頂上空飛來飛去，祖立克一家跟其他加薩居民一樣，已經好幾個晚上沒闔眼了

「我好害怕頭上那顆炸彈會炸到我。」十一歲的迪娜．祖立克如此表示。她再也忍不住，不敢待在自己的床上，趕緊跑到爸媽身旁。

今天是二〇一四年以巴衝突的第六天，現在已經凌晨四點，照理說迪娜應該進入夢鄉了。不過今晚有七顆以色列F-16導彈把警政總局炸毀，隔壁的「救助者」維安中心也遭到四顆導彈襲擊；震耳欲聾的聲響波及迪娜跟父母還有五個兄弟姐妹居住的大樓，這棟十一層樓的大廈不斷搖搖晃晃。

過去五天，她都熬到太陽露臉才上床睡覺；每逢夜晚，以色列轟炸的頻率總是高得嚇人。

「我都不敢自己一個人睡，導彈讓房間震個不停。」迪娜一邊說，一邊扯著自己粉紅色的裙子。

其實讓迪娜腦中不斷浮現炸彈場景的，不只是屋外震動的颼颼聲響。看看窗外鄰居的住宅如今變成什麼模樣，這些景象在她的心中鑿下深深的陰影。最近幾天，迪娜眼看著住家鄰近的

房屋被砲彈轟炸，救難人員從瓦礫堆中拖出一個個身受重傷的居民，這樣的場景迪娜已經目睹了無數次。

迪娜跟她的兄弟姐妹只能待在家裡，不能到外頭玩耍，甚至連看電視的權利也被戰爭給剝奪了。不久之前，迪娜還能在家裡看一個名叫「樂園」的中東知名兒童頻道，現在電視上只看得到新聞。在新聞畫面中，她也看著跟自己年齡相仿的孩子被送到醫院，他們身上流著鮮血、受了傷，甚至還有情況更為慘重的案例。

迪娜的父母就像其他加薩人一樣，大家都守著電視機，心急如焚地看著這個國家現在究竟發生了什麼事。

「鄰居還有學校裡的朋友，大家都只會討論炸彈攻擊還有他們在電視上看到的場景。」迪娜說。

今天晚上迪娜不知道是否能安然入睡。以色列對加薩的空襲即將進入第七天，至今已奪走一百六十七條人命、造成一千兩百人受傷。根據聯合國統計，這些死傷群眾多為加薩市民，甚至還有許多女人跟小孩被困在大火當中。

炸彈攻擊

砲彈從天而降，落在迪娜家附近，這個時候她趕緊躲進爸媽的懷抱中，迪娜跟妹妹亞拉緊緊抓著媽媽、巴著媽媽的大腿不放。亞拉也喜歡粉紅色，身上的裙子跟迪娜一模一樣。身為媽媽的莉娜，臉上雖呈現著勇敢的神情，心裡卻相當恐懼。

「我自己也很害怕，但是我必須強作鎮定、試著安撫我的孩子。」莉娜說：「導彈的威力把我震醒的時候，內心更是恐懼無比。」

自從二〇〇五年以色列從加薩走廊撤軍之後，莉娜經歷了許多以色列對加薩走廊的軍事鎮壓。從二〇〇六年中的「夏雨行動」開始，二〇〇六年底的「秋雲行動」、二〇〇八年初的「暖冬行動」、二〇〇八到二〇〇九年的「鑄鉛行動」、二〇一二年初的「聲音重返運動」、二〇一二年底的「防衛之柱行動」，還有二〇一四年的「護刃行動」，這些莉娜都曾親身經歷；她也說以色列對加薩居民的集體懲罰，反而讓民眾發揮了團結的力量，這股力量也幫助她面對所有壓力，讓她永遠都不會對以色列的侵略感到麻木。

身為學校老師，莉娜已經習慣每天處理孩童的心理創傷；不過安撫的對象成了自己的孩子，她也坦承感到相當無力；每當看到孩子為了尋求庇護，爬到床底或躲到地毯下的時候，無助感就更加深刻。

莉娜跟她的丈夫羅艾都心知肚明，假如以色列真的朝他們發動攻擊，什麼心理安慰的辦法都派不上用場。不過夫妻倆還是覺得一定要讓孩子們有安全感、不能放棄希望。羅艾認為狀況不甚樂觀，隨著孩子年紀漸長，衝突只會逐漸惡化，往後孩子只會拋出更多殘酷的問題，諸如為什麼以色列要轟炸我們？戰爭什麼時候才會停？

年紀小時，孩子可能會淡忘這場衝突，像是迪娜對二〇〇八年的鑄鉛行動就沒什麼印象；但是年紀增長後絕對忘不了，迪娜說腦中不時會浮現隔壁房屋倒塌，還有鄰居遇襲身亡的影像。

巴勒斯坦的精神科醫師亞希爾・阿布・詹米表示，這種現象在巴勒斯坦的孩童以及成人身上頗為常見。

「畢竟人類能夠承受的範圍有限，」詹米說：「不斷轟炸對我們的傷害實在太大。」加薩境內住有一百八十萬人，無論直接或是間接，大家每天都要經歷心理創傷。對於那些住在比較祥和區域的孩子們來說，他們最後還是會在電視上看到令人毛骨悚然的場景。

「在加薩沒有所謂的創傷前或創傷後的區別，因為我們永遠在創傷之中。」詹米說。創傷的循環永不止息。小孩內心的陰影，會加深大人內心的傷害，因為父母會覺得自己很無能，無法安撫保護自己的孩子。

羅艾表示無人機永遠都在頭上盤旋，沒有人能夠擺脫這種鋪天蓋地的恐懼。

「無人機讓我心神不寧，」迪娜說：「我都會一直夢到無人機發出的聲響。」

家庭分崩離析

在國家安全與經濟面臨危急的情況下，像是齋戒月這樣既虔誠、又能讓闔家團聚的時節，正是加薩人民最期待、最容易分散注意力的活動。不過今年迪娜最期盼的齋戒月，也被砲火給摧毀了。

齋戒月期間，巴勒斯坦人都會互相到親戚家中拜訪。雖然這是伊斯蘭教當中的一項義務，不過迪娜總是把齋戒月當成有趣的活動，因為可以見到她的玩伴們。

迪娜說：「我喜歡跟年紀相近的親戚在一起，但是現在走到哪裡都有可能被炸彈炸到，我們就不能見面了。」

以前迪娜的爸爸會開車載著全家一周出門三到四次，拜訪也住在加薩的親戚。對莉娜跟羅艾這兩個中產階級的老師而言，他們很喜愛這項例行公事。但對很多加薩人來說，現在連這樣微小的幸福都被剝奪了。

連續幾天關在家中、哪裡都去不了，祖立克一家感覺自己彷彿被困在原地、像是罹患幽閉恐懼症一般。母親跟女兒巴不得立刻出門走走，但是內心也知道在過去幾天，有許多人被炸死在外頭，所以最後還是卻步留在家中。

「如果待在屋內能確保安全，這樣或許還會好過一些，」莉娜表示，「但最慘的就是我們知道在家也不一定安全。」

迪娜為了平衡自願待在家的痛苦，站在偌大的窗子旁向外看著整座加薩市。

窗外的景象並沒有什麼安撫作用：遍地都是戰爭的痕跡。就算空中暫時沒有炸彈的嘶嘶聲，到處還是能聽見救護車警報器的聲響，而且到了最後，砲彈跟無人機的噪音又會開始喧囂。這些聲響，讓迪娜難以成眠，也想不起任何快樂的回憶。

以色列與哈瑪斯的心理戰越演越烈

在這場衝突當中，以色列的心理戰略：像是發動誤導訊息的空襲警報以及丟擲傳單，這些手法正跟哈瑪斯的衛星電台、社群媒體策略相互交火

在加薩的努塞拉難民營，哈立德・阿布・札伊德的鄰居紛紛接到以色列的自動語音打來的電話，電話的另一頭表示以色列即將轟炸加薩中心的這個難民營，居民必須儘速撤離。接到通知後，札伊德只穿著一條內褲就奪門而出，在門外高聲疾呼以色列的F-16導彈就要飛過來了。

阿布・札伊德是五個孩子的父親，他說接到電話的五分鐘後附近已經空無一人。男女老幼顧不得身上穿了什麼、把能夠抓的家當帶在身上，匆匆忙忙地逃離現場。

通常在接到以色列的語音電話之後大概過一到三分鐘，炸彈就會從天而降。不過這次，三十八歲的阿布・札伊德花了一整晚的時間待在屋外。他家並沒有遭到以色列攻擊，而在等待幾個小時之後，一家人還有其他鄰居決定把握機會各自回家。

雖然恐懼跟焦慮讓他在大半夜奔出家門，阿布・札伊德覺得自己依舊不算幸運。他的住家附近早就遭到以色列轟炸、逃不過炸彈的魔掌；而且他也相信，這通語音電話只是戰略手段，以色列不需要發動任何攻勢就能造成大規模影響。

阿布・札伊德向《中東之眼》表示，「這就是所謂的心理戰，他們刻意引發動亂，半夜發出通知讓人民『集體』恐懼。」

這種手法過去一度影響整個加薩，全加薩人民四處逃竄、害怕自家被夷為平地。

就在這個周末，以色列軍方散播的傳單遍及加薩北部，這份傳單要居民逃到南方，否則全家人的性命就有危險。傳單上寫著：「當心。」

加薩內政部呼籲北部居民不要理會這張傳單、保持鎮定；以色列發出警告之後，加薩政府甚至還派工作人員直接實地走訪通知。不過加薩北部人心惶惶，大家都不敢久留，在一天內逃難的居民估計有一萬七千名。

探討各種議題的政治分析家穆罕默德・塔巴什表示，以色列採取這種手段的目的就是要「讓社會與政府產生分歧，藉以瓦解巴勒斯坦的軍事力量。」

阿布・札伊德說「〇八」開頭的號碼，是從以色列南部的亞實基倫發出的，似乎是以色列情資單位所有。這支號碼隨意撥打到加薩人民的手機，散播各種威脅的消息，像是要求民眾撤離、要加薩人民舉發哈瑪斯成員的身分，或是強迫民眾揭露哈瑪斯領袖的行蹤。

有些威脅電話甚至向民眾下最後通牒，要加薩人好好跟以色列軍方配合，否則就要炸掉他們的住家。

雖然事後以色列幾乎不曾展開攻擊，但是這些電話還是製造了無端的恐懼驚慌。

雖然並不是所有接聽來電的民眾都會乖乖配合，但是幾乎所有加薩市民都接過以軍的電話，或多或少都受到這種心理戰的影響。

穆罕默德．阿奇拉今年四十五歲，育有九名子女。阿奇拉跟加薩的救護人員一起工作出勤，他說自己的孩子常常被媒體上的內容嚇得心驚膽顫。

「對我的家庭而言，心理戰的影響比實際攻擊來得嚴重。」阿奇拉表示，「無人機不絕於耳的嗡嗡聲就是一種心理戰術，對大人還有小孩都影響很大。」

哈瑪斯反擊

以色列的戰略不僅止於打打電話、發送傳單。二〇一二年，據傳以色列總理納坦尼雅胡的辦公室制定一項辦法，只要學生願意在社群媒體上發布支持以色列的消息，就會提供以色列大學的獎學金。

此舉在以色列二〇一二年侵略加薩時候，造成了一股「媒體碉堡」的現象。有數千名以色列青年，自願在社群媒體上發布有利以色列的貼文。根據數位抗爭網報導，上周在以色列私立賀茲利亞跨領域學院當中，學生會也自主發起了類似的活動。

過去幾年，哈瑪斯——跟其所統治的人民處境相似——也遭受以色列這種戰略的對待。不過哈瑪斯在挫敗中學習，發揮了分析師所謂「前所未有」的戰術。哈瑪斯在護刃行動當中運用了以色列的策略，透過自己的阿克薩衛星頻道，以希伯來文發布消息，警告以色列人他們即將遭到攻擊。此消息一預告會朝特拉維夫發射火箭砲之後，原本繁忙喧鬧的特拉維夫瞬間陷入一片寂靜。

替設籍倫敦的《哈耶特日報》撰寫專欄、以分析師為業的法提・沙巴對《中東之眼》表示，哈瑪斯的目標是要宣傳自己的軍事實力，藉以複製這幾年來以色列運用在加薩的心理戰術。哈瑪斯團隊據傳也架設了一個希伯來文的網站，網站上會提供哈瑪斯活動的新聞、影片還有照片，也會公布加薩有哪些新鮮事。

哈瑪斯的卡薩姆軍團也操控了一支電話號碼，用這支電話發送簡訊給幾十萬名以色列人，當中還包還以色列的軍官。

這種以牙還牙、以眼還眼的政治手段才剛剛開始而已。上周，以色列軍方入侵阿克薩頻道，在播報新聞的途中插入以色列的新聞。哈瑪斯為了報復，也侵占了原訂播放的十號頻道，用希伯來文放送哈瑪斯的消息。

沙巴指出，「哈瑪斯從兩個層面來對抗以色列：陸地的軍事攻擊還有心理戰。」

哈瑪斯至今最大規模的心理戰，就是上次揚言要攻打特拉維夫，該次行動甚至還引起國際關注。

「這不只是一場武裝戰鬥，」沙巴表示，「哈瑪斯把戰場延伸到人的心理，大家都非常驚訝。他們散播影片，讓以色列展現出害怕被炸彈轟炸的恐懼心理。」

加薩官方還有反抗組織也轉而尋求社群媒體的協助，試圖制止錯誤的訊息繼續散播，讓人民能過得更安心，同時也希望引起更多國際注意。不過這種方法也沒辦法幫助每個人，像是不會使用網路的長者，就是最容易受到控制的族群。

有幾名巴勒斯坦人遭到加薩政府逮捕，因為政府認為他們跟以色列合作，刻意撥打威脅電話，試圖散播謠言、引起人民恐慌。

沙巴透露，哈瑪斯反擊以色列的心理戰略，確實慢慢緩解了巴勒斯坦人內心的壓力。他還說對於這種心理遊戲的戰略，加薩居民已經越來越習以為常了。

沙巴還補充道：「以色列前兩次對加薩的大規模軍事鎮壓，還有數百次的隨意突襲，已經讓心理戰的效果越來越弱。」

雖然人民對這種戰術越來越熟悉，不過以色列還是有可能會發動大規模突襲。

沙巴說：「沒有人想要死在家裡，所以大家只好離開家園。」

以色列砲火下的巴勒斯坦記者

本周三，記者席哈死於以色列空襲砲火下，加薩的記者對此感到憤怒、恐懼

阿克薩電視台的男主持人眼眶中含著淚水、在節目中表示，名為哈米德·席哈的巴勒斯坦記者，周三傍晚開車行經阿爾默克塔街、正準備回家時，被以色列空襲炸彈擊中，當場喪生。

席哈今年二十七歲，他在一家當地新聞網「Media 24」工作。遭到以色列導彈襲擊的當下，他正在開車，車外貼有寫著「電視台」的顯眼紅色貼紙。在加薩最熙來攘往的街上發生空襲，所有加薩的記者都甚感恐懼，也相當憤怒。

「這種行為就是要恐嚇我們。以色列除了加薩市民跟新聞記者以外，已經沒有目標好攻擊了。」貝魯特的馬亞丁電視台攝影師阿菲菲向《半島電視台》透露。

阿菲菲還說席哈是一位獨立媒體工作者，並沒有跟任何政治黨派掛鉤。

席哈被送到加薩的敘法醫院時，遺體已經四分五裂，外表甚至焦黑到難以辨識。而他所駕駛的銀色斯柯達汽車外表也布滿彈片，處處可見斑駁的血跡。在這場空襲行動當中，另外還有八名巴勒斯坦人也因此受傷。

周五清晨，死亡的巴勒斯坦人數已經將近一百。在過去四天，也有幾百位民眾被以色列空襲所傷。聯合國在周四預估至少有三百四十二戶住家被摧毀，也有兩千多名巴勒斯坦人在戰火中流離失所、無處可去。

加薩內政部的發言人伊哈卜．侯賽因針對席哈的死亡事件發表聲明，「以色列違反國際戰爭法的目的，就是為了要展現侵略行動的殘酷，讓日以繼夜工作的巴勒斯坦記者崩潰、意志瓦解。」

侯賽因還認為國際組織需要為此負責，他還補充道：「這種舉動無疑是犯罪行為，但是新聞記者絕對不會因此罷工。」

不過以色列政府這個時候卻表示他們對這起事件所知甚少。以色列軍方發言人向路透社表示，他們之後會再追查更多細節。

巴勒斯坦記者組織（Palestinian Journalists Syndicate）譴責這次攻擊事件，認為席哈的死根本是以軍對自由的掠奪。該組織在一份聲明中表示，「這種刻意、計畫周詳的攻擊行動，就是要阻止加薩記者播報以色列侵占的實情，也要懲罰整個加薩走廊，讓大家陷入集體恐懼。」

同時它們也表態會訴諸國際媒體聯盟，讓他們取消以色列記者組織的會員資格，替席哈討回公道。

據傳以色列把砲火對準加薩記者已經不是第一次了。二〇一二年十一月，以色列分別對不同的加薩媒體進行空襲。在這些攻擊中，有兩名攝影師喪命、至少十位媒體工作者受傷，還有四間新聞工作室被炸毀。

以色列政府發言人馬克・雷戈夫當時替爆炸事件辯駁，他說這些遭到攻擊的並非「正當的新聞記者」。

不過人權觀察（Human Rights Watch）[33]表示，以色列的空襲行為已經違反戰爭法規。人權觀察的中東與北非分部主管莎拉・惠特森表示，「無論是擁護哈瑪斯還是支持以色列攻擊行動的記者，他們可能都擁護了某種意識形態，但在戰爭法當中，並不表示敵方就可以任意攻擊。」

就在最近，無國界記者組織於七月八日公開譴責以色列，因為以色列阻止新聞記者報導他們激烈的暴力行為，而以色列也在其所占領的約旦河西岸、阿拉伯屬東耶路撒冷，以及以色列國內逮捕這些記者。

在位於拉馬拉的發展與媒體自由巴勒斯坦中心（MADA）擔任主管的毛薩・利馬威表示，以色列在大規模的軍事鎮壓當中，不斷朝著巴勒斯坦以及國際新聞記者發動砲火。

「以色列的目的就是要讓媒體消音，」利馬威向《半島電視台》表示，「進一步打壓新聞記者，避免他們報導以色列對巴勒斯坦人所犯下的戰爭罪。」

「假如沒有國際組織施壓，以色列就會繼續侵害這些記者。以色列的所作所為，好似他們是一個凌駕於國際法之上的國家一樣。」利馬威還補充道：「根本沒有任何力量能夠阻止他們繼續迫害記者。」

不過對於像阿菲菲這樣的新聞記者來說——過去四天，他犧牲大部分的睡眠時間，一直在敘法醫院的停屍間外工作——這份工作的意義重大，他絕不會屈服妥協的。

阿菲菲說：「所有加諸於市民的攻擊行為，都不會阻止我們繼續播報，我們要讓世界知道以色列對加薩做了什麼。」

33 一個非政府組織，總部設於美國紐約，以調查、促進人權問題為機構宗旨。

「我從來就不喜歡黑夜」

加薩走廊喪生的總人口數攀升，各個巴勒斯坦家庭都十分害怕以色列的夜間空襲行動

對亞拉．賈爾夏還有他的妻子跟兩個孩子來說，一天當中最難熬的時候便是夜幕降臨時。全家人緊緊依偎在一起，父母用盡全力安撫兩個小孩，因為窗外傳來的巨大爆炸聲響，讓這兩個孩子不斷發出疑問。

這一家人如果感覺哪裡比較安全，就會從公寓的一個角落移到另一個角落。其他附近的住戶為了安全起見，全都躲在床底下睡覺。

「今晚躁動難耐，我們都不知道明天誰的死訊又會出現在新聞上，我們之中的任何一個人都有可能。」這位三十一歲的父親這樣告訴《半島電視台》，與此同時，他三歲大的大兒子穆罕默德緊緊抓著他的大腿不肯放手。

現在是凌晨一點，但是這個家中的所有人都是清醒的——甚至連穆罕默德跟一歲半的艾哈邁德都無以成眠。自從五天前以色列又開始對加薩武力鎮壓，連續幾日以來賈爾夏一家都是這種光景。

「爸爸，我們一定會死掉。」其中一個孩子這樣對爸爸說，臉上掛著涔涔的淚水。

賈爾夏的住家距離哈瑪斯首領的住處僅有幾百公尺之遙，正是因為如此，賈爾夏一家更害怕自己變成以色列轟炸的目標。

周五凌晨，賈爾夏住家附近發生了三起爆炸事件，導致房屋也跟著搖搖晃晃。賈爾夏對《半島電視台》說：「只能祈禱神會保護我們。」

許多加薩人民也有著跟賈爾夏相同的恐懼。這周六，也就是以色列侵略的第五天，至少已經有一百二十一名巴勒斯坦人失去性命、將近一千人因此受傷。聯合國指出以色列已經朝加薩發射超過一千一百枚導彈、一百顆坦克炸彈，還有發動超過三百三十次的海軍砲擊。

聯合國也表示在侵略行動當中，房屋遭到轟炸倒塌是民眾傷亡的主因。截至這周四中午，已經有三百四十二戶民房遭到毀壞，讓兩千名巴勒斯坦人跟著親戚到處尋求庇護。

對於將砲火瞄準平民百姓的指控，以色列政府嚴正否認，他們堅稱自己只會攻擊哈瑪斯的成員。以色列軍方甚至暗指老百姓的住家有「軍事用途」之嫌，還在社群媒體上公開表示以色列攻擊平民住家是「事出必有因」。

「以色列的攻擊對象是哈瑪斯恐怖分子，而不是無辜的老百姓。」以色列總理納坦尼雅胡周二表示，「對於以色列跟巴勒斯坦人民受到的傷害，哈瑪斯需要負起全責。」

不過根據聯合國的統計數據，有百分之七十七的傷亡民眾都是一般市井小民。本周五，聯合國人權高級專員納維・皮萊對逐漸攀升的死亡人數表示憂心。

皮萊在聲明中表態，「我們接到許多讓人憂心忡忡的報告，以色列空襲造成許多加薩市民喪生，而且有些年紀尚小的孩童也失去了性命。」

「這些現象讓我們嚴重的質疑，以色列的侵略行為是否符合國際人道法以及國際人權法的規範。」

加薩每天大約有十二到十六小時會陷入停電狀態，民眾完全無法得知以色列什麼時候要發動空襲。沒有電力可用，市民也無法享用開齋飯，大家只好被迫在黑暗中覓食，找到什麼就往嘴裡塞。

賈爾夏對《半島電視台》說：「只有在陽光下我們才得以生存。在以色列軍事鎮壓的期間，我很痛恨黑夜。無論是以色列朝我們發射F-16導彈，還是巴勒斯坦的火箭砲從附近區域起飛，我們都會膽戰心驚，砲彈的聲響實在太震耳欲聾。」

許多居住在加薩的家庭，每晚都要擔驚受怕，不知道炸彈何時會降落在何地。「以色列的彈片不長眼睛，誰都有可能被炸傷。」賈爾夏一邊訴說，妻兒在一旁哭喊著。

「所以我從來就不喜歡夜晚。每次天一黑，我就會想到在這個不受庇護的家中，我們有多麼脆弱。」

哈瑪斯與根本不存在的停戰宣言

哈瑪斯幾乎立刻撇清自己跟停戰協議的關係，這份停戰協議並未達成哈瑪斯的需求，方向也完全錯誤

周一稍晚，外界開始謠傳以色列與哈瑪斯即將達成停戰協議，而此份協議是由埃及居中協調的。這個時候，哈瑪斯領導人哈尼亞出現在一個預錄的電視節目中，螢幕裡不知身處何方的他對著巴勒斯坦觀眾發表演說。

在影片裡，哈尼亞清楚表明立場：他自己跟哈瑪斯都不願意簽署停戰協議，他們不希望過去九天灑落在加薩的鮮血平白犧牲。

「當然，任何組織黨派，都不能忽視巴勒斯坦反抗組織為了和平所做的努力。」哈尼亞在影片當中如此說道。

哈瑪斯指出這份停戰協議在媒體上公開之前，他們並沒有見過草案初稿。哈瑪斯因此認為這項協議只是媒體的策略，並不是真正希望停止衝突的政治提案。

「我們希望能阻止以色列繼續侵害加薩人民。以色列的實際行為才是癥結所在：加薩遭到圍困、人民忍飢挨餓、邊界持續封閉，還有以色列加諸於加薩人民的羞辱。」哈尼亞道。

對於埃及的停戰協議，哈瑪斯跟旗下的卡薩姆軍團似乎頗有共識。卡薩姆軍團於周四凌晨四點在媒體上發布公告，他們表示，「這份協議毫無價值，寫下來還嫌浪費墨水。」

卡薩姆軍團也駁斥任何關於停戰協議的評論臆測，他們只說這場跟「敵人」的戰役，只會「越來越殘暴、越來越激烈」。

前進之路？

似乎所有巴勒斯坦的政黨派系都能接受彼此提出的停戰條件：開放加薩通關、釋放人質俘虜、以色列停止武力侵略，並且不得妨礙巴勒斯坦成為一個握有獨立實權的政府。

本周二，伊斯蘭聖戰組織的資深領導人哈立德·阿巴塔什對加薩的記者表示，雖然組織內部很感激埃及所做的一切，但是他們的立場始終維持不變。

「儘管檯面上有許多溝通的聲音，試圖讓雙方停火休戰。不過就現況而言，協調的程度尚未滿足我們的需求。停戰協議應該要透過已知的管道直接向政黨派系或反抗勢力的領導人接觸，而不是透過媒體隔空喊話。」

巴勒斯坦民眾抵抗委員會（Palestinian Resistance Committee）的立場與哈瑪斯相同，該委員會的發言人阿布·穆賈西德告訴新聞記者：「我們至今尚未收到任何停戰協議，對我們來說，沒有任何辦法能夠讓雙方休戰、歸於平靜。」

如果有關各方都同意埃及的停戰協議，那麼到了早上九點（格林威治標準時間早上六點）

戰火就會逐漸減緩，而再過十二小時之後，戰事就會完全停止。

不過以色列仍然持續對加薩的不同地區進行空襲。第一個被空襲的目標是位於謝赫札耶德的一棟住宅大樓，根據醫療團體的消息指出，有四人在這場襲擊中受傷。隨後在周二中午，又有許多地區遭到以色列空襲，最嚴重的地區莫過於加薩西部以及汗尤尼斯的阿斯達娛樂城。

截至目前的媒體報導，在過去九天的襲擊當中，已經有一百九十三人喪生、超過一千四百人受傷；聯合國估計有百分之七十七的死傷人數皆為加薩市民。

巴勒斯坦反抗組織領導人與埃及的情資單位，雙方似乎正在建立溝通管道。唯有透過這種直接聯繫的方式，哈瑪斯才有辦法說服伊斯蘭聖戰組織跟民眾抵抗委員會一同簽署停戰協議。

不過對於巴勒斯坦民眾抵抗委員會所提出的條款，哈瑪斯、伊斯蘭聖戰組織，還有埃及似乎都無法苟同，不願妥協。

加薩當地居民向《中東之眼》透露，以色列情資單位於周二開始，陸續撥打數百名加薩市民的電話，情資單位利用預錄的語音內容，要求加薩的巴勒斯坦人向哈瑪斯施壓，讓哈瑪斯接受停戰協議。

任教於艾資哈爾大學的政治分析師穆黑爾．阿布．薩達博士，相當樂觀地認為再過幾個小時，各方就會以某種形式達成停戰協議。

「我不認為哈瑪斯會拒絕埃及的提案，」他表示，「但是我認為哈瑪斯對於以色列會停止圍攻、釋放人質這兩點還是會有所顧慮。」

他還對《中東之眼》提到，「要是哈瑪斯拒絕埃及，他們在政治方面就會孤立無援。完全沒有人跟哈瑪斯接觸，他們確實感到被忽略、受到羞辱。」

哈瑪斯的副領導人穆薩．阿布．馬爾祖克博士今天下午在他的臉書頁面上提到，哈瑪斯仍然在研究埃及的停戰協議。先跟副領導人馬爾祖克接觸，停戰協議似乎就能直接傳送到哈瑪斯位於開羅的總部。

不過至今仍然有一些巴勒斯坦人不同意埃及的提案，定居倫敦的政治分析師易卜拉辛．哈瑪彌博士也譴責馬爾祖克博士的聲明。

「有人說馬爾祖克博士是被迫發表這樣的聲明，他們認為這就是所謂政治手段。其實完全不是這麼一回事。馬爾祖克博士最好保持緘默，這種恭維殺戮與鮮血的聲明完全不需要存在。」哈瑪彌博士表示。

接下來的幾個小時非常關鍵。後續的發展將決定哈瑪斯跟其他反抗組織是否同意停戰條約，抑或是讓無情的戰火繼續延燒。

以色列威脅加薩，表示他們即將發動陸地侵略，幾乎所有的加薩人民都在議論這件事。不過面對以色列的脅迫，卡薩姆軍團依舊處變不驚，甚至揚言反抗，他們在聲明中指出，「我們不能坐以待斃，因為這是釋放巴勒斯坦俘虜的唯一選擇。」

在加薩走廊，巴勒斯坦人害怕「沒有一個地方是安全的」

對於以色列不斷攻擊民眾住宅，加薩居民深感憤怒，以色列卻堅持這些民宅是攻擊目標

周五早上七點，一位五十五歲的先生跟他的五個孩子一同在樓梯底下熟睡時，突然聽見鄰居大喊：「哈德博士，快逃！我家就快要被炸彈轟炸了。」

這個時候，哈德七歲大的兒子穆罕默德用手攫著父親的褲子，一動也不敢動。匆忙把一家人從床上拉起來之後，所有人便衝出這棟黃色的民房——哈德花了七年的時間省吃儉用蓋了這棟房子，也才剛搬進去兩年而已。這個時候以色列首發的警告導彈，恰巧在空中呼嘯而過。

「我們到處亂跑、離房子越遠越好，否則一定會被炸彈給炸傷，甚至失去性命。」哈德一邊回想，同時顫抖地說。

第二發以色列F–16導彈擊中鄰居住宅，不過哈德一家人早在這之前就擠進車內、匆忙開車前往大街的另一頭。哈德的住宅並非攻擊目標，不過鄰居的家卻不然。身為一位備受尊敬的語言學教授，哈德說道：「炸彈對我的孩子造成精神創傷，這些孩子到底做錯了什麼，竟然遭遇這樣的對待？」

哈德的孩子年紀從七歲到十六歲，他們至今尚未回到現場看那些被毀損的房屋。「雖然奇

蹟似的逃過一劫，但是創傷太過深刻，我們不敢回家。」哈德對《半島電視台》表示。

哈德一家遭到轟炸的同時，另外一戶居住在加薩南部拉法市的家庭，也被以色列導彈擊中。當時甘納姆一家並未收到轟炸警報，因此五個人全在睡夢中喪生，還有十六位居民受傷。

本周六，以色列軍事鎮壓已經來到第六天，至少有一百五十四名巴勒斯坦人喪失性命、一千多人受傷。也有七十幾個巴勒斯坦居民的住家被夷為平地。根據聯合國的數據，還有兩千五百戶人家的住宅遭受程度不等的損傷。

以色列總理納坦尼雅胡周三表示，「哈瑪斯朝以色列市民開火，他們必須為此付出極大的代價。」

以色列軍方在推特上為自己的軍事行動加以辯護。他們指控哈瑪斯在「房屋、清真寺、醫院還有學校中」藏匿火箭砲，也在「民宅中進行軍事活動」。以色列軍方還辯稱自己已經盡最大努力降低死傷規模，表示這些房屋在法規上確實是軍事攻擊目標。

不過聯合國卻表示，即便房屋被徵收為軍事目的使用，「任何攻擊還是得合乎限度；在以色列占上風的情況下，也要讓敵方有某種程度的採取預防措施。」

位於加薩的巴勒斯坦人權中心（PCHR）副主任賈比爾・威斯哈表示，以色列對於加薩的巴勒斯坦民宅進行攻擊，根本是「懲罰性毀損」。他還說：「就算那些民宅的屋主是哈瑪斯成員或伊斯蘭聖戰組織的成員，但都屬市民所有，這些市民並沒有參與任何軍事行動。」

威斯哈向《半島電視台》表示，以色列轟炸加薩的民宅之前，通常會有以下三種情況：其一，以色列軍方在進行空襲之前不會發布任何警報；其二，他們會發射一枚警告導彈——

俗稱「屋頂警告彈」，這枚啞彈[34]會落在某戶人家的屋頂上，告訴住戶真正的導彈即將來臨；還有最後一種方式，他們會打電話通知巴勒斯坦居民，要他們在房子被炸毀之前盡快撤離。

「加薩境內的每一戶住宅都是攻擊目標。」威斯哈表示，「現在在加薩，沒有一個地方是安全的。無論是直接遭到轟炸、或是間接被爆炸影響，任何一戶民宅都有可能毀損。」

周五一早，哈德回到自家住宅查看毀損情況。他的鄰居也同樣出來視察這一片廢墟。一位記者在畫面中說：「這就跟海嘯過後一樣。」

唯一矗立的只有房屋的骨架，這一家人所擁有的物品全部毀損，家具支離破碎、彈片散落在每個房間的地板上，沒有一扇門窗維持完好。他私人收藏的書籍、照片，信件也屍骨無存。哈德根本沒辦法從家裡救出任何物品，甚至連身分證明文件也是。在他檢查毀損狀況、無法從震驚的情緒中脫離時，附近又有一顆炸彈爆炸。隔壁屋裡的孩子原本在整理衣物跟玩具，現在全都尖叫著奔出屋外。

「在這堆廢棄物之中，沒有一樣是我能帶走或拿來使用的。」哈德一邊在屋裡踱步一邊說：「損失實在太慘重。」

34 已經發射、但尚未爆炸的炸彈。

畢業的喜悅被恐懼失落所取代

以色列砲聲不絕於耳，巴勒斯坦孩童查看考試成績的同時，努力讓自己看起來沉著冷靜

今天加薩的中學生完成了畢業考試，巴勒斯坦的新聞頭條、新聞快報、推特還有電子郵件，想必都充滿著關於成功結業、歡欣喜樂的消息。

即便以色列封鎖加薩，對加薩人民施以集體逞罰，讓大家在非常艱困的環境底下慶祝中學結業，所有人還是使出全力，盡可能讓這一天與眾不同。家家戶戶團聚在一起、合影留念，學校跟自家住宅也都使用氣球跟五彩紙屑加以妝點。

不過今年，這樣的慶祝活動跟報紙頭條已不復存在。周一中學考試結果——也就是巴勒斯坦的高考（tawjihi）公布時，歡慶儀式顯得冷冷清清。

以往有些人會對空鳴槍，藉以慶賀考試放榜。不過現在，加薩人民反而是籠罩在無人機跟導彈的襲擊之下。到處都看不到慶祝的煙火以及人民的微笑，一百八十萬名加薩居民反而為以色列接下來的轟炸行動繃緊神經，做好準備；街上的行人都哭喪著臉，一看到頭頂出現飛機或無人機，就四處尋找庇護、拔腿狂奔。在悄然無聲的大街上，喜極而泣的聲音不再，取而代之的是葬禮隊伍中悲痛地哭吼聲。

「收到考試成績時，我什麼話都沒說，只聽見外面炸彈轟隆轟隆的噪音。」伊斯梅爾說：「不過用功唸書、考到不錯的成績，我還是很開心。」

雖然伊斯梅爾的內心替自己感到驕傲，他還是拒絕大肆慶祝，他想要跟那些在攻擊中受傷、身亡的人站在同一陣線。

依照往例，全加薩這周應當是充滿畢業的歡欣氣氛，不過以色列護刃行動的大屠殺，卻讓這裡瀰漫著恐懼跟焦慮的氛圍。自從以色列發動攻擊到現在已是第八天，已經有超過兩百一十人身亡、至少一千五百人受傷。

加薩教育部表示，有二十位學生確認身亡，而他們原本會跟其他同學一樣，收到考試成績、完成學業。

這群已逝的學生當中，有四位來是阿巴塔什家族——穆罕默德、亞哈、易卜拉欣，還有庫塞。在那次無情的襲擊當中，以色列發射的炸彈直接命中阿巴塔什的住家，奪走十八條人命。

六十三歲的努曼・阿巴塔什是家族中的生還者，他完全不能自己，腦中不斷想著一家人本該好好地慶祝年輕學子完成學業，現在卻只能追悼回憶了。

「侵略行為奪走人民的一切：我們所踩踏的土地、呼吸的空氣、家族的喜悅、我們的睡眠還有孩子的性命。」努曼說道。他身上披著一件大白袍，跟頭上紅色的血漬形成強烈的對比。而他左眼的瘀青以及傷口的黑色縫線，則是以色列炸彈攻擊所留下的痕跡。

「以色列人把我們的喜悅轉化成悲劇。我們的孩子為了追求更好的生活苦讀多年，最後成功的時候大家卻沒辦法分享他們的喜悅。」

雖然這場攻擊奪走許多家人的生命，但是努曼並不孤單，家族中還有其他生還者能夠跟他分擔痛苦；縱然沉浸在失落的情緒之中，努曼想到這一點還是不禁展露一絲笑容。許多鄰居都陪在努曼身旁，跟著他一起哀悼。

只是，一旦想到這些痛失親友的人，那些剛通過畢業考、或是家中有親戚通過考試的人，全部都不願意慶祝、喝采。

艾哈邁德．阿卡努在考試中獲得九十九點三的高分。通常當地媒體都會一窩蜂湧到高分考生的家門前，報導這些欣喜若狂的學生。但阿卡努領到成績單之後，卻拒絕接受當地媒體的採訪。

阿卡努表示，只要以色列繼續朝加薩發射導彈、屠殺加薩人民，他就不會對媒體分享考取高分的喜悅。他表示，這份他期待已久的喜樂之情，還可以再等一會兒。

「每一戶人家還有鄰居屋裡，都有傷者病患，還有滿臉愁容的人。」他說：「我們怎能在這樣的痛苦中大肆慶祝呢？現在我們只能把這份興奮之情，默默地藏在心中。」

巴勒斯坦的教育部長赫瓦賈．沙赫希爾昨天對記者表示，在約旦河西岸以及加薩，有八萬四千兩百一十一位學生完成畢業考，平均通過率是百分之六十點四。

與此同時，加薩教育局的局長札卡里亞．胡爾表示，教育當局會等到衝突解除之後，再好好地公布考試結果。

「雖然巴勒斯坦的拉馬拉決定照常公布考試結果，不過在加薩，我們還是決定不要在這麼艱難的情況底下發布成績。」胡爾向《中東之眼》表示。

他還補充道：「我接到許多來自記者、家長還有其他位高權重的長官的電話，大家都強烈要求我們延後公告考試結果。」

如果家裡還有電可用、也連得上網路，這些幸運的考生就能夠上網查詢考試成績。不過就算查到成績，他們什麼事也不能做。

「有一些在以色列攻擊中喪命的學生，他們的成績相當亮眼。不過在他們得知努力的成果之前，早已離開人世。」

考試結果好像已經被教育當局撤除。而那些上周喪命的學生，他們的姓名以及考試成績，似乎也沒有公告在網路上。

往年會有好幾萬名學生興沖沖地前往各大學——包括艾資哈爾大學、伊斯蘭大學，還有阿克薩大學，依照自己的分數選擇符合的課程。不過現在加薩就是一座空蕩蕩的圍城，無所不在的無人機還有炸彈讓民眾躲躲藏藏。今年到處都看不到幫高考考生慶祝的彩色緞帶、氣球，或是糖果甜點了。

「以色列所扼殺的，正是一場巴勒斯坦的歡慶。」胡爾說道。

分析師指出：哈瑪斯軍事力量逐漸成長

有一位哈瑪斯專家指出，哈瑪斯能利用隧道發動奇襲、擊退敵軍行動，還能運用加薩自製、威力強大的火箭砲，這些都代表哈瑪斯的軍事實力日趨成熟

哈瑪斯在抵抗運動中表現的軍事潛力——與以色列敵軍交鋒時，展現強大的反擊力道，顯示了他們雄厚的實力。哈瑪斯旗下的阿卡薩軍團的工程師還有士兵，這幾年來不斷犧牲性命，這隻隊伍才能有今日如此成熟的表現。

分析師表示哈瑪斯不斷嘗試、犯錯，一路走來相當艱辛。哈瑪斯於一九八七年創立的時候，只希望能複製出以色列出名的烏茲衝鋒槍。現在，他們製造出的M-75導彈大約有八十公里的射程，甚至能夠攻擊比特拉維夫更遠的城市。

哈瑪斯上周擊退了以色列從海空發動攻擊的兩支特種部隊，而這件事也引起國際的關注。哈瑪斯同時也癱瘓了以色列的坦克車，甚至透過聯通隧道發動突襲。這些表現讓外界十分驚訝，大家都很好奇哈瑪斯自從在二〇〇八到二〇〇九年的鑄鉛行動中敗北之後，他們的軍事實力究竟成長多少。

「二〇〇八到二〇〇九年，還有二〇一二年的衝突交火，讓哈瑪斯的軍事能力越來越完

備，現在他們又具備新式的火箭砲。」哈瑪斯專家易卜拉欣．瑪胡恩向《中東之眼》表示，「無論是質量還是數量，哈瑪斯軍方的能力都成長許多。」

瑪胡恩表示這些進步，都是從鑄鉛行動慘痛的經驗中而來的。舉例而言，卡薩姆軍團開發了一款抵禦坦克車的導彈，能從更遠的距離擊中以色列的坦克車，這款導彈所使用的俄羅斯縱列式串聯彈頭，能夠擊穿九百毫米的裝甲。不像二〇〇八年卡薩姆軍團使用的P7與RPG–7導彈，因為射程太短導致攻擊失利。

完全沒有人知道哈瑪斯究竟擁有多少縱列式串聯彈頭，瑪胡恩表示哈瑪斯想要等到應付以色列突襲加薩的時候，把其他武器當成「驚喜」亮相。

「哈瑪斯能夠制定防禦策略、並讓以色列措手不及的原因之一，是那些連結各城市之間的隧道。」他補充道。以色列軍方於周四表示，他們在蘇法基布茲附近的邊界擊潰了哈瑪斯的突襲部隊；不過卡薩姆軍團卻表示，他們「成功發動」這次地底突襲。

軍方幕後主導

大家普遍認為卡薩姆軍團的首席指揮官艾哈邁德．賈巴里（他在二〇一二年的以色列空襲中遇刺），在抵抗以色列與埃及的侵略行動當中，發展了加薩國內自製導彈的能力。因為賈巴里的緣故，哈瑪斯產出了兩款新的導彈：J80與J160。

哈瑪斯軍團在訓練及專業化方面也有長足進展，他們很有系統地將組織內部分成不同的部門。分析師指出，哈瑪斯底下畫分有：研發爆炸物、工程管理、發射火箭砲、狙擊兵、海上防禦、空中防禦，還有製造加工部門。

自從哈瑪斯於一九八七年正式成立之後，這隻實權組織所擁有的火箭砲，無論是在樣式或射程上都有很穩定的成長，哈瑪斯並嚴守這些資料、不讓祕密外漏。

哈瑪斯武器的發展過程是一段進步的歷史。瑪胡恩說這隻軍隊的決心跟毅力，造就了今天的成果。

跟二〇〇八年以及二〇一二年相比，當時加薩的專家都說以色列大軍讓哈瑪斯陷入驚慌。不過從近期衝突的表現看來，哈瑪斯已經越來越了解自己的弱點與長處了。

在這場戰事的過去十天中，哈瑪斯從加薩發射火箭砲的模式都相當一致。瑪胡恩表示，根據估計，哈瑪斯至今還沒動用超過百分之二十的軍事實力。

而且瑪胡恩還說，哈瑪斯底下的其他部門也還沒有發動全力反擊，接下來的幾個月說不定還會動員更多火箭砲。

「其實現在還有許多儲備人力尚未派上用場。」瑪胡恩表示。這樣看來，哈瑪斯目前反擊的模式似乎只有用上火箭砲，甚至還沒出動軍隊，而且火箭砲的數目「雖然沒有增加，但也沒有減少」。

「基本上，我認為加薩的抵抗勢力現在還沒有發揮百分之百的全力。」他對《中東之眼》說道。

聯合國指出，過去十天以色列已經奪走兩百三十位巴勒斯坦人的性命，造成一千七百多人受傷。而這些受到波及的人都是加薩市民，當中大多是孩童與女人。

一位隸屬卡薩姆軍團的海軍指揮官穆罕默德．沙班在衝突中喪生——不過瑪胡恩說沙班並不是部隊領導人，他只是第一線的突擊隊員而已，在海軍部隊裡還有幾百位士兵。以往卡薩姆軍團的成員都是在發射火箭砲的途中、或是結束任務歸隊時，遭到敵軍屠殺。

關於以色列日後預計發動的陸地突襲，卡薩姆軍團已經公然發表聲明，以示反抗意圖，他們認為正面交鋒反而是天賜良機，也是「唯一能夠解放巴勒斯坦俘虜」的機會。

二〇〇三年，哈瑪斯領導人預估自己握有大約兩萬人的軍事隊伍。不過有些觀察家指出，實際人數應該將近四萬人。

觀察家認為，哈瑪斯於二〇〇六年在加薩獲選之後[35]，哈瑪斯政府放寬了募集軍人的限制，而他們也跟其他握有數千位士兵的政治派系結盟。

雖然以色列具備監控技術，但是他們卻對卡薩姆的軍火實力所知甚少。「雖然大多數的武器都是在加薩當地製造，不過利比亞內戰也讓哈瑪斯連帶受益，有人看見哈瑪斯從利比亞運進導彈。」

總部設於倫敦的顧問公司簡氏集團本周向路透社透露，這隻軍團在衝突中使用了自製的新型火箭砲以及發射裝備，所以走私武器對卡薩姆來說也算可有可無。

雖然伊朗一直以來都被視為卡薩姆幕後的主要軍火贊助方，不過瑪胡恩說哈瑪斯跟伊朗的

35 哈瑪斯在巴勒斯坦的立法委員會的選舉當中獲勝，隨後在當年三月組織哈瑪斯政府。

關係逐漸惡化。其中的原因，正是因為哈瑪斯沒有跟德黑蘭聯手，協助仍在敘利亞內戰的總統阿薩德[36]。

哈瑪斯的無人機的技術，也顯示了他們軍事能力的成長。以色列軍方表示他們在周一擊落了一架哈瑪斯的無人機。這架無人機名為「飛燕」，是哈瑪斯第一架裝載炸彈、無人駕駛的飛機。

侵略行動顯得謹慎小心

瑪胡恩表示，自從哈瑪斯與伊斯蘭聖戰組織分別使用了四次與兩次柯奈特（一種俄羅斯反戰車飛彈系統）之後，以色列要發動陸地攻擊之前都會再三考量，以免讓以軍死傷太過慘重。

他還說以色列要是低估哈瑪斯的軍事實力，那就大錯特錯。

「哈瑪斯有一項非常有用的戰略，就是把以色列的士兵抓起來作為俘虜，而且執行這件事對哈瑪斯的能力而言還綽綽有餘。」他補充道。

瑪胡恩指出，假如以色列真的發動攻擊，那麼他們要面對的不僅是哈瑪斯日新月異的軍事實力，還要面對潰不成軍的風險，更要為他們「大肆轟炸」的行徑承受國際責難。

36 敘利亞內戰中，伊朗在國際上屬於支持敘利亞政府的國家。

救護人員勇敢面對險境

護理人員、緊急救難人員還有救護車駕駛一邊照顧傷患，同時也面臨遭受攻擊的風險

易卜拉欣．阿布易哈斯已經值了八個小時的班，距離下班還要十六個小時，然而每分每秒都有可能爆發新的危機。這個時候，這位三十五歲的醫護人員突然接到緊急通報員席德．札因努丁的信號，車身紅白相間的救護車便出發執行任務了。

救護車行駛途中，大家都不發一語，阿布易哈斯表示大家都在面對「未知的挑戰」。阿布易哈斯跟駕駛甚少開口對談，反而是透過肢體語言以及手勢來溝通。不出幾分鐘，他們就跟另一台救護車會和、並排行駛，一同前往加薩的阿查圖恩地區。

阿布易哈斯完全不知道踏出車門之後迎接他的會是什麼景象。抵達之後，民眾一湧而上，高聲哭喊：「救護車！快來，快來這裡！」這裡的居民都認為以色列隨時會再空襲投彈，所以全都驚恐地想要盡快讓女人跟小孩撤離。

為了搶救幾名被炸彈炸傷的患者，救護車駕駛用車燈照著前方，迅速在茫茫人海中搜尋救難目標。救護車的警報器高聲作響時，阿布易哈斯表示，「通常救護車會兩兩出動，盡可能擴大救助的範圍。」

醫護人員將傷患抬進救護車後座之後，一行人就立刻開往敘法醫院。抵達醫院之後，救援行動小組打開後方車門，讓傷患依序下車，再把他們放到擔架上，送進醫院登記報到、分派到不同的診療部門。

病患都下車之後，工作人員會稍微清理車內，檢查補給品的存量；等到下一次出任務之前，先跟其他救護人員稍事休息。不過接下來又必須準備動身，前往加薩的另一個地點進行救援。

以色列內閣於本周二同意埃及提出的停戰協議，願意暫停與加薩之間的衝突。這場衝突從七月八日開始，截至目前已經奪走一百八十九條巴勒斯坦人的性命，也讓一千四百多位民眾受到傷害。雖然巴勒斯坦總統馬哈茂德．阿巴斯對於停戰協議樂觀其成，不過哈瑪斯的領導人至今仍未公開表態。

而哈瑪斯的武裝部隊也指出，「這份協議一點價值也沒有，寫下來還嫌浪費墨水。」

面對以色列的侵擾，加薩的救護車駕駛都在相當艱難的環境底下日以繼夜地工作。從聯合國的資料看來，從七月七日開始，以色列的空襲行動已經讓一位醫生身亡、十九位醫護人員受傷，還有兩家醫院、四間診所、一間療養中心跟四台救護車遭到炸彈毀損。

在被砲火圍攻的加薩走廊，醫護人員情緒所受到衝擊也無可言喻。阿布易哈斯對《半島電視台》表示，最讓他感到錐心刺骨的一次救難經驗就是阿巴塔什家族：以色列周六空襲加薩的時候，阿巴塔什一家總共有十八人被導彈炸死。

阿布易哈斯抵達災難現場時，完全不知道接下來會看到什麼景象。在阿巴塔什一家的屋內，他看到女人、小孩還有老人，所有人要不是瘋狂地哭喊，不然就是驚嚇到說不出話來。他指出工作最艱難的部分，就是要搜索被炸彈炸得四分五裂的身體各部位，如此一來家屬才能判斷死者的身分，為他們舉辦喪禮。

「這種工作實在很不容易，也會造成很大的情緒波動。救護人員需要面對各種傷患：傷勢從輕微、中等，到嚴重的都有，也有身體部位被炸彈炸飛、缺手斷腳的患者，而最嚴重的就是當場死亡的民眾。」

以色列武力侵犯的那幾天，加薩的街道上完全不見人影，所有居民都大門深鎖，躲在屋內。「一直以來我都很害怕炸彈，不過未知的事物才是我內心最大的恐懼。」阿布易哈斯在等待救難通知的空檔時說，手上還握著可蘭經，不斷背誦禱告詞。

阿布易哈斯於二〇〇八年開始做這份工作。剛到職的第一個月，他認為所有流程都充滿挑戰，不過他的同事說阿布易哈斯現在已經經驗豐富，能應付更多狀況。他總共經歷了三場以色列大規模軍事行動：二〇〇八到二〇〇九年的鑄鉛行動、二〇一二年的防衛之柱行動，以及二〇一四年七月的這場護刃行動。

阿布易哈斯說他發現這三場軍事攻擊之間各有差異，「二〇〇八年，以色列導彈肆虐後，被炸開的人體仍然保有固定的形狀，雖然皮膚燒得焦黑、四肢跟軀幹完全分離。不過現在，我們抵達現場之後都發現，災民的身體已經被導彈炸得支離破碎、血肉模糊，屍體碎得無法辨別。我想或許他們也越來越殘暴吧。」

阿布易哈斯心中不只想著照顧加薩的傷患而已。忙著工作的時候，他不免還是會想起家人跟五個孩子——年紀最大的十二歲，最小的才出生一年而已。他的家人全都住在阿查圖恩，然而那裡卻是以色列近期攻擊得最猛烈的地區。

不僅阿布易哈斯掛念著一家妻小，他的家人同樣也很擔心他。「如果他們在電視上看到我扛著傷患，至少代表我還活著。」他一面說著，工作人員又前來通報以色列發動了另一次空襲，有更多的傷患等待救援。

在災難現場中奔走了一整天，阿布易哈斯終於下班了。「回家之後不管發生什麼事，至少我是待在家人身邊的。」

戰爭喧囂，加薩瀰漫著戒慎恐懼的寂靜

加薩的每戶人家趕忙讓死去的親友下葬，同時安慰罹難者家屬，再一起振作、準備面對以色列下一輪的攻擊

加薩市的街上處處都是汽車的喇叭聲，在以色列暫時停火的寧靜之中，聽來特別嘈雜。在這五小時的休戰區間，所有人都衝到商店市場，還到提款機去領錢購買食物、飲水，還有其他補給品。大家也迅速地跟親朋好友聯絡，確認安危。

以色列軍方跟哈瑪斯在加薩纏鬥了十天之後，終於有了五個小時的空檔，此舉還算是符合人道精神。

自從加薩當地時間早上十點開始（格林威治標準時間早上七點），以色列必須暫停空襲行動，哈瑪斯也不得朝以色列發射火箭砲。

許多加薩的新聞記者也把握機會，趁這個時候跟家人聯繫，有些記者已經連續十天都沒有見到家人一面了。

衛生署發言人阿斯拉夫・齊德拉表示，目前已經有兩百四十九名巴勒斯坦人喪生，估計受傷人數為一千八百八十人。聯合國也發表聲明指出，這些傷亡人員幾乎都是平民百姓；而哈瑪

斯的火箭砲只造成一名以色列人死亡，傷患也為數不多。

通常砲火暫緩的時刻，加薩的民眾都會先檢查遭到破壞的區域。大家努力在斷壁殘垣中尋找受傷的人們，也會先將死亡的民眾妥當埋葬，再到用帳篷設置的靈堂中慰問致意。

醫療團體表示，休戰開始的前幾分鐘，一顆以色列的坦克炸彈還轟炸了加薩南方的民宅。

「暫停五個小時根本不夠，大家來不及將屍體埋好，也沒有時間替下一次的突襲做準備。」三十二歲的阿斯拉夫．何羅說道。食物跟飲用水等補給品對每戶人家來說都是最重要的，不過隨著戰事蔓延，這些資源也日漸稀少。

「真的，我們都厭倦這樣打來打去了，但是我們也不想回到戰爭之前的狀況。」何羅補充。民眾都在焦急地等待賣雞的攤販，等到小販一出現他們就能買些雞肉，趁這五個小時結束之前趕緊躲回家。

以色列與加薩雙方都非常重視這五個小時。在此時，「飢渴的群眾終於得以喝一口水」，六十一歲的阿布．札伊德．哈吉如此表示，他身穿一席大白袍，站在排隊的人群之中。

哈吉還告訴《中東之眼》：「自從以色列圍困我們以後，加薩人民已經過了八年苦哈哈的日子，這種狀況不能、也不應該繼續下去了。」

他還說以色列也意識到這種侵略的行徑，已經讓所有巴勒斯坦人憤怒以對，也催生了民眾的反抗行動。而幾年前情況完全不是如此，過去在以色列工作的數千名巴勒斯坦勞工（現在以色列境內幾乎看不到巴勒斯坦籍的勞工了），還會反對加薩的軍隊傷害以色列人民。

哈吉沉痛地表示，「直到現在，我還是反對哈瑪斯攻擊以色列人民，不過每當我差點被炸死，或是全世界都對我們的訴求置之不理的時候，我真的不知道該怎麼辦了。」

就在此時，雞肉小販出面表示他已經沒有肉可賣，雞農也無法前來供貨，因為以色列的無人機一直在雞舍上頭盤旋。所有排隊的民眾只好空手而歸。

這次的停戰協議（到當地時間下午三點）是聯合國提出的方案，目的是希望能夠趁機發送補給品，幫助民眾尋求庇護場所、食物、飲用水，還有乾淨的衣物。以色列軍方警告加薩人民他們也會攻擊民宅之後，有超過兩萬兩千名巴勒斯坦人，全都躲在聯合國建造的學校避難。

阿布．札伊德衷心希望這五個小時能夠延長，這樣他才能張羅一家大小需要的食物以及用品。他感覺戰爭重新開始之後，一切會變得更加艱困。

地面侵略

身兼國防部長的以色列總理納坦尼雅胡下達命令，要求以色列軍隊於周四稍晚在加薩展開地面攻擊；然而，周五正是穆斯林的安息日[37]。

以色列軍方發布聲明，指出這次地面侵略會出動「步兵、武裝部隊、工程部隊、砲兵部隊

37 此與基督教以及猶太教的安息日不同，穆斯林的周五是集體禮拜的日子，聚禮之後大家就會回到工作崗位；而對猶太教以及某些基督教而言，安息日就是徹底休息的一個日子。

還有情資部隊，也會派出海軍與空軍協助。」

以色列將數萬名士兵調派到加薩邊界，準備發動這次地面侵襲。

周四的這場軍事侵略奪走了幾條人命，第一位受害者是只有三個月大的法爾斯．塔拉畢。塔拉畢的屍體送到敘法醫院時，身上還包著一條尿布。

阿布．尤塞夫．納賈爾醫院的醫生向《中東之眼》表示，有為數眾多的患者都是吸入有毒的白色氣體之後就被送進醫院。這些病患無法呼吸，但因為不知道他們吸入的究竟是何種氣體，使得醫生也無法進行治療。吸入毒氣的患者無法遏止地瘋狂大吼，而且也沒有辦法能讓他們鎮定下來。巴勒斯坦衛生署尋求國際團體協助，希望幫助醫生辨別以色列在地面侵略的頭一個小時，究竟動用了哪一種有毒氣體。

聯合國表示至少有一千三百七十戶民宅被摧毀，更有超過兩萬兩千名加薩市民流離失所、無處可去。

隨著軍事行動持續進行，日後無處紮根的家庭只會越來越多。

傷亡人數攀升，戰事永不止息

以色列對加薩進行地面侵略之後，至少有五十五名巴勒斯坦市民喪命，當中還包含年幼的孩童

加薩北部的卡莫艾德溫醫院傳出喧鬧雜亂的聲音，大量的巴勒斯坦傷患被砲火擊傷，全都被送進醫院治療。病患待在醫院的時候，通常會有一種安全感，不過周五一早這些傷患完全沒有這種感覺，因為新聞指出以色列的坦克炸彈，又轟炸了加薩東北部貝特哈農的一家醫院。

「每次看到以色列的導彈又炸了哪間醫院，我就越覺得自己也岌岌可危。」五十七歲的阿布·埃伊德表示。埃伊德居住的地方，離以色列部署坦克車的貝特拉希亞邊界只有一公里之遙。

以色列於周四發放傳單，要求居民從家中撤離。傳單開始散播的時候，以色列也對加薩走廊發動軍事攻擊。他們從五個地區的邊界發動鎮壓，波及的地區更廣也更深入。以色列表示這次鎮壓的目的，就是要破壞加薩的地底隧道，還有摧毀發射火箭砲的地點。

在周四軍事鎮壓的頭四個小時，以色列連夜破壞了加薩境內一百多個區域。他們表示已經成功破壞九座地底隧道，還有二十個隱匿的砲彈發射區。

雖然以軍目前深入加薩的距離還不出兩公里，但是巴勒斯坦的死傷人數已經逐漸攀升。

這十一天以來受到以色列的暴力侵害，已經有兩百八十多位巴勒斯坦人民喪命，另外還有一千九百人受到傷害。

阿布．埃伊德對《半島電視台》表示，「不管是以色列總理納坦尼雅胡，還是美國總統歐巴馬，都沒有人想要了解實情，大家都不知道以軍攻擊的目標全都是小老百姓。反抗是我們最後的選擇，透過反抗我們才能重獲自由，才能呼吸新鮮空氣。」

周五稍晚，整個加薩走廊處處都聽得見砲擊聲。以色列F-16導彈轟炸整個加薩的房屋住宅，海岸邊的軍艦也不斷發射導彈。

「以色列軍方對抗的是加薩走廊的哈瑪斯以及其他恐怖組織，我們原先從海上以及空中進行鎮壓，現在也加入了地面部隊。」周五一早召開特殊內閣會議時，納坦尼雅胡如此表示，「如果只從空中發動攻擊，就沒辦法破壞地底隧道，所以這是我們陸軍士兵的任務。」

這個時候歐巴馬也再次聲明他支持以色列的軍事行動，但仍然呼籲以色列必須有所節制。根據美聯社（Associated Press）的新聞，歐巴馬表態，「沒有一個國家可以接受炸彈從國界還有恐怖分子的隧道，朝境內領土發動攻擊。」

敘法醫院的阿斯拉夫．齊德拉博士向《半島電視台》表示，以色列侵略的第一天，就有五十五名巴勒斯坦人喪命，當中包含三名阿布．馬薩蘭姆家的孩子——艾哈邁德、瓦拉，還有穆罕默德。

爆炸的高溫還有四處瀰漫的濃煙，讓十一歲的艾哈邁德滿臉漆黑。在卡莫艾德溫醫院的停屍間裡，躺在艾哈邁德身邊的是他十二歲的姐姐瓦拉，還有十四歲的哥哥穆罕默德，他們三人身上全都包著白色的裹屍布。

三個孩子的父親伊斯梅爾・馬薩蘭姆表示，炸彈爆炸的時候，一家人還在納達的大樓公寓沉睡。在當地救護團隊抵達之前，這位父親獨自一人從瓦礫堆中把三個孩子的遺體挖出來。

根據習俗，那些想要探望孩子的親友，在葬禮舉辦之前都不能到家中訪視。不過以色列猛烈的砲火讓家人寸步難行，這三個孩子的葬禮只得延後舉辦。

在加薩南部的汗尤尼斯，周四深夜總共有九個人喪命，其中包括拉德溫的家族成員。有目擊者指出，在以色列與加薩交界的緩衝地區，有以色列的挖土機破壞農業用地。

康復醫院公關部的主任阿提亞・瓦迪亞表示，醫院不斷遭受以色列襲擊。瓦迪亞向《半島電視台》表達，「以色列朝我們投擲炸彈，逼得醫生只好撤離。」他表示有十八名身受重傷的病患被送往其他機構，以免被以色列砲彈襲擊。

延遲了幾個小時之後，馬薩蘭姆家的三個孩子終於在濃煙密布的公墓下葬，而公墓一旁的建築物還不斷飄出一股股黑煙。三名孩童的屍體被放置在擔架上，由一群男人負責搬運。艾哈邁德的臉被燻得漆黑，哥哥姐姐的屍體上，則是布滿許多彈片。前來哀悼致意的人全都緊張無比，因為大家都怕默哀的時候又會有以軍投擲炸彈。

「才幾個小時前，孩子們還在溫暖的被窩中睡覺；現在全都躺在冷冰冰的停屍間。」周五稍早，一位不願意公開身分的馬薩蘭姆家族成員，在卡莫艾德溫醫院受訪時向《半島電視台》透露。「你們評評理，這個女孩正值花樣年華，她能對以色列造成什麼威脅？為什麼以色列要這樣對待她？」

即便損失慘重，人民堅持繼續抗爭

「數十年來，我們都要付出代價，才能從以色列那裡換取某些東西；付出血汗，才能得到你想要的。」名為穆罕默德．賈烏德的加薩市民說。

反抗的代價看似高昂，日子一天一天過去，我們損失的只會越來越多。光是周五這一天，就有兩戶人家被炸彈滅口，造成五十五人身亡。加薩地區的矛盾之處就在於，雖然死傷人數逐漸攀升，但是人們的抵抗聲音卻不減反增。

「我們必須有所覺悟：不是以色列人死，就是加薩人亡。」六十六歲的安曼奈．烏達對《中東之眼》表示，「這種情況不能再拖下去了，但是我們也不可能把時間回推十一天，回到衝突爆發之前；加薩已經被以色列圍困了八年之久，在戰爭正式爆發之前，就算情況沒有更糟，但也沒有比現在好到哪裡去。」

當我問她如果有三十秒的時間，能跟以色列總理納坦尼雅胡對話的話，她要說些什麼。以下是她的答案：「所有戰端都是你一手挑起。巴勒斯坦人還是有底線的，我們的耐心總有一天會用完。」

「你讓全加薩過著縮衣節食、營養不良的生活，讓所有人民遭受這樣的懲罰，讓大家沒有水可以用、干擾薪資經濟狀況、使大家無法享有基本人權，也不讓各種建設材料通過拉法市關口，這一切實在忍無可忍。」烏達表示，「所以人民才要反抗起義，爭取自己的權益。」

「先前阿拉伯人就已經起身反抗專制的政權，以色列只是讓歷史重演罷了：你們竊取加薩的土地、搞垮我們的經濟。占領加薩的這六十六年來，封閉我們的國門，還侮辱加薩人民的存在。」

雖然所有人都知道如果巴勒斯坦繼續反擊，死傷人數只會越來越多，損失也會越來越嚴重，不過不僅是烏達，許多人也認為這是唯一的出路。

「如果喪命的全是在戰場前線奮戰的大人，我內心會覺得很驕傲；不過看到這麼多無辜的孩子喪命，心幾乎都要碎了。」她說。

「不知道以色列是不是刻意攻擊孩童，想讓我們知道沒有人能夠倖免。我想納坦尼雅胡的立場非常清楚，警告我們沒有任何一個加薩人民能躲過一劫。攻擊市民這種行徑對我來說，就是要恫嚇全體人民，讓大家潰不成軍。」

四十五歲的穆罕默德·賈烏德是四個孩子的父親，他也認為以色列的目的是要嚇阻加薩人民，進一步讓民眾打壓反抗以色列的勢力。如此一來，以色列就能一如往常地繼續對加薩予取予求，斷絕加薩與外界的接觸。不過實際看來，以軍於七月八日發動的陸地攻擊，似乎造成了反效果。

賈烏德說：「人民不但沒有打壓反抗勢力，反而給予支持。儘管人民受苦受難，但是所有地區都相當擁護反抗組織。」

賈烏德認為以色列這次的嚇阻行動注定敗北。縱使以色列的砲火再猛烈，攻擊民眾的戰略已經起不了作用了。他表示加薩已經被以色列打壓了這麼多年，巴勒斯坦人民都有所體悟，能夠奪回民族權利、改善人民生計的唯一辦法，就是不要再坐以待斃，必須起身反抗。

「數十年來，我們都要付出代價，才能從以色列那裡換取某些東西；付出血汗，才能得到你想要的。」他如此說道。

雖然抵抗的意志堅決，但是過去十四年來，深陷以色列襲擊前線的民眾卻表示，他們希望長達十四年[38]的以色列轟炸可以畫下句點。這些居民表示他們長期活在恐懼之下，希望這場惡夢可以儘早結束。表態受夠以色列侵略的居民當中，四十五歲的穆罕默德·阿布·沙洛就是其中一員。

沙洛一家住在拉法市加薩機場的廢墟旁，而以色列於周四發動的陸地攻擊，導致沙洛跟他的十位家人必須撤離家園。沙洛全家都嚇得驚魂未甫、說不出話來，不過一家人卻也奇蹟似地逃過一劫，沒有人喪生。

「六顆以色列砲彈擊中我們家的時候，大家都還在屋內。」阿布·沙洛表示，「我們身邊有一堵牆立刻倒塌，所有人只好在大半夜趕緊逃家，到外頭找地方躲炸彈。」

不過阿布·沙洛的四位鄰居，卻不幸遭到炸彈波及而受傷。

阿布·沙洛表示，「我們只能幫他們叫救護車，導彈爆炸後的尖銳彈片散落滿地，我們動也不能動。」

「炸彈爆炸之後散發的白色氣體也讓我們口乾舌燥，所以一夥人也不能正常呼吸。」他還補充道。阿布．沙洛躺在近東救濟和工程處建造的學校足球場上，有許多其他無家可歸的人民也把這裡當成避難的場所。雖然聯合國發放了基本的物資，不過供給的數量卻不足以應付突發狀況。有許多流離失所的民眾抱怨食物供應不足，大家都沒有辦法吃齋戒月的封齋飯[39]與開齋飯。

每間教室通常能睡五十名婦女；男人則是隨意在足球場上休憩。那些睡在街角的民眾，就以涼鞋為枕，有些人則是以自己的上衣襯衫，或是空的奶粉盒當作枕頭。

即使是在聯合國建造的學校，也不能保證絕對不會遭到砲彈轟炸。在衝突交鋒的過程中，也有救護車遭到襲擊，最後被迫撤退。阿布．沙洛說他只好徒步跋涉到一個救護車可及的區域求助。

不久之前，以色列才因為刻意攻擊市民以及公共建設而遭到指控。阿布．沙洛表示對他來說，二〇一四年的衝突與二〇〇八到二〇〇九年、還有二〇一二年的戰爭有所不同。他說：「以前以色列的炸彈並不會直接朝我們的住家飛過來。」

以色列還有另一項讓人困擾的發展，就是他們聲稱自己能夠占用高樓大廈，來當作狙擊手駐紮、開槍的地點。

38 本書寫作完成的十四年前，也就是西元二〇〇〇年，爆發第二次巴勒斯坦武裝起義，以色列再度進行封鎖。

39 穆斯林在齋戒月期間，每天早上第一次禮拜之前所吃的餐飯。直到黃昏過後吃開齋飯之前，穆斯林都不會進食。

賈烏德也注意到這項新的策略，他表示巴勒斯坦人已經被逼到牆腳了。

「不過這不代表我們願意屈服停戰——我們只有兩個選擇，一個就是光榮自豪地活著，另一個就是過著煉獄般的生活。」賈烏德表示。

對賈烏德而言，因為科技日新月異的緣故，現在這一代巴勒斯坦人民已經不像他們家族中的長輩那樣，甘願忍受以色列占領的羞辱。他補充道：「自從以色列建國以來，我們已經忍耐了六十六年。以色列也該知道適可而止了。」

但是反抗的代價極其高昂。根據巴勒斯坦的情報指出，過去二十四小時當中，以色列已經發射了兩百六十枚導彈以及火箭砲，巴勒斯坦的反抗組織也朝以色列投擲了一百零五顆火箭砲及迫擊砲。巴勒斯坦的死亡人數已經迅速攀升到三百人，有許多孩童也命喪黃泉；一名以色列市民以及一位以色列軍官也同樣失去性命。在加薩的阿布．尤塞夫．納賈爾醫院中，醫生已經發布緊急聲明，院方將許多病患撤離，轉移到其他醫療場所。

「從下午開始，我們就一直遭到以色列砲火襲擊，他們還從空中發放傳單，命令我們快點離開住家。」三十八歲的哈尼．馬孟向《中東之眼》透露。

加薩土地上明顯瀰漫著一股恐懼慌亂的氛圍。炸彈又開始從天而降，拉法市的市民也到處亂竄，努力逃到城市中的六間聯合國學校。前往聯合國學校避難對居民來說是唯一的權宜之計。

在這些逃竄的居民中，馬孟跟他的家人也是其中之一。

「兩天之前我還在自己家裡，現在已經無處可去了。對於加薩的反抗力量，我們仍然抱持堅毅的決心，我們是以色列殘酷砲火底下的犧牲品。」他說。

「如果今天我們也能發射火箭砲，那以色列朝加薩人民住家開火我也沒話說，但是情況偏偏不是如此。」

死傷的加薩老百姓越來越多，這也讓國際團體開始質疑以色列的意圖。馬孟認為以色列的戰略並不是要擊潰哈瑪斯，只是要讓哈瑪斯有所動搖而已。

他還表示等到自己的孩子長大之後，內心絕對不會忘記這些無以成眠的夜晚。正因如此，馬孟擔心這個地區永遠也不得安寧。他說要是一個七歲大的孩子，知道以色列在他還小的時候就痛下毒手，那長大之後就不可能有所謂的和平了。

大廈公寓遭以色列襲擊

加薩的公寓大樓不斷遭到以色列空襲，家家戶戶都害怕下一次的砲彈轟炸

就在雷瑪斯・卡伊德數著以色列到底發射了幾枚飛彈時，她的父母仍然處於震驚之中，不敢相信自己成功死裡逃生。「以色列的F-16導彈炸到我媽媽的臥室，你們過來看。」六歲的雷瑪斯告訴《半島電視台》。一夥人來到卡伊德一家位於達烏大廈七樓的住宅，準備巡視一下房屋毀損的狀況。

周四凌晨三點，哈立德・卡伊德的父親前來拜訪，而哈立德跟妻兒正在享用封齋飯。哈立德說就在一家人準備離開公寓的時候，「才正要把門關上，公寓就被以色列擊中，開始搖晃崩解。」

大家都嚇傻了，一家人趕緊回到屋內，衝進房間把門鎖上。「以色列的無人機投了一顆炸彈，把整棟公寓炸得左右擺盪。」哈立德一邊回想，一邊檢查散落在孩子房間地板上的導彈殘骸。

哈立德跟他父親居住的這棟大樓，還住有許多醫生、大學教授以及公務人員。「我們的生死就取決於這三分鐘而已。」哈立德一邊說，他的女兒雷瑪斯一邊檢查房間裡

剩下些什麼東西。哈立德是一位政府機關的雇員，平常都要到位於拉馬拉的辦公室上班。

公寓中的黃色窗簾已經斑駁不堪，甚至被炸彈燒得焦黑，哈立德跟妻子的衣物也都被彈片割出鋸齒狀的破洞。床鋪被炸得粉碎，上頭的亞麻布也滿是塵土，甚至飄出高溫金屬的氣味。

「以色列根本是作惡多端的惡霸，只是想要讓加薩這些被困住的民眾更驚嚇受怕而已。」哈立德說。

對加薩進行為期十天的空襲行動之後，以色列於周四稍晚也展開陸地侵襲。以軍表示他們將軍事規模擴大，主要是為了破壞連接以色列與加薩之間的地底隧道，而目前以色列也已經替陸地行動做好萬全的準備了。

以色列對於攻擊市民這樣的控訴矢口否認，他們堅稱遭到攻擊的都是跟哈瑪斯勾結的民兵。以軍甚至替自己的軍事行動加以辯護，聲稱哈瑪斯在「房屋、清真寺、醫院以及學校」藏匿火箭砲以及其他武器，還在「住宅區內部策畫軍事行動」；他們還表明一般的住宅屋舍，也是軍事攻擊的合法標的。

不過在這次攻擊行動當中，以色列因為攻擊市井小民，還用無人機轟炸好幾棟住宅大樓，而遭到國際人權團體的批判。依據聯合國的資料顯示，大約有一千七百八十戶民宅被以色列砲彈徹底擊毀，造成九萬六千四百多人無家可歸，至今仍在加薩各處尋求庇護。

加薩的衛生署也指出目前已經有超過兩百四十五人喪生，其中至少有三十九名年幼的孩童，受傷的民眾更是高達一千九百二十人。

聯合國的調查也發現，大約有兩萬五千名加薩孩童，正飽受創傷後心理壓力症候群之苦。

隨著衝突越演越烈，這些孩子全都需要專業的心理諮商協助。哈立德也表示他的孩子受到極大的創傷，他的女兒屢次詢問：「為什麼以色列要炸我們？」

回頭看達烏大廈的災情，七號跟八號公寓的損失最為慘重。整棟建築物的外部結構已經嚴重毀損，被炸得粉碎的家具、個人物品還有孩子的玩具，也都四散各處。

這棟大廈的所有人蘇海勒．阿布．杰巴表示總共有十五間公寓遭到破壞，五輛停靠在街上的車子也連帶被波及。有一位學者的車子遭到毀損，損失總價值約莫有一萬四千美元。

周四以色列又朝這棟大樓發射導彈，其中一發導彈爆炸之際，救護車跟消防人員正巧趕到。公寓住戶以及救難人員，總共有五人受傷。

哈立德說：「這一帶的人都盡全力跑到戶外，儘速撤離。大家都嚇壞了，身體不斷顫抖，孩子也哭個不停。」他逃出家裡的時候，只用手機的燈光照明。當時的場景，在他腦中留下這樣的印象，「好像有一場劇烈的地震，屋內各個角落都燃著來勢洶洶的火苗，空氣中充滿塵土濃煙，地板上隨地都是尖銳四散的玻璃碎片。」

每天只有兩小時的光明

以色列的砲火越來越猛烈，加薩人民每天只有兩個小時的電能用，痛苦指數直線飆升

哈山．齊亞拉的哭聲震耳欲聾。他的父親塔辛還有母親與兩個個哥哥都被哭聲吵醒。剛過午夜，公寓裡伸手不見五指，因為電力早就被切斷了。他的父親問他為何而哭，兩歲大的哈山告訴父親他很害怕，不敢自己一個人在黑暗中上廁所。

塔辛向《中東之眼》表示，「通常他還會有一盞小燈，所以不至於這麼害怕，但是現在什麼東西都看不見，所以他不敢自己一個人走動。」

塔辛抱怨的不僅是現在大家面臨的生存危機，還有以色列對於加薩的長期鎖國。自從二〇〇六年以色列的軍艦襲擊加薩唯一的發電廠之後，政府能夠供應的電量就逐年減退；在這之前，這座發電廠還勉強能應付全體人民的日常用電量。

現在以色列從陸海空圍困加薩走廊，這個國家每天只有兩個小時的電可用了，有些區域甚至過去兩天完全沒辦法供電。

「在這兩個小時之內能做的事不多。大家要洗衣服、使用飲水機、幫手機充電，還要跟生病受傷的親友聯繫，連看電視或者做些簡單的料理也是天方夜譚。」塔辛的妻子烏姆．穆罕默

德表示。

烏姆雖然了解短短兩個小時是不可能完成所有事情的，不過這也是她必須面對的現實。

加薩的電力公司在周五發出聲明，指出以色列拒絕讓加薩已經購買的電力入境，因此每天停電的時間已經高達二十二小時了。

電力公司也表示，在先前的戰爭衝突當中，加薩電力短缺的狀況也不曾如此嚴重。

過去十二天，以色列不斷朝加薩展開攻擊，死亡人數也於周六增加許多。總共有三百三十四人喪命，兩千三百九十一人受傷。以色列發動了兩千四百五十次空襲，砲兵部隊總共發射了大約八百五十枚砲彈，軍艦上也擊發了七百七十五枚。巴勒斯坦的反抗組織大約發射了一千五百枚火箭砲彈以及導彈，而以色列官方指出只有兩位市民不幸喪生。

電力公司的公關主任賈莫．達達沙威出面表態，他說加薩的電力公司是以色列供電廠的客戶，但是以色列卻漸進式的切斷供給的電源。同時以色列的F-16與無人機導彈，也嚴重破壞加薩跟埃及購買的電纜以及電線。

達達沙威表示，光是過去二十四小時，就有十三條電纜被以色列的連續空襲以及砲兵部隊發射的砲火破壞殆盡。

他還指出以色列禁止電力公司的維修人員搶救毀損的電線，就算只是讓某些地區重見光明也不被允許。

「以色列一直刻意攻擊輸送電力的纜線，電力公司的供電狀態已經瀕臨崩潰，幾乎要全天斷電了。」

整個加薩走廊需要三億六千萬瓦特的電，才能供應一百八十萬人民日常所需用量，這一百八十萬人當中年齡低於十四歲的孩童，高達百分之四十六。

加薩購買電力的管道有三：從以色列購買一億兩千瓦的電，埃及則會提供二千八百萬瓦的電，加薩內部的電力公司也會製造大約四千萬到六千萬瓦特的電力。

加薩東部的目擊者表示，以色列軍方刻意攻擊電纜線，讓民眾無法互相聯繫。在先前的衝突當中，這也是以色列首先採取的一項戰略——讓每個人孤立無援，無法跟其他人保持聯繫。接著進一步影響民眾的電器產品，像是電話、電視或飲水機。通常戰爭一爆發，電信系統的基礎設施就會立刻遭殃。

以色列於周四發布公告，表示沙魯姆檢查站即將關閉，這是運送工業用油進入加薩的唯一通關口。因為關口遭到封閉，電力公司表示日後或許連四千萬到六千萬瓦特的電都無法供應了。

加薩現在靠著逐漸縮減的能源存量繼續苦撐，情況好一些還能供應幾天電力，每天開放兩個小時因應民眾的日常所需。

加薩內政部目前正在跟紅十字國際委員會聯繫，希望那些修復毀損電線的工人，他們的生命安全能受到保障。

在這場衝突之中，有幾名維修人員喪失性命或受到傷害。在拉法市最近遭受的一次襲擊當中，有一輛明顯標示為市政廳的公務車直接被以色列的導彈擊中，造成兩名工人死亡，其他同行的人員也連帶受傷。

達達沙威表示，以色列阻止維修團隊搶救毀損的設備，已經讓無法避免的危機降臨整個加薩走廊。

「這絕對是對巴勒斯坦人的集體逞罰，就好像是把已經骨折的手再打斷一樣。」

基礎建設瀕臨瓦解

電力公司、自來水處理廠，還有醫療機構在以色列砲擊之下仍然奮力營運，不過專家卻警告日後的損失會更為慘重

烏姆．阿里．阿布．沙達進廚房的時候，發現冰箱不斷滴水。冰箱內解凍的水，還有摻雜一公斤的肉品退冰所滲出的血水，全都流到廚房的地板上——身為六個孩子的母親，她根本不知該如何是好。

在加巴里雅難民營，已經有整整二十四小時沒電可用了。缺乏電力所造成的損失，已經完全超出烏姆．阿里所能應付的範圍了。

「整個環境酷熱難耐。沒有電，冰箱就等於廢了一樣。」她說。

雖然生活一貧如洗，丈夫還是一位殘障人士，她仍然替自己跟孩子儲存了一大堆糧食。她知道接下來的日子會更不好過，過去兩天已經完全沒有水可用了。

為了取得屋頂上水塔的水，她需要用到抽水機。不過抽水機也要有電才能運作，然而現在連沖馬桶都是一大問題。

烏姆．阿里位於加薩北部的住處，正好是以色列砲火最猛烈的區域。直接活在以色列軍事

侵襲的範圍之下，她所面臨的挑戰也就越發艱困。

「自從以色列發動陸地侵略之後，情況又變得更糟了。」她對《半島電視台》表示。

根據當地電力公司的賈莫．達達沙威表示，有十三條供應電力的纜線遭到以色列空襲與砲彈破壞，所以加薩走廊已經有百分之九十的時間都是斷電的。

兩個小時的電根本不敷使用，一百八十萬名加薩市民也來不及完成所有日常流程，然而黑暗的期間卻永無止盡地繼續延長。

根據居住的區域不同，有些加薩走廊的居民只有兩個小時的電力可用，有些則有四小時，不過某些地區甚至已經整整停電兩天了。

過去兩周以來，電力公司的維修人員一直遭到以色列襲擊，這也讓達達沙威不願意調派人力到戶外勘查搶修。

國際特赦組織北非與中東分部的主任菲利浦．路德表示，有三名工作人員在進行大規模維修的時候喪失性命，而以軍猛烈的砲火也讓這個地區的工人受到生命威脅。

聯合國人道主義事務協調處在一份報告中，也強調這些維修工人的生命確實面臨極大危機。報告中表示，「這些工作人員在維修過程中缺乏保護措施，進一步妨礙維修供水以及污水管線的速度。」

雖然以色列官方願意配合，讓兩條主要管線得以成功維修，但是人道主義事務協調處還是指出，各種設施大規模毀損，已經嚴重影響到多數加薩居民的生活。

報告更清楚表明，「很多自來水與污水處理設施都被砲火擊毀，嚴重影響輸水的運作。」

而整個加薩大停電，也影響了其他基礎建設的運作，造成更大規模的損失。烏姆．阿里的住家正是整個大環境的縮影——污水不斷外洩，在這種燠熱的天氣之下，垃圾也已經累積好幾天了。

依據水資源及衛生緊急處理組織（EWASH）的消息顯示，已經有百分之五十的污水輸送處理系統停止運作，這也直接影響到九十萬名加薩的巴勒斯坦居民。

路德說：「加薩的基礎建設瀕臨毀壞邊緣，乾淨水源短缺也會造成莫大的災難。」水資源及衛生緊急處理組織表示這種情況相當危急，還發出了一份警告聲明，表示污水跟飲用水如果摻雜在一起的話，很有可能產生水媒病，讓加薩地區的全民健康蒙上陰影。

以色列砲火毫不間斷，大多數的加薩醫院也把治療的重點放在緊急病患身上。炸彈不斷從天而降，造成數千名患者無法出門到醫院求診。

過去十三天，以色列不斷攻擊加薩的醫療機構，有許多駐紮加薩的國際人權組織為此感到相當擔憂。聯合國人道主義事務協調處指出，自從七月七日起，已經有十六間醫療機構毀損，其中包括兩家醫院、十二間診所以及兩間照護中心。

其中一個引起國際注意的案例，就是瓦法療養中心。這家療養中心遭到炸彈襲擊，而在第二次被攻擊之前，院方被迫讓許多殘疾人士撤離逃難。

加薩衛生署公告，在五十四間大型的照護中心裡，已經有十三間關門歇業，主要原因還是以色列不斷在該區發動空襲、投擲炸彈，還有從海軍的軍艦發射砲彈。

周六，許多加薩的醫院都紛紛表示，院內的醫療補給品已經迅速減少。因為醫療用品不足，許多重大的手術也只好暫時中止。

任職衛生署副署長的尤塞夫．阿布萊希向國際組織提出申請，希望他們能盡快提供必要的醫療用品。

不過副署長求助的聲音並沒有得到太多回應。雖然有些國家捐錢給這些醫院，不過在以色列的占領鎖國情況之下，即便有錢也買不到醫療用品。

巴勒斯坦漁業公會的祕書阿姆賈德．什拉菲表示，自從衝突爆發之後，至少有三十九架漁船被擊沉，或是遭到嚴重損害。

聯合國人道主義事務協調處估計，目前大約有三千六百名漁夫需要外界協助，幫他們重建賴以維生的工具。

什拉菲估算了這場戰爭對漁業所造成的損傷，然而傷害的規模每天都在攀升。「過去幾天，炸彈一直轟炸捕魚的港口還有漁民的船隻，這種經歷對我們來說實在太痛苦了。」什拉菲對《半島電視台》說。

以色列的戰艦在半夜發射導彈，約莫有八百枚炸彈從以色列的船隻上擊發，而這些砲彈幾乎都落在加薩漁民的漁獵設備上。有些漁船燃起熊熊大火，不過漁港的消防部門也被炸彈擊中，所以沒有人能及時將這些烈焰撲滅。

雖然有些漁民的船毫髮無傷，不過炸彈滿天飛，他們也無法出海捕魚。

以色列的砲火，奪走巴克家中四位孩童的性命，而這起事件也讓這個海港小鎮成了鬼城。

舒加艾耶大屠殺，敍法醫院成了停屍間

經歷以軍猛烈的攻擊之後，巴勒斯坦人急忙趕到敍法醫院尋找愛人與親友的身影，不過迎接他們的通常都是惡耗

「不對，這不是他！」穆罕默德．莫巴伊德的哥哥口中喊著，同時繼續尋找弟弟的遺體。莫巴伊德的家人有一半留在醫院的接待櫃檯，另一群人則是待在停屍間。

救護車抵達醫院門口，醫護人員要求民眾讓出一條通道，好讓他們把運回的屍體跟傷患送進醫院。車門一開，所有人一湧而上，努力尋找失蹤親友的身影。

「爸，不對，這個不是他！」莫巴伊德的其中一位兄弟對著父親大喊。

忽然空氣中爆出一聲呼喊，對著莫巴伊德一家人說：「穆罕默德在這裡。」全家人朝聲音衝了過去，堅信穆罕默德還活著。

不過穆罕默德跟其他人的屍身混在一起，連同一大堆破碎的手指、頭部、胸部、還有手腳，一起送進醫院。

在蓋上裹屍布火化之前，救護人員還得把這些分散的身體器官重組，讓家屬得以辨認屍體的身分。

穆罕默德的家屬開始發出悲慟地哭喊。不過周遭的群眾還在專心尋找自己親友的身影——醫院大廳擠滿好幾百人，所有人都非常擔心，深怕自己的摯愛會從下一輛救護車抬出來。

今天早上以色列派出坦克車，朝舒加艾耶的民宅瘋狂發射砲彈，宛若一場大屠殺。以軍猛烈的砲火直接襲向民眾的住宅，有些人得以死裡逃生，但是也有人當場喪命。

烏姆．阿海德．卡努今年五十五歲，她必須帶著八個孩子走五公里之遙，才可以找到交通工具載一家人前往庇護所；而在敘法醫院，她的丈夫仍然下落未明。

她不知道自己的丈夫以及第九個孩子身在何方，不過有一個年輕人正在幫忙尋找他們的身影。

卡努希望他們還活著——完全沒有人知道他們至今是生是死。

救護人員說他們沒有辦法把橫死大街的屍體或是被炸彈炸飛的居民送來醫院。救護車駕駛對《中東之眼》哀嚎：「外面根本是大屠殺，無論是男女老幼，受傷的或是已經斷氣的，我們都無法把他們從大街上帶回來，因為我們也會遭到以軍的襲擊。」

昨天晚上，有四名以色列士兵跟巴勒斯坦反抗民兵纏鬥的時候喪失性命。不過敘法醫院的醫師表示，周日當天至少有一百位巴勒斯坦人喪生，三百多人身受重傷。救難隊從殘破的瓦礫堆中挖出越來越多巴勒斯坦人，死傷人數也逐漸累積。從衝突爆發開始，已經有四百二十五人身亡了，還有兩千九百人受傷，聯合國表示這些受到波及的大多是平民百姓。

國際紅十會字努力協調雙方停戰，讓救難隊員得以把屍體清運到醫院。不過醫生卻表示，停火時間太短暫，根本沒辦法把埋在房子底下的傷患或屍體挖掘出來。

自從以色列開戰至今，今晚戰火可說是最為猛烈。二十八歲的奧薩瑪・歐爾巴吉說，很多家庭都是在呼呼大睡時遭到砲彈襲擊，還有許多人是在外頭奔走、尋找庇護的時候當街被炸彈擊中。

「凌晨兩點半聽到以色列跟反抗軍隔空交火時，大家都待在家中，原本我還以為戰爭就快要結束了。」

「每次我跟家人準備出門的時候，都會看到炸彈從天而降，根本無處可躲。」歐爾巴吉一邊說，一邊尋找他親戚被炸彈炸得四散各處的身體部位。

歐爾巴吉的雙眼盯著前進的進護車，以及面露恐懼、一直哭喊的人群，他說：「我親眼目睹以軍對艾伊德一家的殘暴攻擊，炸彈一而再、再而三地轟炸艾伊德的住家。他們家的十二個人原本試著從房子裡逃出來，但是卻被炸彈擊中，身體四散，鮮血飛濺在混凝土牆以及地板上。」

「艾伊德的媽媽原本手上緊緊抱著自己的孩子，但是下一秒炸彈爆炸之後，她的身影就消失無蹤了。」他說。

接著他看到一個沒有身體的嬰孩頭顱，軀幹的其他部位則是散落各處。孩子母親的身體也被炸得零零碎碎。歐爾巴吉一邊說一邊啜泣。

「我跟家人開始拔腿狂奔，然而在我們腳下的全是鄰居的屍體，到處血跡斑斑。」他說道。歐爾巴吉把沾染在自己赤裸雙腳還有長褲上的血跡展示給《中東之眼》的記者看。他的額頭上，似乎還黏了一塊細碎的人肉。

他補充道：「以軍轟炸清真寺、學校、民宅、車子，還有任何他們能炸的東西。這一帶已經徹底變成荒涼的廢墟，到處都是殘破的住家跟居民的屍首。」

「我的親戚那個時候還留在屋內，而我太太的家人則是被困在屋中，到現在根本生死未卜。」

歐爾巴吉唯一的選擇，就是等待救護車前來協助。如果救護車沒來，他很擔心沒有人能幫忙從倒塌的屋舍底下找出親戚的下落。

「我太太親戚的孩子才兩個月大。但是就在今天早上，他在摩塔斯清真寺附近的家中喪生。」他說。

在停屍間一整排冰冷焦黑的遺體堆中，奧薩瑪還沒找到這個孩子的幼小軀體。

「砲彈如雨滴般落下」

從舒加艾耶轟炸事件死裡逃生的民眾，一面講述著當時恐怖的經過，一邊發狂似地尋找失散的家族成員

三十六歲的馬哈茂德．謝赫．哈伊是舒加艾耶轟炸攻擊中少數的生還者，他緊張地站在敘法醫院的大廳入口，等待下一輛救護車到來。哈伊的雙眼滿是恐懼，緊緊地盯著遠方的救護車。救護車被擁擠的人群包圍，前進速度相當緩慢。

救護車的門終於開啟，所有傷患陸續被運下車。哈伊發現在眾多傷患中出現一張熟悉的臉孔時，不禁痛哭失聲。他喊道：「薩米亞．謝赫．哈伊！」三歲大的薩米亞，他的身軀已經被以色列的坦克砲彈炸成碎片，不過儘管全身灼傷，他的面貌仍然清晰可辨。

馬哈茂德發現這具包在白色裹屍布當中的遺體是他的表親，立刻潰不成聲：「我們一直想逃，但是不管到哪裡，炸彈都追著我們跑。」他對《半島電視台》說。

「清晨六點我還在家裡，傳出一陣爆炸聲後我聽到了鄰居的呼救聲。我衝出門想要救他們，但是眼前看到的場景卻像是一場大屠殺：女人跟小孩的屍體四散各處。」

舒加艾耶位於加薩東部，自從以色列十四天前展開武力侵略之後，這裡就遭受猛烈的砲火

襲擊。根據巴勒斯坦衛生署聲明，經過昨天的殘暴攻擊後，已經有七十二人喪生，死者幾乎都是女人、小孩，以及老人。

衛生署發言人阿斯拉夫．齊德拉表示，自從以色列於七月八日展開攻擊後，加薩的死亡人數已經累積到五百零六人，更有超過三千一百五十人受傷。

像馬哈茂德這樣大難不死的人，實在堪稱奇蹟。

幾位目擊證人指出，有一些舒加艾耶的居民奮力揮著自己找到的白色布料：白襯衫、白色內衣，或是白色桌巾。這些居民想要向以軍投降，希望他們不要再瘋狂轟炸這個地區。不過炸彈的煙幕退去之後，這些白布也被撕成碎屑，上面沾染著鮮紅的血跡。

身為僅存的生還者，伊曼．曼蘇爾是三個孩子的母親，她努力帶著自己的孩子四處逃竄。「逃到哪裡都不安全。」她對《半島電視台》說。她的三個孩子全都受傷，正在敘法醫院接受治療。「坦克砲彈就像雨滴一樣落下，我們只好離開自己的住家。」

她的婆婆烏姆．瓦爾．曼蘇爾的住家也被炸彈摧毀，現在同樣在敘法醫院療傷。「我經歷過一九六七年的六日戰爭[40]，還有以色列後續的其他攻擊，不過今年的情況已經無可言喻。這場戰爭比薩布拉－夏蒂拉大屠殺[41]更沒有人性。」

烏姆的房屋被炸彈擊中的時候，她放聲大叫。鄰居紛紛趕來協助，但是所有人都被炸死在她家門前。「男人、女人還有小孩的屍體散得到處都是，沒有人能來救他們。」她一邊訴說，眼淚一邊滑過臉龐。

敘法醫院的空氣中，瀰漫著燒焦的人肉味。醫院停屍間裡布滿各種死狀的遺體，有破碎的身體部位、遭到火吻的屍體，還有過世孩童的焦黑面容。

屍體的數量已經超過停屍間能負荷的範圍，有很多罹難者的身分難以辨別。那些努力搜尋失蹤親人的民眾，都試著辨別親友身上的特徵，包括膚色、傷疤、身高體重，為了就是要從這些面目全非的遺體中，找出自己的摯愛。

在兩小時的停戰區間，救援小組努力搜索所有屍體。雖然偶爾會碰到仍有生命跡象的傷患，但在送到醫院之前，有些人就呼出最後一口氣，傷重不治。

舉例來說，有一位醫療人員看到地上放著一副擔架。在擔架底下，是他的同事福阿德．賈伯的屍體，他被以色列的坦克砲彈炸死。「怎麼會這樣，福阿德竟然也是罹難者，他死了！」這位醫療人員把身兼同事與朋友的遺體抬走前，不禁放聲哭喊。

福阿德當時出外執行一項救援任務，救援對象是一戶十口的家庭，家庭成員多是女人以及小孩。福阿德當場死在這家人的住宅中，救護車也被坦克砲彈炸得粉碎。

「以色列軍方應該要保護醫療人員跟傷患的安危，確定這些患者能安全抵達加薩的醫院，有必要的話還要送到加薩之外的地區治療，而不是像現在這樣攻擊醫療機構，這根本違反了國際法。」國際特赦組織的菲利浦．路德說。

40 第三次中東戰爭，以色列在這場戰役中徹底擊敗埃及、約旦，還有敘利亞等阿拉伯國家，是二十世紀結局最具壓倒性的一場戰爭。

41 此為一九八二年，以色列對位於黎巴嫩貝魯特的夏蒂拉和薩布拉難民營，進行的大規模屠殺行為。

場景拉回醫院，有更多倖存者在等待救護車的到來，一心一意要找出失散的家庭成員。

馬哈茂德在醫院留到當天深夜，搜尋親人好友的下場到頭來只是一場空。醫療人員表示，他的七名表親已經確認喪生。

現在馬哈茂德一心希冀的，就是下一次停戰協議能快點來臨，這樣他就能回家尋找其他家庭成員。

以色列持續攻擊醫療院所，阿克薩醫院遇襲

以色列近期對醫院以及救護車發動的襲擊，讓原本已經相當脆弱的醫療機構面臨重大浩劫

位於加薩中心戴爾巴拉赫的阿克薩醫院，遭到幾枚以軍的坦克砲彈襲擊，至少有五名巴勒斯坦人喪生，還有七十多人受傷。

院方表示，連日來以色列不斷投擲炸彈，就算到了深夜也沒有收手的跡象。有一位病患失去性命，其他患者、訪客，還有醫院的工作人員也受到波及。加薩衛生署的發言人阿斯拉夫．齊德拉表示，有二十名醫療人員遭砲彈擊傷。

攻擊事件讓醫院無法再收容新的患者，也無法進行醫療診治，只能派救護車將病患送往其他醫療院所。

加薩市當中，有兩位救難人員試著把傷患送往敘法醫院，卻也被坦克砲彈擊中。

齊德拉指出，導彈摧毀了幾間手術室，連一些重要器材，包括進行手術需要用到的製氧機等，都也無一倖免。

院方向《中東之眼》表示，醫院的第三、第四層樓，接待大廳以及較高的樓層，現在全都

滿目瘡痍。

以色列後續的炸彈攻擊，又毀損了一些X光設備跟產科病房。以軍雖然一口咬定哈瑪斯將武器藏匿在民用設施中，包含了民宅、學校與醫院，但他們卻矢口否認自己刻意攻擊醫療院所。

以色列總統納坦尼雅胡的發言人馬克・雷格夫對《半島電視台》說：「我們當然可以對哈瑪斯組織用來藏匿火箭砲的地方發動攻擊。」

「我很肯定哈瑪斯過去曾經利用醫院來進行軍事行動，而且這種狀況現在仍然持續。我軍無意攻擊無辜的市民。我們並沒有注意到有市民因此受傷。」

炸彈初次襲擊的時候，哈利・哈塔卜醫生正在幫一名多次被炸彈擊傷的患者動手術。炸彈爆炸後，他立刻衝到樓下，看見許多同事身受重傷。很多醫療人員都是在幫患者動手術時遭到波及，醫生護士跟患者一樣，躺在地上、血流不止。

「電梯被炸彈摧毀，醫院的許多資產都面目全非。」哈塔卜一邊視察身邊器材毀損的跡象，一邊向《中東之眼》表示。

加薩市中心的阿克薩醫院是唯一一家鄰近難民營的醫院，服務範圍遍及邁哈奇跟努賽拉難民營，還有像是戴爾巴拉赫跟朱胡迪克這樣的周邊城鎮。根據衛生署的資料，阿克薩醫院是加薩的主要醫院，總共提供超過三十五萬名加薩居民的醫療服務。

自從護刃行動展開之後，有五百五十名巴勒斯坦人喪命，還有三千三百五十人受傷，當中絕大多數是市井小民。衝突過程中，則有一位以色列市民跟二十五位以色列士兵喪生。

加薩的各家醫療院所已經遭到以色列砲火猛力襲擊，但是落在阿克薩醫院的砲彈，卻讓院中的醫療資源耗竭殆盡。

傷勢嚴重的患者已經疏散到醫院一樓，整家醫院現在人滿為患，而且在醫療設施嚴重不足的狀況下，醫療人員跟患者都恐慌不已。

另外一位在阿克薩醫院遭到砲火襲擊的齊德拉醫師，當第一枚炸彈爆炸時，他正在加護病房幫病患動手術。

齊德拉醫師向世界衛生組織還有其他相關團體求助，希望他們能夠介入，要求以色列停止攻擊醫院、病患、醫療人員還有救難團隊。

人權團體希望尋求更嚴密的防護措施，也擴大、加強對外求助的範圍。

「今天以色列對阿克薩醫院的攻擊，是一連串襲擊醫療院所、或是鄰近醫療院所區域的尾聲。這場衝突自七月八日開始之後，加薩的醫院都努力救治數千名傷患。」國際特赦組織北非與中東分部的主任菲利浦．路德指出。

「不管何時，攻擊醫療院所都是不合法的行為。根據聯合國規範，這種違法的攻擊行動必須立刻接受公正的國際審查。」

醫院何時能重新步上軌道無人知曉。現在的當務之急，就是把所有病患跟醫療人員疏散到其他地點，接受更完善的照護。

哈塔卜說：「炸彈不斷從天而降，醫生是不可能好好地動手術的。」

上周，縱使有些國際和平主義者表示，自己會擋在瓦法醫院外頭當人肉盾牌，以色列仍然對醫院發動空襲。

雖然從報導看來傷勢並不嚴重，不過空襲之後，醫生還是被迫將十三名患者轉送其他醫院。

加薩歐洲醫院遭以色列砲彈襲擊，手術室也受到毀損。

大家先前都以為醫院是受到國際法規保護的安全樂土，但是以色列的攻擊模式，已經讓待在醫院的患者、還有住在醫院附近的市民驚恐不安。

「難道我們要坐以待斃，讓已經受傷的患者再被炸彈擊中嗎？以色列明明知道這裡是醫院，但還是發動攻擊。」住在阿克薩醫院附近，四十四歲的阿布爾·阿貝德說。

「這場衝突是兩個黨派之間的鬥爭，為什麼要傷害醫院這種跟政治毫無瓜葛的機構呢？」他補充道：「醫院提供了罹難者跟家屬重要的社會服務；以色列也沒有確切的攻擊理由，根本沒有人在醫院附近發射火箭砲。」

不僅患者還有市民擔驚受怕，連醫生這種受過專業訓練、每天面對緊急狀況的專業人士，也必須克服以色列不斷轟炸所造成的壓力。

阿布爾·阿貝德說道：「即使沒有動用到炸彈，以色列也會讓病患活活喪命。」

數百戶人家湧入加薩教堂尋求庇護

以色列轟炸所有聯合國建造的建築物、學校以及醫院，走投無路的加薩市民只好尋求教堂的協助

烏姆・阿布杜拉・赫佳齊抓著一歲大的兒子尤瑟夫，另一隻手將水舀到肥皂上，準備清洗兒子的身體還有衣物。

雖然赫佳齊用力刷洗，但是肥皂水似乎起不了什麼作用。以色列的炸彈如冰雹般落下時，他們一家倉皇逃難，沾染到尤瑟夫身上的污漬跟血跡怎麼刷也刷不掉。

「大火到處蔓延的時候，我們跑到屋外。以色列的炸彈從天而降，把我們的一些鄰居炸死了。」赫佳齊說道。她跟著自己的丈夫還有六個孩子一起逃難。

經歷轟炸之後，赫佳齊腦中第一個閃過的念頭，就是趕快投靠到近東救濟和工程處興建的學校——也就是無家可歸的民眾能暫時尋求庇護的地方。不過現在七十七所聯合國營運的學校還有醫療中心裡，已經塞了將近十二萬人，赫佳齊發現自己跟孩子根本沒有容身之處。

窮途末路之下，她只好到加薩市查圖恩一帶的羅馬東正教教堂尋找棲身之所。現在，她跟六個孩子就躲在這裡。她不願放棄，死命地刷著孩子衣服上的血漬，再把衣物晾在教堂老舊祭

壇的圍欄上。

近來，加薩三間主要的教堂，已經接收了數百名驚惶失措的巴勒斯坦人，這些人聚集到此，期盼這座神聖的建築物（還有其相對堅固的屋頂牆壁），能帶給他們所謂的安全感。

加薩人民發現以色列的攻擊範圍不僅包含醫院、學校，甚至還有清真寺、民宅。根據聯合國指出「根本沒有地方可躲」之後，災民全部都湧入當地的教堂。

不過在水源、食物，還有藥品嚴重短缺的情況下，加薩當地規模雖小、但相當活躍的巴勒斯坦基督教團體，全都竭盡全力的幫助災民。白天他們會從外界運來許多瓶裝牛奶，讓小孩子不至挨餓。

「喝的東西跟吃的食物都嚴重不足，我們只能提供最基本的物資。好消息是，鄰近國家也陸續伸出援手。」羅馬東正教教堂的公關主任卡莫．埃伊德表示。

無處可去

「大家來教堂，只是希望這裡會比較安全而已。」今年九歲的穆斯塔法．赫佳齊雖然這樣說，內心還是非常恐懼。

當他在熾熱的陽光底下晾弟弟的衣服時，沾染塵土的雙頰還是滑下兩行淚。

穆斯塔法說：「我們才剛從租來的公寓逃出來而已。」

「看看周遭的環境，我們曾經擁有的東西全都消失，變成一攤攤廢棄的瓦礫堆。」才經過一個周末，烏姆·阿布杜拉·赫佳齊跟孩子死裡逃生，卻什麼都不剩。這一家人現在一無所有——沒有錢，沒有多餘的衣物毛毯，連食物跟水也付之闕如。

「大家都被以色列的坦克砲彈嚇壞了，晚上睡不著覺；因為停電，也沒辦法煮飯跟吃東西，孩子都不斷哭泣。」赫佳齊說。

所有孩童都光著腳丫，有些甚至只著內衣褲或是僅包著尿布，大家都是在一陣慌亂中逃出家門。某種程度上來說，他們覺得自己已經夠幸運了，雖然衣服上沾滿血跡，但不至於衣不蔽體。

舒加艾耶整個周末都遭到以色列連續轟炸，超過一百三十人被炸死，三百多人受到傷害。縱然家園已毀、無論白天黑夜都無法安然入眠，赫佳齊一家還是認為自己相當僥倖，只不過全家人都被這場惡夢折磨著。

「大家都沒時間帶自己的家當，我只能抓著自己的孩子拔腿就跑。」這位母親接受採訪的時候，身上還穿著居家的禮拜服。

「我只希望這座教堂的牆壁，能夠保護我的孩子不要遭受以色列砲彈襲擊。」

永無止盡的戰事

今年十九歲的安瓦爾·賈莫對教堂卻沒什麼信心。賈莫昨天傍晚到教堂躲避，周一卻親身經歷以色列對教堂周邊地區發動的猛烈砲擊。才過了一晚，大家對於教堂的安全幻想立刻破滅。

「昨天晚上以軍瘋狂發動空襲跟砲擊，大家都嚇壞了。」賈莫說。賈莫跟他的四位兄弟還有五位姐妹，一起在教堂躲避以色列襲擊。「那塊藍色的窗簾，還有教堂中沉甸甸的鐵製器具，全部都被震到地上，散落各處。」

「我覺得以色列會毫不猶豫地轟炸教堂。」賈莫表示。教堂的損傷清晰可見，有幾扇窗戶破碎，屋頂的某些區塊也碎裂變形，磁磚瓦片不斷剝離、向下墜落。其實每一戶人家都曉得，他們棲身的這座教堂，就離災情最慘重的舒加艾耶不遠。

「有一位在這裡避難的女子因為太害怕以色列的襲擊，不幸流產、痛失愛子。」埃伊德說：「以色列的坦克砲彈還摧毀了十五座教會墳墓跟一台葬禮專車。」

在二〇〇八到二〇〇九年的鑄鉛行動時，以色列朝加薩的聖公會教堂發射兩枚導彈，造成大規模的損傷。現在躲在教堂中的這些災民，很多都不知道這些過往。

雖然如此，赫佳齊仍然強調這是唯一的選擇。「我不希望自己的小孩遭受跟鄰居相同的下場。」原先還在清洗尤瑟夫的褲子的她，放下手邊的工作如此說到。這個時候又有另一顆炸彈飛越上空，讓教堂猛力搖晃。

赫佳齊的其中一個孩子哈利抱怨道：「媽媽，我好餓。」她坐了下來，不發一語，因為他們才剛抵達此處，教堂工作人員還沒有過來登記身分。附近一位女子剛好有昨晚吃剩的食物，就分了一塊番茄給這名孩子。不過資源日漸稀少，民眾爭先恐後搶奪基本糧食的現象只會益發嚴重。

教堂中人滿為患，床位也供不應求。除了把孩子拉在身邊，圍坐在赫佳齊聲稱屬於他們一家的角落之外，她不知道今晚該如何是好。

雖然處處都是屠殺的血跡以及恐懼的氣氛，不過等到外頭安全之後，她飽受驚嚇的孩子還是想要回家。孩子的父親了解住家已經成了廢墟，他們的母親也表示，就算雙方停火休戰，她還是會繼續躲在教堂中。連日來新聞不斷放送，已經有更多鄰居喪命，許多家庭跟親朋好友都被活埋在倒塌的瓦礫堆中。

赫佳齊說：「家沒了、一切也毀了，我們不知道還能去哪裡。」

僅存的手機通訊服務可能畫下休止符

電信公司停止服務，加薩的記者未來可能無法通報新聞，市民或許也沒辦法接收砲擊警報

報紙頭版全部都被轟炸跟屠殺的新聞所占據，不過有一件尚未明朗化卻相當危急的大事即將發生。

加薩遭到連續幾周的軍事襲擊之後，在巴勒斯坦經營行動通訊的賈瓦爾公司已經陸續通知客戶，再過幾天即將停止手機通訊服務。

這家服務範圍包含整個巴勒斯坦的公司，當然理解斷絕通訊對市民來說是一項噩耗。透過這家公司提供的通訊服務，市民有時候能收到以軍發動空襲的警報通知。對家家戶戶而言，手機通訊也是很重要的溝通橋梁，畢竟大家都四散加薩走廊各處、流離失所。

對數百位巴勒斯坦記者而言，沒有辦法使用手機也讓他們感到晴天霹靂。這些記者每天都要仰賴手機，才能跟海外的編輯聯繫；因為手機，他們才能讓全世界接收加薩的重大消息。

加薩的新聞主播阿貝納賽爾．阿布耶羅恩表示，大家越來越焦急，害怕通訊公司即將吹熄燈號，讓加薩一百八十萬人民陷入絕望的深淵。

「假如人民沒有辦法跟救難團隊聯繫，全加薩就會遭逢嚴重的人道災難。」阿布耶羅恩說道。

連續十七天，以色列不僅發動砲擊，還進行陸地軍事侵略。而遭到圍攻的加薩走廊，對這項消息甚感憂心。但國際上對於加薩可能無法繼續使用手機的消息，似乎還沒引起太大的反應。

「過去十七天，我們已經終止了四分之一的服務。住宅屋頂上的天線遭到轟炸毀損，斷絕了大部分的衛星傳輸能力。」賈瓦爾的總經理尤尼斯・阿布・薩姆拉表示。

基礎設施的毀損範圍日益擴大，戰事也沒有和緩的跡象，賈瓦爾公司表示無路可走，只好在周一通報客戶可能會停止營運。

賈瓦爾公司指出，他們總共在加薩設置了三百二十八個營運站。因為燃油短缺，其中的一百二十間營運站只得關門歇業，還有十二家直接遭到以色列砲彈襲擊。雖然其他營運站都依靠電力或是電池一類的能源供電，不過全加薩能源短缺，大概只有百分之十的營運站（約莫三十幾間）能夠照常營運。

「我們沒有電跟燃油來提供充足的服務。」阿布・薩姆拉表示。

據估計，賈瓦爾公司目前損失的規模，相當於四百萬美金，而且情況依然持續惡化。而且，四百萬美金還只包含了毀損的硬體器材，若是將其他損失納入計算，總金額之高就更難想像了。

原則上，硬體設備至少還有修復的可能，不過賈瓦爾損失的不只如此。這家公司付錢給一般民眾，讓他們在自家屋頂上裝置天線，藉以接收、發送信號。但是現在到處都被炸得坑坑疤疤，連架設器材的屋頂也支離破碎，重建過程絕對相當艱辛。

最近，賈瓦爾的工程人員試著維修兩戶民宅屋頂的天線時過襲，屋主全都命喪砲彈之下。雖然工程人員幸運地存活下來，但是大腿必須截肢。

賈瓦爾一直努力掙扎，想提供客戶最佳的服務品質。最近，他們釋出價值十塊謝克爾（相當三塊美金）的免費儲值額度，希望能讓客戶感受到公司的誠意；縱然賈瓦爾立意良善，但也不代表前景樂觀。

「雖然通訊品質會持續惡化，但除非有更多硬體設備遭到破壞，我們絕不會完全停止服務。」阿布・薩姆拉表示。

打破沉默

賈瓦爾的工作人員，都非常不喜歡提及政治敏感的話題。他們把心思專注在電信技術上，這樣才不會跟以色列發生誤會，增加工作風險。而且，就連停止服務的小小消息，也讓前景顯得相當不安。

阿布・薩姆拉表示，維修技師的進度完全趕不上以色列轟炸的速度。現在僅存的完好設備依舊面臨砲彈襲擊，賈瓦爾公司表示，他們不得不對發出預告，向全加薩人民表示有可能會終止服務。

過去幾周，加薩的網路公司也不斷接獲抱怨，指出上網的速度實在太慢。有些專家認為這是因為供應網路服務的公司受到毀損，再加上停電，讓整個情況雪上加霜。

今年五十一歲的阿布．瑞伊德住在查圖恩，他說自己拚命聯絡住在靠以色列國界的姐姐，但是電話就是播不通。

「沒有手機，我沒辦法跟家人聯絡。」他說。

阿布．瑞伊德居住的區域災情相當慘重，假使衝突持續延燒，查圖恩遭受的空襲只怕會越來越多。

「我們等越久，局勢就每下愈況。」阿布．薩姆拉表示，「解決的辦法就要靠其他國家，請他們務必向以色列施壓，確保通訊網絡不受影響。」

在二〇〇八到二〇〇九的鑄鉛行動中，賈瓦爾公司損失的規模大約五百萬約旦第納爾（約七百萬美元）。而這次的護刃行動，粗估在網路方面造成九十五萬美元的損失、基礎建設方面毀損了八萬五千美元，而其他項目的傷害約莫在六百萬美元以下。

戰爭的代價不只是財務上的數字而已。加薩的電視主播阿布耶羅恩表示，手機跟網路服務停擺，將對新聞產業造成大規模衝擊。

對於依賴手機、需要從加薩走廊獲取新聞來源的記者還有媒體工作者來說，電話打不通、連不上網路絕對是莫大阻礙。加薩當地的記者也會漸漸發現，哪天情況更惡化之後，國際媒體上的主流就會是能取用衛星網路的以色列記者，加薩記者則會逐漸被邊緣化。

在地新聞無法成為頭條版面，加薩資金收入的重要來源就會漸漸縮減。另外，假如無法讓當地發生與遭遇的一切完整呈現在國際媒體上的話，其他國家的回應與關注就會逐漸減弱、慢慢停止協助加薩。

「我們平常就不想面臨這種處境，更別說戰爭期間了。」阿布耶羅恩表示，「通訊聯絡不應該被戰火還有衝突波及。」

國際上協議停戰的聲勢逐漸沸騰。看來在開齋節前夕，雙方可望停火——開齋節為齋戒月尾聲的節慶，親朋好友通常會在此刻團聚一堂，或者至少會打個電話、寫封電子郵件，替齋戒月畫上完美的句點。

不過加薩的死亡人數至今已有七百人，未來還很有可能繼續攀升；就算雙方提前息兵，通訊網路或許也無法及時修復。

躲在主教身後

雖然加薩的教堂讓難民得以棲身，但是仍然有遭到以色列戰爭機器襲擊的隱憂。

過去幾天，希臘東正教的大主教阿萊克修斯幾乎不曾闔眼，有好多攜家帶眷的加薩人民，湧入他所服務的聖波菲瑞斯教堂尋求庇護。阿萊克修斯主教忙著安頓這些災民，確保他們不致匱乏。

「人們不知道可以去哪裡避難，所以我們必須伸出援手，向加薩的男女老幼敞開教堂大門。」阿萊克修斯向《半島電視台》透露。

上周日，有幾百人來到教堂求援，當中大多是大難不死、從舒加艾耶的轟炸中逃出來的大小家庭。這批逃難的災民，讓躲在教堂跟鄰近清真寺的人數至少達到一千人。

東正教教堂無私的行為，點燃了社會團結的氛圍。

其實教堂在戰亂期間變成收容中心，這已經不是第一次了。只是阿萊克修斯回想先前的衝突，前來求助的家庭數量其實比現在還少。

「今年災情更嚴重了。」他表示。

以色列對加薩的侵略已經延續三周，至少有六百五十八名巴勒斯坦人喪命，死亡人口還包含一百六十一名孩童與六十名婦女，更有四千多人受傷。數千戶家庭被迫遠離家園、向外尋找安全的樂土。聯合國表示，加薩境內約莫有十一萬八千三百位失根無依的居民。

加薩的大小教堂是巴勒斯坦人能夠尋求協助的少數選擇，至少目前是如此。不過周一傍晚，教堂墓園中的一處墓地竟遭到砲擊。

根據教堂的公關主任卡莫・埃伊德表示，總共有五座教會墳墓，以及一台葬禮車遭兩枚以色列導彈擊中。這場攻擊行動讓教堂中的難民喪膽，有些人甚至在大半夜逃出教堂，白天又折返回來。

「假如有人問以色列為什麼要攻擊教堂，他們一定會編出一套藉口。但是就我所知，以色列原本表示教堂跟清真寺位於安全範圍之內，不會遭到攻擊。」阿萊克修斯說道。

這十七天的衝突過程中，以色列少說已經轟炸了至少五座清真寺。

聖波菲瑞斯教堂、天主教教堂，還有聖家堂全都收容了大量無家可歸的災民。

烏姆・阿姆賈德・夏拉育有九名子女，他們一家人到處奔走，已經找不到可供躲藏的安全之處了，現在他們也跟其他家庭一樣，在羅馬東正教教堂中避難。

「我想以色列應該不會轟炸教堂，在這裡，有主教替我們撐腰。」夏拉對《半島電視台》說，一邊安撫著懷中一歲大、罹患先天疾病的孩子。

戰事喧囂，夏拉十歲大的兒子薩曼罹患創傷症候群，緊緊黏著媽媽，不敢鬆手。

「媽媽！不要走！炸彈要來炸我了！」薩曼對媽媽大喊。他顯然飽受驚嚇，稚嫩的臉孔還有睜得大大的雙眼盡顯緊繃、狂亂的情緒。

「有時候他叫得太大聲，聽起來就像放聲狂笑一樣，好像他已經失去控制了。」夏拉一邊說，一邊將手放在薩曼頭上。

「昨天晚上我們都非常害怕，就算在教堂裡也沒有安全感。坦克砲彈一直轟炸教堂周邊，離教堂非常近。」她表示。

夏拉說，過去這幾天，舒加艾耶附近的災民逃離家園的景象，殘忍地讓她回想起一九四七年與一九四八年的災難日[42]，以色列迫使數千名巴勒斯坦人遠離家鄉、逃離故土。

「這就像以前以色列逼迫我們父母經歷的浩劫一樣，現在遭受痛苦的是我們跟下一代子女。三代巴勒斯坦人都歷經同樣慘痛的經驗。」她對《半島電視台》說。

二十歲的納迪雅・賈莫是另一位受強烈砲火所迫，因而逃離夏夫一帶的巴勒斯坦人。

「以軍的坦克砲彈不斷轟炸時，我們都在客廳裡抱著彼此，哪裡都去不了。」賈莫說。她有一半的家人現在留在近東救濟和工程處興建的學校，另一半則是繼續尋找棲身之所。

「學校教室人滿為患。」她如此表示，還說有些教室甚至塞了超過五十位婦女，根本沒有空間伸展移動或是呼吸。

賈莫已經在教堂待了兩天。「就在昨天，以色列開始轟炸教堂周圍，大家原先以為教堂是

42 巴勒斯坦的災難日，又稱為浩劫日，時間為每年的五月十五日。這個節日的意義，在於以色列一九四八年獨立之後，有幾十萬的巴勒斯坦人被趕出家園。

最安全的地方，現在希望全部破滅。」

教堂領導人也憂心忡忡，深怕教堂能供給的物資有限，再加上以色列封閉加薩，情況便更加危急。

「前來求助的災民越來越多，但是銀行大門深鎖，教堂根本沒有足夠的資金購買食物與飲用水。」教堂公關主任埃伊德向《半島電視台》表示。

阿萊克修斯主教指出，包含基督徒與穆斯林的不少人都主動跟教堂聯繫、提供協助。「烘焙坊提供麵包，有些人捐贈飲用水、毛毯，大家都盡己所能。加薩團結一體，就像個大村莊一樣。」

阿萊克修斯說道，有些組織團體會提供食物，讓災民每天晚上都能享用開齋飯，也會確保隔天有足夠的物資運入教堂；而他也努力發送訊息，讓外界了解災民迫切需要的物資為何。

他還表示，像天主教明愛會這種駐紮當地的非政府組織，已經運進飲用水、食物，還有能替災民抽取水源、至關重要的抽水機。

「上帝讓善良的人帶著助人的心意來到這裡。鄰近地區還有一個委員會，負責照顧從舒加艾耶逃出來的居民，照應他們的生活所需。」

教堂墓地遭到轟炸之後，養育十名子女、今年三十六歲的納耶拉．尤哈，把孩子全部送往他們的祖母家。她說全家人都不敢待在教堂。

「雖然神職人員都親自提供協助，但是這根本不夠。我們沒有床墊、食物，也沒有衣服。我們逃跑的時候什麼都沒有帶；炸彈爆炸的時候，小孩子都還在睡夢中，所以逃難時只能先把他們帶在身邊。」她表示。

正如先前的戰爭，當清真寺遭到以軍轟炸之後，巴勒斯坦的穆斯林都逃到教堂中避難，埃伊德表示自己的教堂絕對會盡可能提供民眾所需的物品。

雖然埃伊德自己也不確定教堂能否逃過以色列炸彈的侵襲，但是他也表態，教堂絕對會繼續肩負保衛工作、提供大家安全的樂土。

數間近東救濟和工程處的學校遭襲，二十餘人死亡

今天以色列對近東救濟和工程處的學校發動空襲，十八位市民與三位援助人員身亡

通常在卡莫艾德溫醫院，救護車抵達的時候都會滿載受傷的患者。雖然救護車東奔西走在加薩走廊已非新鮮事，但這次救護車載運的病患不同於以往，這群傷患是來自貝特哈農的近東救濟和工程處學校。

每一位受傷、或是喪命的居民都曾經懷抱希望，認為聯合國建造的建築物會是安全的所在，可惜事實並非如此。最近幾周，許多人湧入聯合國營運的避難所。今天發生空襲之前，聯合國表示在七十七間學校中，總共收容了十一萬七千四百六十九名流離失所的巴勒斯坦人，人數比二〇〇八年到二〇〇九年鑄鉛行動的巔峰時期還要多出一倍。現在就連聯合國興建的學校也難逃以色列毒手，加薩境內的難民現在心灰意冷、不知該往何處去。

這處位在加薩北部的學校，遭到砲擊之後的場景相當駭人。學校外漆著淺藍色、象徵和平的圍牆，上頭濺滿鮮血。在學校就讀的孩童，被迫經歷這場浩劫，親眼目睹學校變成廢墟。

校內黑白相間的地板上，散布著一攤攤的血跡，附近還有一塊沾滿鮮血的地毯，跟一雙孤零伶的涼鞋。這雙涼鞋的主人不久之前還在教室中齋戒，以為再過三小時後就能享用開齋飯。

醫生向《中東之眼》透露，在這場校園大屠殺當中，總共有十八人（包含一名新生兒）喪生，還有兩百多人受傷。

自從以軍轟炸學校之後，原本就心驚膽戰的每一戶人家，恐懼的程度又變得無以復加。女人跟小孩現在都逃離學校，到醫院當中避難，不過醫院早已人滿為患，院方也不知該如何處理這些突如其來的難民。

傷患大量湧入，醫院不堪負荷，只好讓受傷的民眾到另外四家醫院就醫：貝特哈農醫院、卡莫埃德溫醫院、奧達醫院，還有敘法醫院。

對一位母親而言，徒步走到各家醫院、亂無章法地尋找失散的孩子，是一件相當耗費體力的事。四間醫院分布加薩各處，小孩會被送往哪家醫院誰也說不準。現在仍有許多傷患的身分未明，導致家屬發瘋似地奔波，尋找親友下落。

十七歲朵艾．阿布．奧達的家屬，不得不實地走訪各家醫院、尋找自己的女兒。後來有人向他們透露，表示阿布．奧達遭砲彈擊傷，被送往敘法醫院診治。阿布．奧達的家人聞訊之後，不管外頭砲擊猛烈，立刻趕往敘法醫院。抵達醫院大廳後，接待人員卻說奧達不在院中，隨後全家人便穿梭於敘法醫院的各條走廊，努力尋找阿布．奧達的身影。無計可施之下，一群人來到醫院的停屍間，卻立刻接到讓他們晴天霹靂的悲慘消息。

原先，阿布．奧達跟著家人一起，到一個她認為非常安全的地方避難。以軍的炸彈爆炸時，正有超過數千名巴勒斯坦人在貝特哈農的這間學校尋求庇護。

「坦克砲彈擊中學校的時候，我坐在足球場上。」受傷的孩童艱難地對《中東之眼》的記者擠出這幾句話。

另外一位驚惶的女子喊叫著：「我的女兒，我的女兒！他們把她的手跟腳都炸斷了。」

這場攻擊不僅是今天最慘重的一例，也是對聯合國機構最血腥的一場屠殺。過去二十四小時內，有七間近東救濟和工程處的學校遭以色列砲擊毀損。周四稍早，有三位近東救濟和工程處的援助人員，被轟炸學校的砲彈擊中，當場身亡。聯合國指出，另外有五個人，分別在以軍轟炸一間女子學校的過程中受到傷害。

這起事件更引發各界熱議：以色列攻擊市民活動的場所，特別是近東救濟和工程處興建的學校以及醫療院所，這些地方原本不該受到戰爭的波及，但卻遭到轟炸。

不過以色列維持一貫態度，否認自己並沒有刻意攻擊聯合國的建築。

「雖然我們無法斷定這起攻擊是否是失誤造成，不過我們絕對沒有朝聯合國的建築物發射炸彈。」以軍發言人彼得．勒諾向記者表示。勒諾強調，在發動攻擊的前三天，以軍就已經要求聯合國與國際紅十字會將學校中的人群疏散撤離。

不過近東救濟和工程處卻大力反駁這個說法，該機構的眾發言人隨即向阿拉伯新聞媒體表示，他們接到以軍通知的時候為時已晚，根本來不及將民眾從建築物中疏散。

近東救濟和工程處的發言人克里斯．吉尼斯也特別在推特上發表對此事的聲明，「以軍已經獲得貝特哈農的近東救濟和工程處避難所的精確座標。」

一大群躲在學校中的巴勒斯坦人，現在開始強烈批評援助團體。這些避難者表示，國際紅十字會通知他們學校是最安全的地方時，大家都被誤導了。還有目擊者向《中東之眼》表示，就在以色列發動攻擊之前，紅十字會還告訴他們要在一個地方集合，這樣巴士就能來接大家到更安全的處所。但就在巴士抵達以前，砲彈就如雨滴般落下。因為民眾全部聚集在一起，死傷規模想必無法估計。就算這項指責為真，結果也早已無法逆轉、人命無可回天了。許多巴勒斯坦人都表示內心感到相當厭倦，甚至開始懷疑這些援助團體。

哈瑪斯也對這起事件發表看法，他們認為以軍對學校的大屠殺代表未來的日子會更加艱苦。哈瑪斯發言人薩米・阿布・祖赫立譴責紅十字會，認為它們不該保持緘默。哈瑪斯誓言報復到底。

「很可惜，對於以色列侵占加薩、違反人道停火協定的罪行，國際紅十字會並沒有感到特別憤怒。」他向記者表示。

以色列於七月八日部署軍隊，展開突襲。他們主張的攻擊目的，是為了要阻止哈瑪斯從加薩發射火箭砲彈。不過已經過了三周，以軍還是繼續使用火箭砲彈轟炸加薩。聯合國表示，遭到砲擊的大多數都是加薩市民。

縱然國際法明文規定，禁止戰爭時用砲彈轟炸敵國的民用建設。不過以色列堅稱哈瑪斯將火箭砲彈藏在這些建築物中，認為自己的攻擊行動合乎規範。

對於像加薩這樣人口稠密的區域而言，根本不可能有地方能夠從以色列的侵略中豁免，戰爭對人民生計造成的損傷已經大到難以衡量。

周四死亡的巴勒斯坦人數累積至一百一十二人。然而到了夜晚，以色列勢必會繼續發動攻勢。根據最近的觀察，夜半轟炸的頻率甚至更為密集。過去十七天的衝突，已經造成超過八百零五名巴勒斯坦人喪生、四千八百人受傷，而以色列方面只有三十三名士兵與兩位市民身亡。

死亡人數預估將會持續攀升。夜幕低垂，位於貝特哈農的多戶人家，仍然在找尋失散的親友家人；同時也有許多加薩市民，正努力跟散落各處的親朋好友保持聯繫。

來到加薩東部，紅新月會[43]表示，約莫有三十到五十人行蹤未明，這些人現在下落何方，目前仍然沒有半點消息。

烏姆．穆罕默德．夏瑪利跟她的三個兄弟以及一位侄女失去聯繫。她最近一次跟哥哥聯絡的時候，哥哥說：「派一台救護車過來，拜託。我受傷了，一直流血。」但是電話的另一頭隨即悄然無聲，她再也沒有接到哥哥的消息。

雖然國際援助團體不斷擴增搜救工作的規模，但是完全徒勞無功。近東救濟和工程處的吉尼斯指出，「我們努力跟以軍協商，希望能空出一段時間讓市民得以逃生。不過交涉了一整天，以軍怎樣都不願讓步。」

局勢如此，烏姆．穆罕默德跟其他同樣心灰意冷的加薩市民，都不認為援助團體有辦法能阻擋以軍的攻勢。看來以色列心意已決，打定主意要讓加薩經歷天大的浩劫。

43 阿拉伯地區的紅十字會，是一個國際性的服務組織。

官方指出：加薩的燃油電力即將用罄

加薩走廊僅存的能源即將用罄，政府迫切請求國際援助

加薩最後一座發電廠即將面臨沒有燃油可用的窘境，巴勒斯坦官方用盡最後一絲力氣，請求外界提供應急能源。

巴勒斯坦能源署於周四再次向巴勒斯坦聯合政府、援助團體，還有歐盟提出先前的訴求，希望他們能夠立刻提供發電廠所需的燃油。

卡達捐贈的大量燃油現在已經抵達加薩國界，不過埃及將這批貨運扣留在蘇伊士運河，也封閉了拉法市關口；這些能紓解燃眉之急的燃油，已經閒置幾近一個月，尚未運進加薩走廊。

「我們已經通報位於拉馬拉的巴勒斯坦政府，因為戰爭的關係，加薩的居民沒有辦法每個月按時繳交電費。」巴勒斯坦能源署的次長法提·謝赫·哈利於周四表示。

他呼籲政府官方讓卡達提供的燃油通行，還表示現在正是採取行動的最佳時機。不過，目前各界似乎沒有任何動靜，加薩僅存的燃油似乎即將告罄。

幾前天，加薩收到了兩百五十公升的燃油，比起發電廠運作所需的燃油（四百到四百五十公升），這批燃油只達到所需用量的一半。然而埃及將於周五關閉拉法市關口，周六也碰上以

色列的國定假日安息日，加薩走廊恐怕沒有足夠的燃油讓居民度過這個周末。

過去三天，發電廠完全沒有收到任何燃油。哈利表示，剩下的存油量即將在一天之內消耗殆盡。

一周多以來，加薩每天至多只會供電兩個小時，未來情況很有可能會更加惡化。讓情況雪上加霜的是，周三稍早，發電廠又遭到以色列坦克砲彈襲擊。

加薩電力公司的公關主任賈莫．達達沙威表示，電力公司的維修團隊能夠修復發電廠的損傷，但是衝突氣氛緊繃，很多工程人員都擔心發電廠會再次遭襲。有些維修人員表示除非接獲任何通知，向他們確保維修時不會有炸彈襲擊，他們才願意進行搶修。不過現在任何的擔保聲明，可信度都要大打折扣。

達達沙威說，以軍攻擊發電廠這類的民用建設，根本不是要打擊他們口中的哈瑪斯或其他激進組織，而是要懲罰住在加薩的一百八十萬名巴勒斯坦居民。

發電廠的維修人員日以繼夜搶修，就連在惡劣的環境之下也加緊趕工。電力公司表示一般而言，他們會跟以軍協調，盡可能不要讓維修人員在令人膽戰心驚的砲火中工作。不過協商通常起不了什麼作用。今天早上在汗尤尼斯東部的拜尼蘇西拉村，身穿橘色制服的維修人員遭到砲擊，有三名工作人員受到傷害。

加薩大部分的電力都是靠以色列輸送，不過現在以軍大肆破壞加薩的發電廠，也徹底斷絕電源供應。

如此一來，加薩短缺的能源已經達到了百分之八十。即使有足夠的燃油供發電廠運轉，他們也不敢奢望供電率能回到百分之百。

「重新啟動發電廠之後，它能生產一億一千三百萬瓦特的電，不過這個季節的加薩，需要的電力約莫在四億八千萬到五億瓦特之間。」達達沙威表示。

影響甚鉅

不僅照明設備跟手機需要用到燃油以及電力，舉凡醫療器材跟衛生系統，能源對許多至關重要的設施同樣不可或缺。

濾水跟污水處理設備受到電力短缺的影響，醫院以及商店也苦不堪言。

聯合國人道主義事務協調處估計，因為電力系統毀損，加上沒有燃油可供發電廠運轉，已經有一百二十萬人幾乎無法取得飲用水，衛生設備也停止運作。

國際援助團體公開呼籲，請埃及跟以色列讓更多物資進入加薩。國際特赦組織也表示，這兩個國家「必須確保能讓急用的醫療補給品與救難物資，還有足夠的燃油持續輸入加薩走廊。」不過至今這些訴求，都被當成了耳邊風。

電力短缺使得生活無以為繼，許多商家都隨意定價，恨不得立刻清空店裡的存貨。

在加薩西部，很多攤販仍然不畏砲火，繼續販賣肉品。但是他們內心也了解，沒有冰箱可用，奶製品跟肉類很快就會腐敗。

阿布．塔哈今年三十二歲。他表示假如今天不趕快把肉賣光，明天就得全部丟進垃圾桶。

「即使居民跟我賒帳，也比把這些食物丟掉還好得多。」他說。

有些藥房也叫苦連天，抱怨他們不得不把需要低溫冷藏的藥品全數銷毀，導致加薩的健康危機更雪上加霜。

加薩的醫院也開始對電力公司呼救，拜託他們能夠保存一些電力給醫療院所。雖然很多醫院自備發電機，但是單靠這些發電機並不保險。哈利表示有時候院內的發電機會讓電壓飆高，造成醫療器材毀損、藥品腐敗。

哈利認為自己僅存的影響力就是訴諸媒體，他希望能夠讓全世界知道加薩的情況，激起更多國際上的回應；畢竟，巴勒斯坦當局與以色列似乎都充耳不聞。

「只剩下石頭」：加薩走廊處處斷壁殘垣

長期停戰協議生效，加薩的巴勒斯坦人目睹以色列的破壞規模，各個驚訝不已

烏姆．艾哈邁德．阿布．沙維希的手中握著石頭。在這她已然傾頹的家園中，只見滿地的碎石。六十五歲的她說：「我家什麼都沒了，只剩一堆石頭。」

數百位居民的住家已毀，貝特哈農的土地上布滿散亂的以色列未爆彈。貝特哈農位於加薩北部，靠近加薩與以色列的國界，當地醫院、緊急救難器材，還有一些重要的設施，也全被以色列砲彈炸得面目全非。

另外一位來自二十人大家庭的女子，一邊哭、一邊用力挖開倒塌的屋瓦。「我們的畢生家當，一下子就被以色列導彈全部摧毀。大家還能去哪？沒有食物、沒有水，沒有床也沒有多餘的衣服。」她說。

開車橫越這一片蕞爾小國（加薩三百六十平方公里的土地上，住著一百八十萬名巴勒斯坦人），舉目所及，全部都是斷垣殘壁。以色列與哈瑪斯於七月二十六日達成協議，雙方同意停戰十二小時。唯有在人道停火的區間內，才有辦法駕車從加薩北部駛向南邊地區。

周日，以色列再次對加薩展開軍事行動，其總理辦公室發出聲明，「假如有加薩市民不慎

遭襲，哈瑪斯必須負起全責，因為哈瑪斯又違反了與以色列簽署的人道停火協議。」

報導指出，哈瑪斯及其他巴勒斯坦的政治派系，都同意於當地時間周日下午兩點，與以色列共同實施為期二十四小時的人道停火。

自從以色列於七月八日展開武力攻擊之後，至少有一千零五十二名巴勒斯坦人喪命，更有六千多人受傷。以色列方面，則有四十三名士兵命喪沙場，還有兩名以色列市民與一位泰國籍勞工遭受波及，不幸身亡。

在加薩走廊傾頹的房屋殘骸底下，毀損的財物都無可挽回。

舒加艾耶東邊的村落儼然成為一座鬼城。電纜線斷成好幾截，散落在倒塌的房屋石堆中；汽車被炸彈轟得破損焦黑，居民的遺骸也散落在大街小巷，空氣中滿是腐敗的氣味。「我活了四十五年，從來沒見過這麼駭人的場景，」一位不願向《半島電視台》透露姓名的居民表示。

七月二十一日深夜，以色列對舒加艾耶發動猛烈砲火攻勢，奪走一百二十條人命，更讓數百人受傷。停戰協議恰好讓人民能鬆口氣，有機會回家確認家園狀況、搶救家當財物。

救護車警鈴聲不絕於耳，昭示著救難隊又從廢墟之下搶救出更多傷患或屍體。在周六的停戰時間內，醫護團隊總共在舒加艾耶挖出了九十具屍體。

「以軍這次的攻擊規模比薩布拉—夏蒂拉大屠殺更慘絕人寰。」烏姆·赫珊表示。她的兒子在一旁牽著她，避免母親踩到地上的屍體。赫珊口中所指的，正是一九八二年發生在貝魯特的巴勒斯坦難民營屠殺事件，當時總共死了約莫兩千名巴勒斯坦災民。

舒加艾耶的維達街現在已經完全封閉，車輛無法通行。當地居民各處奔走，忙著在停火區間內張羅食物、飲用水，還有各式藥品。阿布・哈坦育有八名子女，站在市場中尋找通心粉跟小扁豆。他說接下來還不知道會發生什麼事，「沒有電，我們不能買肉品或雞。在這種天氣之下，生鮮食品很快就會壞掉。」

附近有一位菜販被人群包圍，而位於塔哈瓦的麵包店，則有三百多人等待麵包出爐。銀行大門擠得水洩不通，發鈔中心也有一大群人爭先恐後地領取現金。

有兩條連貫加薩北部與南部的道路：薩拉丁路與海灘路，這兩條路都遭到破壞，薩拉丁路遭到以色列坦克砲彈轟炸，而海灘路則是被以軍部署在海岸線的軍艦擊毀。

整條薩拉丁路上的乳製品與飲料工廠都遭到波及，維修團隊則是忙著搶修電力系統與輸水設備，使其重新運轉。七月二十一日，戴爾巴拉赫的阿克薩醫院遭以色列導彈命中，手術室與與放射科皆受到嚴重損傷，更造成五人喪生、七十多人受傷。

汗尤尼斯的大街上，有一個被炸彈轟出的巨大彈坑——肇事元兇是以色列的F-16導彈。住在胡薩附近一帶的居民，遭受以軍高密度的轟炸之後，都赤裸地睡在大街上。水資源難以取得，相當珍貴；有位販賣桶裝水的商人，原先一桶水只賣十五新謝克爾（相當四塊美金），現在將價格哄抬到一百新謝克爾了（相當二十九美金）。

加薩南端通往拉法市的道路，也同樣危機四伏。

就在開齋節（昭示著神聖的齋戒月結束的歡慶時節）前兩天，汗尤尼斯的達哈拉市場人聲鼎沸。不過居民不是抱著慶祝的情緒而來，而是希望來市場囤積生活補給品。

不過在拉法市，有一間理髮廳擠滿了想要剪頭髮的年輕人。雖然氣氛相當熱絡，但是話題很快就轉到死去的人們還有被毀壞的環境上。這些青年紛紛批評埃及，埋怨埃及不願意開放只有幾百公尺遠的拉法關口。

「以色列與埃及施加於我們的行為，已經大大影響生活的各個層面，像我根本就買不到理髮用的工具配件。」二十九歲的理髮師阿布耶爾・巴拉說道：「以前我們都能跟地底隧道的攤販買賣貨品，現在通道全都封死了。」

這些理髮用具，都是他用來養育兩位女兒、妻子、雙親還有手足的生財道具。他說：「以色列似乎不覺得有必要鬆綁對加薩的禁令。」

救援團隊身處加薩走廊最前線

面對以色列的砲火猛攻，首當其衝的通常都是在前線搶救的救難人員

將受傷的患者集中送往醫院，這是艾曼・薩萬的例行公事。這份工作他已經做了十五年，而且未來還會繼續犧牲奉獻。

「每天我都要在極度高壓、痛苦的環境底下跟不同的人碰面，搶救新的患者。」他說。

薩萬剛接到一通緊急通報，以色列又在加薩的另一處發動空襲：有一枚以軍的無人機導彈轟炸了一戶加薩居民的住宅。薩曼隨即跟同事衝進救護車。

救難團隊粗魯地將車門關上，救護車立刻動身直奔任務現場。

「以色列發射的這些『屋頂警告彈』，造成許多人傷亡，也把房屋炸得分崩離析，導致屋頂坍塌。」他一邊說著，一邊將車開往加薩的納賽爾街。

救護車抵達的時候，一群焦慮不安的群眾圍了上來。薩萬看到一名男子還有他的妻小，全部都穿著短袖上衣，似乎才剛從睡夢中醒來。薩萬仔細一看才發現，男子的頭上有個看起來頗為嚴重的十公分大的傷口。

「最近看了太多鮮血跟傷口，我早就麻木了。」他說：「但是看到人民眼中滿是恐懼，男

女老幼一邊逃出家門、從床上跳下來，一邊尖叫哭吼，有些人甚至來不及穿衣服，只為了要躲過導彈的襲擊，保全性命，這些畫面還是讓我內心相當激動。」

民眾四處逃竄，但是卻無處可躲；沒有一個地方是安全的，到處都有可能受到導彈的威脅。很多人看到救護車，眼裡就充滿希望，但是就連救護車也有遭到襲擊的可能。對薩萬而言，他能做的就是將傷患跟死者送往已經人滿為患的醫院，其餘的事情他也愛莫能助。

薩萬坦承，讓他內心最感到恐懼的，就是那些未知的任務。雖然他知道已經有一顆導彈造成重大災難，但是他仍然害怕會有另一顆炸彈襲向他要出任務的地點，甚至擔心砲彈會直接命中救護車——事實上，很多救護車都遭遇了這種下場。

車頂上閃爍的紅燈沒辦法保全救護人員的安全，所以他們都試著跟其他救護車共同行動，萬一某台車遇難，另一台還可以繼續出勤。

「導彈爆炸的時候，我可以感受到它的衝擊力，但是根本來不及反應，沒辦法掉頭。」他說。

這份工作做久了，薩萬也學到許多經驗。對於以軍朝加薩發射的各式導彈——從導彈的音高與聲響的不同，到F-16導彈或無人機炸彈，從發射到擊中目標的所需時間，薩萬差不多都瞭若指掌了。

跟他的同事一樣，薩萬必須跑遍各家醫院，去核對從廢墟底下挖出來、被以色列炸彈炸碎的遺體部位，來辨別死者身分。要把被以色列殘忍地炸散的身體部位拼湊整齊，是一件非常重要的事。

「這種狀況其實很常見。比起以前的戰爭，現在的以色列使用更多致命武器，讓死者的身體散成許多燒焦的碎肉。」

加薩的內政部於周四再次控訴以色列，指出以軍除了使用白磷彈之外，還會使用一種箭型武器。這種箭型武器中有微小的金屬飛箭，不僅會刺穿肌膚，金屬彈片還會插入人體器官中。

人權團體跟薩萬對以色列使用這種非法武器（當中更包含了高密度惰性氣體炸彈）早已相當熟稔。在薩萬值班的二十四小時裡，假如有機會能跟同事稍作休憩、進食禱告的話，他們都會討論屍體的狀況，而且他們內心大概也都略知一二；畢竟在前線救援，身邊倒臥的屍體就是活生生的教材、鐵證。

救難人員圍坐在救難指揮中心的救護車旁時，大家漫天閒聊，從食譜到家人都能成為話題，目的只是為了要轉移注意力，盡可能把下一個無可避免的任務拋在腦後。

家人的呼喚

薩萬是三個孩子的父親。每次只要有救護人員遇難的消息傳出，他的孩子就會第一時間撥電話確認爸爸的安危。

當新聞報導薩萬的同事福阿德．賈伯，在加薩東部的舒加艾耶被以軍空襲的彈片以及倒塌的瓦礫奪走性命時，薩萬的親人打了好幾通電話，確認他是否平安無事。

不過薩萬通常不會接這些電話，因為他需要專注當下的搶救工作，還要照顧為數眾多的罹難傷患，還有死者的屍體。

他會接聽的電話，通常都是來自他的孩子。像是他現在通電話的對象，就是他的小女兒、十二歲的沙希德。沙希德非常擔心爸爸的人身安全，想要知道他什麼時候才會回家。

薩萬的家人知道他快要值完二十四小時的班了。現在天剛亮，他正準備動身，回到加薩南部的汗尤尼斯。不過回家的旅途又是另一段驚險的過程，他的孩子都放不下心。薩萬並不是開著救護車回家，因為救護車反而會讓遇襲的機率大大提升。

「爸爸，你要照顧自己。我需要你！」沙希德說道。

沙希德打電話給薩萬的時候，薩萬仍會擔心自己的女兒或其他家人遭遇不測，但他盡量避免自己萌生這些念頭。有些救護人員會被以軍挾持，或是受到傷害，也有其他人直接被逮、遭到扣留，關於這些故事，薩萬的家人其實已經耳熟能詳，再熟悉不過了。

「有時候我也會擔心，怕自己回不了家，見不到孩子。」他說。

每當太陽升起，他就會鬆一口氣。輪班結束，至少現在他能夠回到汗尤尼斯的家中跟家人團聚，內心便也不再如此擔憂。

「我一直很害怕，如果哪天我被以色列空襲擊中，我的老婆跟小孩該怎麼辦。」

消防部門承擔的風險也不小，消防人員也有自己的顧慮，也得承受另一種痛苦。假如民宅遭到以色列空襲轟炸，燃起熊熊大火，那麼薩萬就需要等消防部門的朋友來控制火勢，才能入內拯救罹難者。

砲火底下的打火任務：另一項艱難的任務

擔任消防員的艾哈邁德・賈烏德今年二十四歲，他想起以軍的軍艦曾經轟炸位於加薩海灘的消防大樓。當時，他們必須將所有內部人員撤離，還得趕忙去搶救漁民跟那些開始焚燒的漁船。「我們努力把漁船上的火撲滅，不過軍艦又朝我們附近發射了一顆炸彈。我們本來想要閃躲，跑到另一艘船裡，但炸彈卻一直往我們飛來，屢試不爽。」他說。

同時，今天負責值晚班、四十四歲的歐麥・阿布・奧達表示，消防大樓這麼顯眼，以色列會把負責緊急救難的消防部門當成攻擊目標，其實也不足為奇。

阿布・奧達育有九名子女，年齡從兩歲到十六歲。他的家人不斷嘗試聯絡他。阿布・奧達也表示，只有加薩的一線救難人員會遭到砲火攻擊。根據加薩衛生署統計，自從三周前以色列發動攻擊之後，總共有七名巴勒斯坦救護醫療人員喪命，十六名受傷。最近離開人世的，是三十二歲的穆罕默德・阿拉巴達拉，他在加薩南部的胡薩不幸喪命。

哈邁德・伯萊是另一位在貝特哈農喪生的救護人員，他被坦克砲彈擊中時，人正坐在救護車中。他在救護車裡當場被砲火燒死，其他救護人員也嚴重灼傷。

不僅如此，今天因為傷勢嚴重而喪命的，還有醫學資訊分析師胡珊姆・拉迪。

加薩衛生署表示，以色列的行徑已經違反日內瓦第四公約[44]，也違背了國際人道法的約束。

44 日內瓦的第四公約，主要是保障平民百姓在戰爭中的人身安全。

加薩走廊被毀得面目全非

在短暫停火區間，加薩市民回到過去曾經是家的地方，然而空氣中飄散著死亡的臭味，舉目所及都是斷垣殘壁

「把兩個哥哥的屍體給我，讓我把他們好好埋起來；不然就告訴我他們還活得好好的，我要緊緊地抱著他們。」在十二小時的人道停火時段，一位中年母親不斷哭吼，焦急地在加薩東部的舒加艾耶尋找兩位哥哥。

這位婦女並不是唯一心急如焚尋找親人下落的人。大家必須待在過去曾是溫馨家園、但如今殘破的瓦礫堆中，忍受死亡的氣味跟燒焦的遺體，花上好幾個小時進行搜救工作。就在周六停戰時間之前，以色列的軍事攻擊造成加薩走廊總共有一百五十五人身亡。

艾哈邁德．哈山今年三十二歲，他跟許多同樣住在舒加艾耶一帶的居民一樣，都在尋找親友的下落。哈山還尋找的對象是他的舅舅，他們已經失聯超過兩周了。

一個月前哈山住在舒加艾耶，不過現在眼前的景象，跟以軍的導彈轟炸之前有著天壤之別。

「我根本分不出來哪裡以前是街道，哪裡是房子。」他一邊向前觀望，一邊謹慎地踏過一大片瓦礫堆，想看看腳下有沒有活著的傷患或是冰冷的屍體。

空氣中飄散的氣味實在太過濃烈，搜救團隊全都戴上口罩。救難團隊要進入災區搶救時遭到以軍阻撓，甚至有醫護人員遭到槍擊。

哈山緩緩地往前走，他步行經過的土地，過去曾是居民的家園，現在卻被以色列F-16導彈、無人機還有坦克砲彈夷為平地。「這是本世紀的一場悲劇，全世界竟然默默容忍以色列為所欲為。」他一邊說著，同時從腳下的石堆中拿出一本遭到毀損的可蘭經。

「你看，連聖地跟清真寺都被轟炸。還有，這裡是我以前拜訪祖母時用來禱告的位置。我記得這裡。」哈山的眼中滿是疲憊，臉上也覆蓋著一層塵土。他繼續走走停停，想從這堆廢墟中找出一些他還認得的事物。

哈山還辨識出一塊原本在清真寺上的馬賽克磁磚。

他找不到舅舅家中的石柱，也找不到入口處的小花園在哪裡，更看不到兒時記憶中那扇銀色的大門。眼前全是一整片荒廢的景象。哈山繼續找尋居民的遺體，根據伊斯蘭教的傳統，死者必須盡快下葬，靈魂才能獲得榮耀。然而這項傳統，也同樣存在於猶太教的信仰當中。

「但是他們猶太人卻不讓加薩的人民跟靈魂獲得尊嚴。」哈山說：「神創造我們，就是要讓我們受到有尊嚴的對待。但是在加薩，甚至連死者都不受以色列重視，還會遭到他們羞辱踐踏。」

哈山現在依舊毫無頭緒，仍努力把腦中的房屋平面圖跟眼前的廢墟交互比對。他說：「那邊可能是我孩子以前逗留的地方，這個家充滿著溫暖快樂的回憶。」

哈山必須接受眼前的事實——不過每當聽到救援團隊又挖出更多屍體，就連他熟識的、祖母的鄰居也不幸喪生時，哈山的心情便更加沉重。而他身旁的惡臭也變得越來越濃烈。

只見殘骸

宣布實施人道停火之後，今年三十四歲的海德．阿布．胡珊離開了暫時用來避難的公園，手中握著家裡的鑰匙，準備回家替孩子找一些換洗衣物。不過胡珊卻怎麼樣也找不到家在哪裡。

「當時我們必須在家裡的牆上挖洞，才能穿過牆壁，從緊鄰的小巷逃出去。」不像多數鄰居當場死亡、被埋在房屋底下，胡珊解釋自己是如何奇蹟似地死裡逃生。

阿布．胡珊的家人必須分開行動：有一部分逃到公園，其他人則是到近東救濟和工程處的學校避難。為了躲避以色列空襲，加薩總共有十七萬人流離失所，阿布．胡珊正是其中之一。公園中有一名嬰兒肚子餓了，不斷啼哭；不過阿布．胡珊也愛莫能助，因為他所有的家當都被砲彈擊毀，付之一炬。

沿著加薩的納薩茲街走，會發現當地居民都了解停火的十二小時相當寶貴，全都努力地在以色列重新發動砲火之前趕快聯絡親人，搶奪各式生活用品。

因為暫時休戰，歷經十九天砲火猛攻之後土地衰頹的模樣，也赤裸裸地袒露在居民眼前。攻擊情況最為嚴重的地區就是舒加艾耶，砲彈已經造成數百位居民受傷、死亡。

救護車跟救難團隊繼續進行搶救，罹難者的親朋好友也都趁著這十二小時努力尋找失蹤親屬的下落。目前已挖掘出一百五十具遺體，累積的死亡人數已經達到一千零一十五人。

阿布・胡珊終於找的家園的所在，但是他一臉震驚地站在原地。

他表示這根本是以軍捲起的颶風。砲彈來臨之前，他們完全沒有接到任何警報，也沒有所謂的「屋頂警告彈」。炸彈就這樣突如其來地如雨滴般落下。

現在許多屍體都被埋在建築物底下，加薩的衛生署已經要求救難團隊盡快清除，以免全民經歷的這場災難持續惡化。

對阿布・胡珊來說，家中僅存的物品所剩無幾，連證明他曾經住在這裡的身分證件也不見蹤影。但事實擺在眼前，他也無能為力，他僅有的一切只剩這棟化成廢墟的房屋，還有無家可歸的親人。在他身旁的鄰居也必須面臨同樣的慘況，大家只能盡己所能，努力地活下去。

「那邊原本有一塊床墊，我的小孩都睡在那裡。」阿布・胡珊的鄰居說道。

「每次以色列的軍事行動又奪走巴勒斯坦人的生命時，我們只能重新振作、打起精神繼續生活。這次大家反抗的意志更加強烈，我們必須依靠這股動力走下去，不要再指望那些無能的國家領導人。」

阿布・胡珊的身邊有許多人哭哭啼啼。救難團隊從廢墟底下緩緩將死屍拖出來，屍體根本面目全非，有的人看到這一幕便徹底崩潰。

阿布・胡珊的其中一位鄰居表示，「假如以色列願意讓建材進入加薩的話，家園還有重建的可能。」不過他對此卻不抱信心。

「如果身上的骨頭能夠換取自由、逃離以色列殘暴的圍困行徑，大家都願意這麼做。」

開齋節來臨，屠殺仍是以色列「最喜愛的活動」

對十七萬無家可歸的加薩人來說，今年沒有辦法慶祝開齋節了，不過居民抵抗的心智如鋼鐵般堅強，因為大家已經一無所有

周一時，安姆賈德．哈比德原本應該跟妻小一同歡慶開齋節。對穆斯林來說，齋戒月的完美句點便是開齋節，大家會在這個時候拜訪親友、互贈禮品。

不過今年，以色列的護刃行動對加薩造成的傷害，讓這位三十三歲的父親除了一片心意之外，沒有辦法送家人任何禮物。以色列空襲將他位於舒加艾耶的房子夷為平地，屆時親朋好友來訪，他也沒有地方能接待賓客。

對安姆賈德來說，今年開齋節的真實情況，就是得依靠聯合國近東救濟和工程處的接濟：他跟自己的家人都躲在該組織設立的學校避難。

其實根本無須問安姆賈德現在的心情如何，或是他在想些什麼。過去他靠著身為電氣工程師養活妻小，現在家人卻過著三餐不繼、無家可歸的生活。

「我們一周前從家中逃出。」他說著說著，突然停下來看看自己的四個孩子：十二歲的穆罕默德、十歲的萊拉、七歲的珊姆斯，還有四歲的阿布戴爾．拉赫曼。

「為了躲避以軍的砲兵襲擊，我們凌晨六點就逃出家門。」他一邊說著，一邊撫摸女兒珊姆斯的小手。珊姆斯正沉沉地睡在空無一物、滿是塵土的教室中。安姆賈德的家人跟其他共用這間教室的居民，將沒有用到的衣物掛在窗戶前方，一方面能夠遮蔽陽光，讓室內溫度稍微減低，另外還能讓教室更為隱密。

安姆賈德的聲音聽起來又啞又疲倦，但是他仍然講述遭遇以色列侵害的經歷給我聽。「以軍根本不是要打倒反抗勢力，他們想要把我們都殺了，摧毀居民的家，將整個加薩連根拔起。」他說道。

雖然以軍跟哈瑪斯協定了為期二十四小時的停戰協議，回家的路還是異常艱難，對十七萬無家可歸的加薩人來說，今年已經沒有辦法慶祝開齋節。

過去幾年，他還算是幸運的民眾，能夠替自己的兒子女兒添購開齋節的新衣裳。「以色列總理納坦尼雅胡根本不打算讓我們慶祝開齋節。但是他完全低估加薩人民的求生意志了。」

安姆賈德跟數百戶流離失所的家庭齊聲吶喊。他們跟加薩的反抗派系毫無干係，跟舒加艾耶當地的反抗勢力也沒什麼瓜葛，這群人唯一的共通點是生活在加薩走廊。

「我們還能聽到火箭砲彈朝加薩飛來的聲音。納坦尼雅胡傷害了許多無處可逃的居民，他不能假裝自己置身事外。」

失敗的軍事行動

住在加薩的政治分析師哈尼．哈比德認為，以軍對加薩發動的軍事侵略，原來是要瞄準並炸毀巴勒斯坦反抗軍的火箭砲彈，但現在看來根本失敗了。

「假如納坦尼雅胡繼續打這場仗，就代表他的目標還沒達成。」哈比德說，納坦尼雅胡了解，在以色列大眾跟選民的眼裡，假如他沒有在任內完成目標，代表他跟他所屬的政黨會在以色列政壇輸得一蹋糊塗。

在加薩，大家都認為以軍至今仍持續發動攻擊，是因為納坦尼雅胡已經成為政治困獸了。不過安姆賈德還有其他睡在近東救濟和工程處學校的居民，大家都質疑為何加薩人民會成為以色列內部政治鬥爭的犧牲品。

「我上一次看到住家附近出現士兵已經有七年之久了。」

哈比德表示有些野心勃勃的以色列領導人，都把自己視為是納坦尼雅胡的繼位者。

「這些人在納坦尼雅胡背後施壓，策畫出規模更大的軍事行動。這樣一來，哪天納坦尼雅胡抵制加薩反抗勢力失敗的時候，這些人就可以取代他的總理地位。」

與此同時，加薩的反抗組織也表態，除非達成目的，否則他們會繼續反抗報復。他們的目標就是要讓加薩重獲自由，要求以軍釋放兩個月前逮捕的俘虜，還有開放加薩的所有關口。

「為了證明自己是更強勢也更有力的候選人，納夫塔利．班奈特[45]一直在等納坦尼雅胡跌跤。」哈比德補充道。

哈比德還補充說，巴勒斯坦人的血，就是以色列選票的象徵。假如某候選人承諾能屠殺更多的巴勒斯坦人，那麼他就會贏得更多選票。

哈瑪斯與以色列互相指控對方違反停戰協議，導致聯合國發動的二十四小時人道停火時段似乎沒有按原定計畫實施。哈瑪斯控訴以色列在停火區間仍然對哈薩跟其他地區展開砲擊。周日當天有十六位巴勒斯坦人身亡、三十多人受傷，然而以色列卻只有一人受傷。

哈比德表示這場戰爭還會持續一段日子，不過出於人道精神，雙方還是不時會發出協議停戰。

「我認為其實雙方都希望能有暫時喘口氣的機會。巴勒斯坦反抗勢力跟以色列都不斷向對方施壓，希望彼此能同意暫時停火。」

無論是當地的政黨還是國際組織，全都沒有辦法讓加薩免於以色列的軍事侵略。而哈瑪斯又因為支持埃及境內的穆斯林兄弟會，導致雙方關係雪上加霜[46]。

哈比德認為無論巴勒斯坦的反抗勢力是生是死，以色列軍方都會繼續這場屠殺行動。他說殺戮是「以色列最愛的運動」，而以色列官方在選前更是熱中此道。

45 以色列保守派猶太家園黨（Jewish Home）的主席，現年四十三歲。

46 穆斯林兄弟會是一個以伊斯蘭遜尼派傳統為主的宗教政治團體，而穆斯林兄弟會與埃及向來處得不好。會對兄弟會進行強烈打壓的，非敘利亞與埃及莫屬。

對哈比德而言，以色列的社會大眾一定要有所警覺，他們政府發動的軍事侵略根本沒有達成目標。他也呼籲全世界，希望大家將以色列屠殺加薩人民的責任訴諸於國際法庭。

哈比德說那些失去家園、與孩子分離的人民，已經一無所有，沒什麼好失去了，民眾越來越支持巴勒斯坦的反抗勢力。幾個月以前，哈比德自己也不贊同反抗組織，但是現在全民一無所有，其他方法都試過了，只好孤注一擲。

「我應該要沉住氣，因為這裡是我家。我在這裡出生，所以此生絕對不會拋下巴勒斯坦的。」

《中東之眼》的記者前來訪問安姆賈德——他正在近東救濟和工程處校園中的藍色圍牆走動，低頭尋找能讓女兒珊姆斯睡覺的硬紙板。記者問他如果有機會對以色列大眾講幾句話，他想說些什麼。以下是他的回應：

「真主阿拉都把這一切看在眼裡，只有他會制裁納坦尼雅胡跟他率領的軍隊。」訪問到一半，安姆賈德停下來安撫他焦躁不耐煩的孩子。氣溫過高，又沒東西可吃，他的孩子哭個不停。

「你們的總理根本沒有達成任務，我們的反抗戰士還活得好好的。以軍屠殺的全部都是我們跟我們的孩子。」

民眾替死者默哀，度過陰鬱的開齋節

以色列的無情轟炸，導致加薩死亡人數不斷攀升，巴勒斯坦人民在沉重的氛圍中度過開齋節

伊茲丁．艾奇拉心中早已盤算好開齋節的第一天要做些什麼；全世界的穆斯林都會歡慶開齋節，讓神聖的齋戒月有個完美的尾聲。今年三十五歲的伊茲丁原本希望能四處拜訪親友，交換禮物，看著家族中的孩子開心地玩耍嬉戲，但現在一切卻不如預期。

在這為期三天的開齋節，伊茲丁第一天就握著琥珀色的祈禱珠還有白色的鮮花，來到他二十歲的表弟穆罕默德的墓前，挖一個小洞將鮮花放進去。

「對兄弟來說，你就像是皎潔的月光，總是激勵、啟發身邊的人。」伊茲丁坐在墳墓邊說著。

「回來啊穆罕默德，回到你哭個不停的媽媽身旁，她都把你的開齋節禮物準備好了。」另外一位表親不斷哭泣，周圍的人也試圖安撫他。在穆罕默德的墓前，所有人都濕了眼眶。

上周有一顆炸彈擊中穆罕默德的家，奪走他的性命。當時他正坐在客廳中，而爆炸的餘波還波及到他的姑丈跟家中的八個孩子。「就在那短短幾秒鐘，以色列的導彈讓他二十年的生命

畫上句點。」伊茲丁說著，淚水從他眼中奪眶而出。

在穆罕默德過世之前，他跟他父親還敞開自家大門，讓那些流離失所的舒加艾耶災民進來避難。他們慷慨大方地提供食物飲品，讓頓失住所的女人小孩不至挨餓。

「雖然他還沒有好好規畫未來人生，不過他既聰明、又很有自己的想法。他甚至打算要把整本可蘭經一段一段背起來。」伊茲丁一邊哭，一邊用手撫摸墳墓上的沙土。

自從以色列對加薩展開軍事侵略以來，已經有一千一百一十位巴勒斯坦人喪生，更有六千兩百多人受傷；以色列方面有五十三名士兵、兩位市民，還有一位泰國籍勞工喪命。

周一傍晚，以色列的砲火更加猛烈，奪走三十多位巴勒斯坦人的性命。以軍甚至打電話或傳簡訊給位於舒加艾耶、查圖恩、還有東加巴里雅的居民，要他們儘速撤離。

對許多加薩人而言，經歷了三周的戰爭，到處都是傾頹荒蕪的房屋。今年開齋節沒有歡天喜慶的氛圍，完全被悲傷沉重的氣氛所取代。

「我們本來應該要開開心心，跟心愛的家人一起度過開齋節的。通常小孩子都會跟朋友興奮地玩在一起。但是今年以色列的占領活動剝奪了我們慶祝的權利，逼得我們只好帶著孩子到親人墳前向他道別。以色列不讓我們讚頌、慶賀生命的喜悅。」伊茲丁說。

全加薩總計有數千戶人家流離失所。根據聯合國的圖表顯示，超過百分之十的當地民眾（約莫二十一萬五千人）現在都在聯合國營運的機構設施中避難，或是跟寄宿家庭待在一塊兒。至少有三千六百九十五戶人家，也就是相當於兩萬兩千兩百人的家完全被夷為平地，或者是嚴重毀損。

並且，至少有二十二家醫院或醫療中心遭到以色列砲彈襲擊，聯合國更表示估計有一百三十三所加薩的學校遭到毀壞。

加薩東部最主要的公墓也難逃以軍的砲火攻勢，連舉行葬禮也會面臨極大的風險。為了安全起見，艾奇拉一家只好將穆罕默德埋在別處。

「我們必須要挖開穆罕默德祖父的墳墓，騰出一些空間來用。」伊茲丁的兄弟都為在他身旁，不斷哭泣。「這就像把祖父屍體上的舊傷挖開，把剛受傷的穆罕默德放在他身邊一樣。」

正當伊茲丁跟兄弟哈立德來到墓園時，以色列的無人機還在上空盤旋。周一這個墓園才遭到以色列F–16導彈轟炸，罹難者的骨頭還四散在這片沙地上。「以軍一直發動砲彈攻擊，我們要趕快把屍體埋好。」伊茲丁說：「至少穆罕默德跟祖父在一起，還能感覺到一點溫暖吧。」

周一下午六點半，這時正好是開齋節的頭一天，許多人都到墓園拜訪至親好友，有些甚至才剛死於以色列近期的軍事攻擊。周圍的人都在安慰彼此，哈立德跟伊茲丁正往墳墓上頭潑水，讓沙土維持平整，看不出翻動的痕跡。

「失去摯愛，我們不知道哭出多少眼淚了。」哈立德說：「不過我們都相信，神一定把這些屠殺無辜人民的殘暴行為看在眼裡的。」

以色列肆無忌憚地轟炸，死亡人數飆升

以軍於深夜加強攻勢，從陸海空三方面圍困加薩，六十位加薩市民死亡，哈瑪斯副領導人伊斯梅爾．哈尼葉的住家也遭襲

加薩境內的巴勒斯坦人紛紛表示，自從三周前以色列展開攻擊之後，昨晚跟今天早上的砲火最為猛烈。加薩衛生署表示，以色列發動的六十場空襲估計奪走了六十條巴勒斯坦人命，自七月八日累積到現在，死亡人數也來到一千一百三十七人，不幸罹難的多為平民百姓。以色列方面則是損失了五十三名士兵、三位平民百姓，跟一位泰國籍勞工。

以軍配備的F–16導彈將加薩漁港轟得體無完膚，遭到砲火波及的，除了紀念二〇一〇年藍色馬爾馬拉號事件罹難者所立的紀念碑[47]外，還有當地漁市場、清真寺，跟加薩漁民所居住的房屋。

「昨天晚上真是史上最難熬的一晚，」艾雅．胡麥德對《中東之眼》表示，他說以色列的砲擊行動長達十小時之久，「以色列昨晚可說是採取了所謂的焦土政策，完全不留後路。」

在伊斯蘭曆當中，昨晚是開齋節假期的第二天。在這個和平歡樂的節日，以色列卻朝加薩發動攻擊。經歷了長達三周的軍事行動之後，全加薩人民在殺戮血腥中度過周一的開齋節。

周一下午，以軍通知住在加巴里雅跟加薩市的居民，要他們逃到加薩中、西部避難。不料昨晚的砲火，全都落在災民躲避的中部與西部地區。

周二上午的加薩西部，仍有數起軍事攻擊，有一枚以色列導彈落在哈瑪斯的加薩副領導人伊斯梅爾．哈尼葉的住家。幾個小時過後，哈尼葉的兒子表態，「巴勒斯坦孩童身上的任何一滴血，都比我們的家園來得更珍貴。」

以色列總理納坦尼雅胡宣誓他絕對不會撤回軍事行動之後，兩方衝突便越演越烈，他除了表示要「破壞地底隧道」之外，還表明距離停火休戰「還有很長一段日子」。

以軍於周二上午攻擊的目標，全都是市民住宅以及民用設施：像是加薩唯一的發電廠的油箱，還有薩拉丁路的飲料工廠。

周二上午砲彈引發的火勢太過猛烈，連消防人員也力有未逮。目擊者指出，像是財政部這樣的政府機構，也難逃以軍F-16的襲擊。

巴勒斯坦能源署的副主任於周二表示，因為以色列不斷發動砲擊，加薩僅有的發電廠已經無法營運並停止供電了。

有幾間清真寺也遭受波及，像是巴勒斯坦總統馬哈茂德．阿巴斯住家對面的安敏清真寺就

47 二〇一〇年五月三十一號，以色列海軍在公海襲擊六艘國際援助團體的船隻。這些船隻打算突破以色列封鎖加薩的防線，將救援物資送入加薩，不料卻遭到以色列以自衛為藉口，阻擋船隊通行，甚至展開攻擊，有十幾位船員喪命、更有數十人受傷。

是其中一例，該寺於周二上午連續遭到三次砲彈襲擊。

納坦尼雅胡於周一公開表示，自從哈瑪斯從加薩走廊發射迫擊砲、奪走四條以色列士兵的性命之後，以軍已經做好發動長期軍事行動的準備。

加巴里雅的馬贊．浩勒指出，以色列顯然逐漸將攻擊目標轉移到市井小民身上。

「以軍的戰爭機器不斷摧毀百姓的各種生活層面，竟然連一家畫廊也遭到攻擊。」浩勒想不出一家專門賣畫的店，會對以軍造成什麼威脅。「砲兵部隊一直發射砲彈，專門攻擊我們這些住在加巴里雅的老百姓。」他補充道。

「為了長期抗戰，我們一定要做好萬全準備。」納坦尼雅胡在一場即時廣播中說道。當以色列的艾希柯爾地區遭到砲火襲擊之後，納坦尼雅胡立刻發表這場演說。據傳在艾希柯爾的軍事衝突裡，至少有十二名以色列士兵喪生。

來到汗尤尼斯，市民都紛紛表示這場人道災難日益嚴重。發電廠無法供電，通訊系統也奄奄一息，總共有二十五萬居民的生活受到影響。

一位名為阿布．福阿德的汗尤尼斯居民表示，他根本沒有辦法聯絡上救難團隊，請他們來協助當地的傷患。

納賈爾一家的屋子被以軍的F-16導彈擊中，二十五名家族成員全數喪生。炸彈襲來之前，他們完全沒有收到任何警報通知；而當地居民也沒有辦法聯絡救難小組，因為通訊網路完全癱瘓。取而代之的，是街上滿是居民自行駕駛的私家車，大家都載著傷患前往納塞醫院就診。

周二一早，納賈爾一家的鄰居都表示，在倒塌的房屋底下還埋著許多家族成員，這些罹難者都等著推土機將他們的屍體挖出來，重見天日。以色列深夜對加薩市中南部以及拉法市的空襲行動，奪走了這一家人的性命。

還有一戶位於拉法市的民宅遭到砲彈襲擊，但事前卻沒有接到任何通報警訊，這棟房屋的屋主是阿布．札伊德一家。身為醫師的阿布．尤塞夫．納賈爾表示，阿布．札伊德一家總共有七人罹難，數十人身受重傷。救難團隊現在仍在這棟三層樓的廢墟中，挖掘出更多罹難者的屍體。拉法市的居民都認為，以軍攻擊這一戶人家的行徑，根本一點道理也沒有。

來到加薩中部的布瑞耶，這個城鎮的鎮長一家，已遭到數枚以色列導彈攻擊，當地衛生署表示至少有四個人不幸喪生。

當天一大早，以色列的戰爭機器瞄準了施洛克大樓，這棟大樓裡面駐有許多國際跟當地的電視台。而以軍攻擊的目標，似乎是哈瑪斯所有的阿克薩頻道。

當時卡薩姆軍團正在播報一則即時新聞，內容是有關哈瑪斯對特拉維夫一帶展開的軍事攻擊，不過電台遭到襲擊之後節目就隨即中斷了。

另外五棟同樣遭到攻擊的建築物，都是阿克薩衛星頻道在加薩設置的辦公室。巴勒斯坦記者組織大力抨擊以軍的侵略行動，呼籲國際記者聯盟實際蒐證追查，找出以軍迫害新聞自由與危害記者人身安全的罪行。

在記者組織召開的媒體發表會上，阿克薩新聞網表示，以軍的嚇阻行動對他們起不了作用，新聞媒體會繼續播報巴勒斯坦人民受到的磨難，以及大家堅忍不拔的毅力。「攻擊新聞媒體絕對是不智之舉，不僅終將失敗，而且顯然迫害了媒體自由。」

在加薩，連死者都不得安寧

以色列的噴射戰機攻擊公墓，全加薩人民都無可忍受，特別是那些必須排除萬難，將至親的墓地重新鋪整的居民，他們全都怒不可遏

五十八歲的茵席拉·納賈爾不斷挖土，挖得越深，她就掘出更多死者的屍體與骨骸——她內心只有一個願望，她希望這些屍骨都不屬於自己死去的孩子。

「今天早上我兒子跑來告訴我，以色列朝墓園發射了好幾枚導彈，哈尼的墓已經不見蹤影。聽到這裡，我整個人都急死了。」她一邊訴說，一邊哭個不停。

茵席拉的兒子哈尼·納賈爾是一位漁民。二〇〇六年時他大約二十七歲，當他出外捕魚想讓家人得以溫飽，不料以軍砲艦發動攻擊，奪走了他的性命。

茵席拉涕淚交加，繼續挖著眼前的土坑，直到挖出哈尼的墓為止——這樣一位母親隻身來到墓園，頭上還有以色列戰機不斷盤旋。幾個小時前，謝克·拉德溫公墓才被以色列戰機投以數枚導彈。

茵席拉仍然不停挖掘。墓園中大約有二十處墳墓遭到襲擊之後，有一位卡堤卜家的男子來到墓園，準備重新整頓親戚的墳墓。墓園的地上處處可見散落的骨骸，對每位死者的家屬而

言，要辨識出哪塊骨頭是來自哪個墳墓實在困難無比。

附近有名男子手上抓著一塊眼窩的骨頭，放聲大喊。他滿是怒氣的嘶吼聲迴盪整座墓園，對著以軍戰機騷擾死者的行徑表達最強烈的抗議。

「這些都是我們過世的親友，為什麼要再次攻擊這些死人？」他說：「這些屍骨又不會發射砲彈。」

茵席拉發現有另外一名男子，也在這片被砲彈翻攪過的墓地上尋找家人的屍骨。男子表示，「以色列絲毫沒有手下留情，對我們的人身尊嚴一點也不重視，無論是活人還是死人皆然。」

「以軍就像懦夫一樣，連死者的屍骨都能對他們構成威脅。」男子對天吶喊。

茵席拉哭得涕泗縱橫，她終於挖到了兒子墳墓的底部；雖然整個墳墓並未遭到太大的破壞，但是納賈爾仍然無法確定兒子的屍骨是否完好無缺，畢竟整個墓園屍骨滿布、雜亂無章。

「我深愛我的兒子，雖然他已經離開人世，但是跟世界上的所有母親一樣，我還是要好好保護他的墳墓。」她說著說著，眼淚又奪眶而出。

她的另一個兒子伊克拉麥來到哥哥的墓前，表達自己的思念之情。自從哈尼離世之後，伊克拉麥在每年開齋節假期的第一天，都會來拜訪哥哥的安身處。但是今年，伊克拉麥卻找不到哥哥的墳墓；他看到墓園滿滿都是死者的屍骨之後，立刻跑開，趕緊衝到母親身旁，告訴她自己親眼目睹的場景。

「聽到小兒子帶來的噩耗時，我內心又急又難過，這種感覺甚至比幾年前接到哈尼死訊時更為強烈。」她一邊吐露心聲，努力讓自己的聲音聽起來鎮定平穩。

茵席拉表示，自從二〇〇六年哈尼過世之後，他的兩個兒子都會在開齋節時到墓前探望他。而他們今年也想要來探視爸爸的墳墓；但是現在，茵席拉不希望自己的兩個孫子看到他們父親散亂的墳墓，以及附近其他殘破不堪的墓地。

「他們要是看到我現在目睹的這幅畫面，一定會被嚇壞，而且心情相當沮喪。」茵席拉說道。

今年六十歲的穆罕默德．哈德就住在墓園附近，他親眼目擊了以軍轟炸的行徑。他在這個園裡工作，整理並照顧這些墳墓。一般而言，這裡的氣氛相當平和寧靜。

今天早上哈德來到墓園，原本預計用水擦拭墓碑、照料訪客帶來的新鮮花束。如此一來，在開齋節第一天來探訪過世親友的親屬，就能享受清新乾淨的環境。

「想到要告訴這些民眾，他們親友的屍骨都支離破碎、四散各處，我根本不知道該如何啟齒。」他說。

攻擊死者

住在墓園附近的居民都表示，這附近完全沒有士兵出沒，根本不知道為何以色列要攻擊墓園跟墳墓。上周，加薩市中心的羅馬東正教教堂也指出，至少埋有十五位巴勒斯坦市民的教會墓地也遭到以色列砲兵的攻擊。

過去四年以來，哈德在這個墓園擔任志工，幫忙打理墳墓的整潔。有時候會有前來探訪的民眾付錢給哈德，請他幫忙照料親人的墳墓。

「我們需要更多石塊來覆蓋屍體，但是因為戰爭的緣故，大家都不知道去哪裡找石頭。」他一邊說著，手中邊緊握著用來裝水、清洗墓碑的黃色容器。

所有墳墓都遭到以色列戰機轟炸，加薩的居民別無選擇，只好把所有散落在墓園中的屍骨一併埋葬；無論屍體是男是女，大家都不想要仔細辨認屍骨的身分、再加以分類整理，畢竟這段過程實在太過痛苦，會使內心受創。因此，發現墓園遭到襲擊的當地居民，都將這些支離破碎、四散各處的骨頭集中放置於同一個區域。

以色列的攻擊行徑激起了廣大的民怨。阿布・蘇哈伊布今年四十六歲，他表示自己感到非常不滿，「對以色列來說，所有東西都是攻擊目標，從墓碑、樹木、活生生的加薩市民，甚至到我們死去的親友都是。」

對巴勒斯坦人民而言，開齋節的第一天非同小可，這一天大家都會去探訪死去的親友，有數千人會來到謝克・拉德溫墓園探視親人的墳墓。不過所有人都非常不解，為何以色列的F-16導彈要在民眾湧入墓園向死者致敬之前，大肆展開轟炸行動。

阿布・蘇哈伊布認為以軍的真正目的，就是要讓巴勒斯坦人民感到膽怯，讓他們害怕不管走到哪裡，都有可能被以色列的武器攻擊。

「基督教跟伊斯蘭教的墓園遭到襲擊，這根本就是恐怖主義。以色列甚至連死者都不願意放過。」

民眾在開齋節烘焙「抗爭蛋糕」

面對以軍的猛烈砲火，無家可歸的巴勒斯坦人民烘焙開齋節的傳統糕點，希望能替孩子帶來一些喜悅的氣氛

伊爾罕姆．伊爾札寧逃離位於貝特哈農的家時，只能趕緊抓著極度恐慌的孩子拋家而去。現在一家人都在加薩的學校避難，她九歲大的女兒妮瑪哭個不停，因為她吃不到洋溢著開齋節喜慶氣氛的蛋糕。

「我對自己說：『就算以色列的戰爭機器繼續轟炸，也一定要讓小孩子感受開齋節的氣氛。』」三十九歲的伊爾罕姆對《半島電視台》表示。所有在胡德學校避難的孩子們，大家很快都有了想要吃蛋糕的念頭，不久之後，一群媽媽便著手開始烘焙蛋糕。

「以色列要知道，不管他們對我們再殘暴，我們都不會放棄烘焙開齋節蛋糕，從中尋找過節的樂趣。」伊爾罕姆更補充道，這個蛋糕象徵著「韌性與反抗的意志」。

狹窄壅塞的胡德學校對加薩境內無家可歸的巴勒斯坦人而言，是一個逃災避難的所在。聯合國的圖表指出，現在已經有超過二十四萬巴勒斯坦人都跟著親戚朋友來到到聯合國或政府建造的學校避難。全加薩也至少有七百四十七戶民宅遭到砲彈毀損，夷為平地。

七月二十日，以軍的砲彈擊中一間聯合國學校，校園中滿是無家可歸的災民。這起攻擊奪走了十九條人命，更讓許多人受到傷害。然而以色列卻加以辯駁，表示有幾名巴勒斯坦的士兵在該校附近朝以色列發射砲彈。

災民尋求庇護的聯合國學校遭到以軍襲擊，在本周已經是第二起案例。聯合國表示至少有一百三十三所加薩的學校遭到以色列空襲摧毀，另外更有二十三間醫療院所慘遭砲擊。

三周多以前，以色列對加薩發動軍事襲擊，造成超過一千三百零三位巴勒斯坦人喪生、七千兩百零三人受傷。五十三名以色列士兵、兩位以色列人民身亡，還有一位泰國籍勞工遭到波及。

在加薩的胡德學校中，一位名為赫坦・費攸米、今年四十六歲的母親，說她七歲的兒子阿布杜拉跟九歲的女兒法提瑪都央求她烤一個開齋節蛋糕。「我們大人不能因為以色列不斷發動攻擊，就剝奪孩子們過節的權利。」從舒加艾耶附近的圖法一帶逃出家門的費攸米，對《半島電視台》說道。

費攸米跟其他三十九位婦女一起坐在學校的長廊裡，手中捍著做蛋糕用的麵糊，一邊將壓碎的蜜棗放入麵糰中。這款蛋糕在加薩相當普遍，若是要讓開齋節有一個完美的結尾，絕對少不了這樣點心。通常家家戶戶會互相比賽，看誰做的蛋糕更美味可口。

坐在費攸米隔壁的是納瓦爾・阿布・阿希，幫忙做蛋糕的同時，她的臉上始終掛著笑容。兩周前，阿布・阿希位於舒加艾耶的住家遭到以軍轟炸，全家十八口全數逃出；她對《半島電視台》表示自己親眼目睹炸彈在自家爆炸的景象。

「以色列越想把我們趕走，我們就越是要活下來並留在這裡。以色列的殺戮行徑越殘暴，我們就更要讓快樂留在孩子的心中。」這位二十四歲的女子表示。歷經砲彈襲擊之後，她現在已一無所有。阿布．阿希原定要在八月十五日結婚，然而她準備好的婚紗也付之一炬。「我的婚紗、衣服，還有新房全部都化成廢墟了。」

哈德．阿貝卡斯今年四十八歲，他是蛋糕製作小組當中唯一的男性成員。在以色列F-16導彈的轟炸之下，他跟自己的妻子以及六子三女，全都來到這間學校避難。「我們也想告訴以色列，縱然被困在這座城市、房屋被毀還有面對殺戮，但我們會繼續烘焙開齋節蛋糕以示反抗。」

緩衝區危機四伏，加薩走廊喘不過氣

加薩走廊周邊的緩衝區不斷遭受砲擊，造成為數眾多的平民百姓傷亡

以色列於上周宣布，從加薩的邊界向內延伸三公里的土地皆為軍事緩衝區，而此緩衝區整整占了加薩走廊面積的百分之四十四。每一位在緩衝區範圍內的民眾都接到以軍發布的警告，要他們儘速撤離，以免遭到砲擊。

設立緩衝區更是縮限了加薩居民的生存空間。對加薩東部的巴勒斯坦人而言，每天都要面對以色列重砲坦克、迫擊砲、加農砲，還有狙擊部隊的威脅。然而加薩西部的居民也得面臨近海的以色列戰艦，能夠捕魚的海域僅僅只剩三英哩。在加薩北部，以色列派出大量士兵駐守軍事檢查站；而加薩南部的拉法關口也被埃及軍隊封鎖。

原本土地面積就不大的加薩走廊，又因為緩衝區的緣故變得更不適宜生存。

伊薩姆．杜格穆什今年二十五歲，他平時的工作就是接管家族事業，經營一棟專門出租的住宅大樓，而他跟家人也住在這棟大樓。杜格穆什表示當天中午接到以軍的警告電話後，大樓就遭砲彈夷為平地。電話另外一端的人只是簡單地命令他，儘快讓大樓中的住戶全數撤離。因此，杜格穆什立刻衝去通知每一間公寓的住戶，告訴他們「以色列就要轟炸我們了」。

這棟七層樓高的住宅大樓遭到侵襲，總共有二十一戶人家現在無處可歸。

「為什麼要轟炸我們？我也不知道。這棟大樓裡的住戶並不富裕，大家都因為領不到薪水，沒有辦法償還債務。」他一邊說著，手中還拿著廢墟上頭的一紙帳單，顯然是某位住戶尚未償還的款項。

杜格穆什認為以色列的策略，就是要讓加薩居民反彈哈瑪斯，並削減哈瑪斯的勢力。但是他堅稱自己營生的方式，絕對跟政治扯不上關係。「把房子承租給客戶之前，我都會先確認他們跟政治黨派有沒有來往。」他對《半島電視台》表示。

杜格穆什坐在房屋的廢墟上頭，計算究竟有多少人住在這棟大樓裡。平均而言，一棟公寓中大約容納十戶人家。

「根本沒有地方是安全的。」他說。

賈拉勒．戎迪亞今年四十一歲，他已經在十天之內經歷了兩次無處可歸的慘況。

「上周，我位於舒加艾耶的住家被砲彈摧毀，我們就跟著親戚來到這棟大樓求助，看看能不能暫時有個地方能住。但是這棟大樓現在也被炸了。」他一邊安撫飽受驚嚇的孩子，一邊表示。

賈拉勒是巴勒斯坦自治政府的公務人員，不過七年前巴勒斯坦國內發生政治鬥爭，賈拉勒也因此失去工作[48]。

他育有六名子女，年紀從三歲到十五歲都有，而現在一家人無處可去。

「我們根本沒有時間好好撤離，無人機導彈爆炸的時候大家都還在建築物裡。我們只能趕在F–16導彈飛過來之前趕快跑出大樓外。」賈拉勒對《半島電視台》表示。

今年五十一歲的蘇利曼．賈伯伊也住在附近。他形容當時的場景，「女人跟小孩都立刻奪門而出，有些人身上甚至只穿一件內褲而已。」

「我必須要保護我的家人，但是現在他們沒有衣服穿、也沒有地方住。」他說。賈伯伊過去花了大半輩子在以色列的建設公司上班，但是八年前也遭到解雇。

最近到沙烏地阿拉伯參加小朝[49]之後，阿布杜拉．納薩爾原本在家招待朋友，不過他卻接到一通電話，電話另一頭說：「這裡是以色列國防部的穆薩。儘速撤離，我軍將要轟炸這棟房子。」接著突然就有一顆無人機導彈降落在房子附近的空地。

「以色列都抗議哈瑪斯攻擊平民百姓。但是他們難道不知道我們也是無辜的市民嗎？」他一邊說著，雙手不斷撿拾擺放在會客室中的家飾品。

納薩爾感到十分憂心，他不知道自己跟家人未來該何去何從——所有人都得撤離，而且就算找到新的地方可供避難，他也並未感到安全。

「學校跟醫院也被以軍攻擊，大家別無選擇，只好搭起帳篷，做好死在帳篷中的心理準備。」

48 巴勒斯坦自治政府（Palestinian Authority）成立於一九九六年。二〇〇七年，巴勒斯坦解放組織中的法特赫政黨加入政府，同年新政府成立、取代先前的哈瑪斯政府。

49 編註：穆斯林於每年的伊斯蘭曆十二月八日到十二日前往麥加參拜稱為「朝覲」或「朝」，而在其他時間前往麥加參拜則稱為「小朝」。

屍體無處可埋

以色列不斷發動砲擊，加薩南部的巴勒斯坦人找不到空地，也缺乏葬禮所需物品來埋葬至親

烏姆．穆罕默德．阿布．薩達用頭巾掩住鼻子，遮蔽屍體所散發出來的惡臭；有些遺體已經閒置在街道上好一陣子了。拉法市並沒有包含在停火協議的範圍內，因此這座南方之城飽受以軍毫不間斷的砲彈空襲。

「屍體腐敗的氣味讓居民苦不堪言——看到死去的人體就這樣橫臥大街小巷，這幅景象實在駭人。」阿布．薩達對《半島電視台》說：「導彈四處流竄，根本沒有地方可以躲避以軍的攻擊。」

拉法市各家醫院的停屍間裡，充斥著巴勒斯坦人的屍體。罹難者的家屬別無選擇，只好將摯愛的遺體暫時存放在商業用的大冰箱中。而在拉法市的庫瓦堤醫院，有一長串的救護車隊在跟病患家屬與醫護人員溝通，請他們讓出一條路，好讓救護團隊先將遺體擺放在院外的石子路上。

除了遠親之外，有很多屍體沒有家屬能出面負責喪禮事宜，因為以色列對拉法市採取的空襲行動，導致許多家庭全數喪生，完全沒有人倖存。

周六當天，穆罕默德．埃伊德．阿布．塔哈一家總共有四人喪生，當中包含兩名孩童跟一名女子。而在周日，拉法市的古爾一家總共有八名家庭成員死於以軍的空襲，聯合國指出總共有兩位女子跟三名孩童，分別是一個月大、三歲，跟十三歲，全都不幸罹難。

庫瓦堤醫院內擠滿了死者的家人，六歲的馬利克跟十三歲的伊斯梅爾的親屬都聚在一起，用手撫摸這兩名孩子沾染血跡的臉龐。醫生表示院內的停屍間已經沒有多餘的空間，所以這兩個身形嬌小的屍體，只能存放在冰淇淋的冰櫃中。

來自拉法市的國家民主法務協會的易卜拉欣．阿布．莫瑪對《半島電視台》表示，對巴勒斯坦人來說，不能將死者妥當埋葬是一種侮辱。阿布．莫瑪表示，「把屍體放在冰淇淋櫃還有蔬果冷凍庫，根本就違反了最基本的人權。」

自從以色列一個月前開始侵略加薩以來，至少有一千八百三十名巴勒斯坦市民喪生、九千四百零六人受傷。以色列則是損失了六十三位士兵、兩位國民，還有一位在以色列境內工作的泰國籍勞工。

以色列於周一宣布了為期七小時的人道停火。全加薩都有機會能暫時喘口氣，唯獨拉法市東部的地區例外，「此地區仍然持續遭砲彈轟炸，更有以色列士兵駐守。」

過去幾天以來，這座城市被排除在人道停火的範圍之外，以軍的砲火絲毫不見減弱。阿布．莫瑪表示，拉法市至少有三百人慘死於以色列的砲彈之下。

周日，以色列攻擊一座用來當成避難所的聯合國學校，奪走十條巴勒斯坦人民的生命。聯合國祕書長潘基文譴責以色列的行徑，更將之稱為「道德暴行與犯罪行為」。

而這個時候，加薩的巴勒斯坦當局也正在煩惱該如何處理堆積成山的屍體。這些屍體的身分難以辨識，一來是傷口使然，二來則是因為沒有親友能夠出面指認，因為全家人都已離世。以色列與埃及對加薩施加的鎖國手段，更讓居民無法適當地埋葬親人。

「通常在這種情況下，我們必須搭建五百座墳墓，但是水泥被列在違禁品清單中，所以蓋墳墓根本是天方夜譚。」在加薩宗教基金部任職、負責處理宗教信仰事務的副部長對《半島電視台》表示。

該部門表達，現在的權宜之計就是先將屍體放在暫時設置的大型墳墓裡，等到以色列停止侵略加薩後再做進一步處理。然而以軍不斷朝拉法市的墓園投擲炸彈，讓舉辦喪禮也顯得相當危險。「以色列一直攻擊墓園，我們還能去哪裡埋葬親人的遺體？」拉法市的居民阿布．穆罕默德．阿布蘇利曼表示，同時也一邊替死去的七位家庭成員掉眼淚。

「這麼猛烈的攻擊行徑根本不正當也沒有公理。尤其是現在所有從拉法市通往埃及的地底隧道都遭到封閉，幾個月以來大家都沒有辦法靠近通道。」一位住在加薩的經濟學家馬赫爾．塔巴如此說道，他擅長的研究領域是加薩的商業活動管道，還有加薩的隧道經濟。

以色列除了奪走多條人命之外，拉法市的居民也無法靠近重要的民用建設。工程師沒有辦法進入各棟建築物，搶修故障的電源以及水資源管線；通訊系統跟網際網路也一片癱瘓，加薩市的十八萬居民完全與外界斷了聯繫。

回到拉法市的庫瓦提醫院，阿布・薩達走向擺放屍體的車庫，口中不斷抱怨聯合國無能失職，沒辦法了結以色列的占領行動。「我們的希望跟信任，只能全部交到神的手上了。」他如此說道。

避難所成為攻擊目標

以色列夜襲一所聯合國設立的學校之後，加薩的孩子都不敢上床睡覺。而孩子的父母也瞭然於心，像是學校或醫院這種照理來說能夠當作避難所的地方，顯然也變成了以軍的攻擊目標

「每天晚上，我都好怕炸彈跟導彈；想到街上那些流好多血還有受傷的人就好恐怖。」八歲大的卡拉姆．阿布．夏納卜說道。

「我晚上都睡不著覺，腦袋裡全都是以色列炸彈的恐怖影像。」他對自己的母親說。而他媽媽也說自己的另外三個孩子——沙勒、馬拉克、蘇歐德，在聽到加巴里雅的近東救濟和工程處學校中的學童，於睡夢中被以軍砲彈炸死之後，全都沒辦法安然入睡。

卡拉姆現在正躲在加薩市的拉弗丁學校避難。孩子彼此交談，大家都不斷討論學校遭到砲彈攻擊的事件，還提到就連父母也沒有辦法阻止這種災難發生。

在加巴里雅的難民營裡，至少有十九人喪生，更有兩百多人受傷。外界已經指控以色列的攻擊行徑嚴重違反了國際法規，聯合國也譴責這根本是「國際之恥的根源」。

還有許多類似卡拉姆、他的母親還有三個兄弟所組成的家庭，全都逃到了避難所，認為這

裡相當安全，能讓他們免於死亡；但其實危機一觸即發。

「躲在這裡的任何人都有可能遭受攻擊，但是除此之外我們還能去哪？」卡拉姆的母親問道。她手中抱著孩子，深怕以軍又要發動下一場空襲。「我每天都要看著自己的孩子、抱抱他們，讓他們有安全感，相信一切都會過去。」

十天前，卡拉姆位於加薩東部的家被以色列夷為平地，他的衣物跟所有個人物品也都毀於一旦。現在他唯一的棲身之處，就是拉弗丁這座學校。自從以色列三周前大規模轟炸加薩以來，已經有七百四十七戶民宅徹底遭到毀損，卡拉姆一家就是受災戶之一。

聯合國指出，超過二十四萬名巴勒斯坦人現在躲在聯合國營運的學校裡，或是跟親戚朋友待在簡便的收容所避難。

在近東救濟和工程處的學校中，加薩的難民都覺得自己下一秒就要葬身此處。以色列於周三攻擊聯合國設立的學校之後（以色列知道這座學校裡有許多災民正在避難），部分民眾就拋下學校、轉而逃到其他避難所。

根據聯合國資料顯示，已經有一百三十三所學校遭到毀壞，甚至徹底化為廢墟；另外更有二十三座醫療院所遭到攻擊。

今年五十四歲的烏姆．艾哈邁德．蘇哈威，她知道學校也在以色列的攻擊清單中，所以考慮到醫院尋求協助。不過醫院的危險程度跟學校不相上下，畢竟已經有許多醫院直接被砲彈擊中。

周四清晨，位於加薩中心的戴爾拜萊赫的阿克薩醫院，遭到以色列砲兵部隊襲擊，導致一名護理人員受傷。而哈利．哈塔卜醫師表示，這家醫院在上周也被十枚以軍的坦克砲彈攻擊，總計五人死亡、七十人受傷。

有些家庭最後分頭行動、躲進不同避難所，希望哪天以色列的砲彈又從天而降時，至少家中能有人活下來。

身為人母、也身為子女的蘇哈威住在加薩北部的貝特哈農，她總共要照顧家族中的十七名孩童。

「以色列軍隊打電話來要我撤離的時候，我別無選擇，所以我們一家人就來到這裡。」她一邊受訪，一邊將孩子的內褲掛在教室的窗框上晾乾。

她還補充說自己當時並沒有立刻撤離，而是等到鄰居紛紛出門之後才動身。「幸好我們離開了，因為一踏出家門後，坦克砲彈就像雨滴一樣落下。」

蘇哈威跟親人離家的時候，根本沒有時間帶上急難必需品，身上只抓著幾件衣服，也不知道有沒有機會再回家。有幾位孩子甚至光著腳丫子逃出來。

「那個時候天才剛亮，我跟兒子還有他的妻子一起把大家從床上挖起來。」她說著，試著安撫十歲大的女兒法提瑪。以色列的導彈不斷在附近區域爆炸，讓法提瑪哭個不停。

「小孩子變得什麼都害怕，任何聲音都會嚇到他們，甚至只是關個門也會讓他們神經緊繃。孩子們都緊緊抓著我，不願放手。」她握著法提瑪的小手說道。

蘇哈威形容著當初離家的場景。當時她非常害怕會有任何一個小孩跟丟，所以即便是領著一群人往前跑時，還要前後奔走，回頭確認所有孩子都跟上了。

以色列與哈瑪斯上周協議展開十二小時的人道停火，趁著這個時機，蘇哈威趕緊衝回家拿一些換洗衣物；但是該地區遭到以色列的轟炸之後，已經面目全非，難以辨識。

「某條街在哪個方向、家在什麼位置，我根本就分不出來；直到看見廢墟裡燒焦的衣物跟家當之後，我才找到自己的家。但是所有家具跟個人用品全都報銷了。」蘇哈威的淚水在眼眶中不停打轉。

而她的女兒法提瑪一再向母親強調，自己不想要像上周三在近東救濟和工程處學校的小孩那樣，慘死於以色列的砲彈之下。她眼裡噙著淚水，對母親說：「媽媽，拜託，我們離開這裡好不好？」

母親試著安撫女兒，但是卻徒勞無功——她自己也不知道該何去何從。蘇哈威解釋過去一周，以色列不停轟炸，再加上學校的教室太擁擠，法提瑪的身體與精神狀況都相當不適。

「每到晚上，我就很害怕炸彈來襲。我根本睡不著，肚子好痛，耳朵也很不舒服。」這位女孩輕聲說道，臉上盡是痛苦的神情。

「火箭砲彈跟炸彈讓我害怕，而且非常不舒服；坦克車的嗡嗡聲實在太恐怖了。」法提瑪接著表示。

十天前，她聽見的是坦克車跟推土機的聲響；現在，耳邊充斥的盡是F-16導彈、無人機，還有坦克車跟軍艦的轟炸聲。

法提瑪曾經央求媽媽，希望媽媽下次回家拿換洗衣物的時候，能幫忙取回她最心愛的玩具，一個穿著婚紗的芭比娃娃。

「媽媽，我想要回家，我想要跟姐姐一起睡在以前的房間，然後早上起床準備上學。」她說。

不過無論法提瑪願不願意接受，這就是他們必須面對的現實，而拉弗丁學校就是他們唯一的棲身之處。等到九月學校開學之後，老師跟學生就必須使用這些教室。

「到時候還能去哪裡？我根本不知道還有什麼地方能夠容納我們。」蘇哈威如此說道。

巴勒斯坦人努力「挖掘死傷民眾」

以色列對加薩南方的軍事侵略奪走數條人命，拉法市的房屋殘骸之下仍埋有許多死屍

面臨以色列不斷空襲與發動砲兵攻擊的威脅，伊薩．阿克爾現在也走投無路。今年五十歲的他，平常的工作是在這座加薩的南方之城，開著推土機從廢墟底下挖出死者遺體。但是現在他不得不放棄這項工作，替自己找個安全的避難所。

在拉法市東部的赫容尼納，阿克爾照常外出執行任務，搶救屍體；不過他隨即體認到自己的生命也飽受威脅。周六，這座城鎮的大街小巷，倒臥著死傷的民眾，這些受害者躺在街上，不斷淌血，流了數小時，卻完全沒有救護車前來援救。

「我們現在沒有辦法從地底挖出災民的遺體。」拉法市的市長蘇卜西．拉德溫對《半島電視台》說。他表示市長辦公室接到數百通求救電話，但是有許多區域是市政廳的卡車所不能及的。

拉法市當地的醫護人員表示，過去二十四小時，至少有一百一十位民眾喪生、數百人受傷。自從以色列於七月八日發動軍事突擊以來，全加薩至少有一千六百八十位巴勒斯坦人不幸罹難、八千五百人受傷。

周五，以色列的坦克砲彈襲擊拉法市裡的一輛救護車，奪走三名救護人員的生命：尤瑟

夫・艾爾謝克・埃德、尤瑟夫・達拉貝，還有阿提夫・阿薩姆利。而拉法市僅有的一間醫院——阿布・尤瑟夫・納賈爾醫院也不斷承受以軍砲兵部隊的攻擊，逼得醫生只好將病人跟屍體撤出院內。

以色列跟哈瑪斯原先已經在其他國家介入之下，訂定為期七十二小時的人道停火協議，然而拉法市卻在停戰協議生效後的兩個小時遭受攻擊。以色列抨擊哈瑪斯違反規範，但是巴勒斯坦反抗組織卻指出，以色列利用這個短暫的機會乘人之為，屠殺加薩的居民。

這個時候，加薩衛生署的阿斯拉夫・齊德拉也呼籲國際團體，希望確保救護車能有一條安全的疏散道路，將患者送往鄰近的汗尤尼斯小鎮。

然而屍體無處可埋，拉法市的居民開始將摯愛的遺體保存在原先用來冷藏食物的冰櫃當中。《半島電視台》的記者就親眼目睹加薩的一台冰箱中，塞了好幾具死屍。

周六全天，幾乎半個拉法市都遭到以色列的侵害，死者的親屬根本無法順利舉辦葬禮。「傷患不斷呼喚我們，但是救難團隊根本沒辦法開車去救他們。」一位當地的救護車駕駛如此表示。「大家都有可能遭到襲擊。救護團隊、政府的公務員，還有待在家的老百姓都會被砲彈擊中。」市長拉德溫對《半島電視台》說。

拉法市也因為武力侵略造成斷水斷電，甚至連衛生設備也連帶癱瘓。「我們接到數百通電話，居民都表示沒有水可以用，而且因為砲兵不斷發動攻擊，他們也沒辦法自由活動。」拉德溫表示。他還指出在這座城市的東部地區，約莫有三萬到四萬名居民完全沒有水可供飲用。

聯合國資料顯示，衝突造成數千名加薩居民流離失所，而且當中還有許多人擠在人滿為患的聯合國學校中。全加薩少說有二十八萬名巴勒斯坦居民無處棲身。

據聯合國估計，總共有七十六戶人家喪失三到四名家庭成員，死亡人數總共超過四百人。

拉德溫表示自己活了六十二年、花了大半輩子在拉法市的公部門服務，卻也從未見過這般戰爭場景。「以前我還曾經跟埃及還有以色列的軍隊交涉過，」他表示，「但是過去他們也不曾像現在這樣殘暴，完全不把加薩人民遭受的苦難放在眼裡。」

拉法市屠夫：居民只能將屍體放在蔬果冷凍櫃

加薩深受以色列箝制，醫院停屍間不敷使用，居民只好將遺體保存在冰箱中

阿布．塔哈是拉法市的一位農民，他打開平常用來保存馬鈴薯跟胡蘿蔔的冰箱，而冰箱的內容物全是小孩、年輕男女的屍體，每具屍體緊密重疊、上頭還有鮮紅的血。許多遺體的面貌、身分都已無法別認，當中只有少數幾位罹難者的身上包著白色裹屍布。

這就是以色列殘暴轟炸之後的景況，拉法市死傷慘重、屍體數量遽增，居民別無選擇，只好將蔬果冷凍櫃當作暫時的停屍間。醫院在砲火猛烈之下大門深鎖，造成許多人命喪黃泉。這一切的起因，都是因為拉法市東部的阿布．尤瑟夫．納賈爾醫院不斷遭到砲兵襲擊，醫療團隊只好拋下這家當地的主要醫院，紛紛走避。

院方將傷患轉往庫瓦堤醫院就診，但是這家醫院的設備簡陋，根本不足以應付在加薩這座戰場中受到嚴重傷害的居民。許多罹難者最後竟倒臥在路邊、血流不止，完全沒有救難團隊前來援助。

而此時更有三名救護人員被砲彈擊中，因而喪生。他們所駕駛的救護車直接遭到攻擊之後，三名救護人員的遺體都已面貌模糊。救護車駕駛阿布．艾哈邁德也表示，他們根本沒有辦

法靠近並救助那些倒在醫院大門附近的傷患，「每次我開車經過的時候，坦克砲彈就會在落在周圍。」而他距離那一群倒在路邊流血的民眾，其實只有數百公尺之遙。

許多喪命的拉法市民，都是遭到坦克砲彈襲擊，而這些砲彈也摧毀了許多赫容尼納地區的民宅。以色列戰機朝拉法市的幾戶民房發射導彈，攻擊了阿布．蘇利曼、佐伯，還有艾樂謝爾的住家。過去二十四小時以來，拉法市的罹難民眾已經來到一百一十人，更有數百人受傷。醫療人員表示，他們所能搶救的傷患只是冰山一角而已。

如果家中配有發電機的話，拉法市的民眾會將屍體放在蔬果冷凍櫃中。過去一天，全加薩有許多墓園都遭到砲彈侵略，連將屍體下葬，舉辦葬禮都有生命危險。

「沒辦法，我們只能把遺體放在冰箱裡面。」拉法市的市長蘇卜西．拉德溫對《中東之眼》表示。

納賈爾醫院的床位，只夠容納數十名患者；然而醫院必須將患者撤離，這也意味著那些受傷的災民根本求助無門。

拉德溫表示他的工作團隊也沒有辦法立刻供應民眾任何生活必需品；水電管線都因為戰爭而遭到破壞。

「我們只能請求國際組織出面協助，幫我們疏散躺在拉法市東部地區街道的傷患。」他說。國際援助團體雖然已經盡可能提供協助，但是卻徒勞無益。

在過去二十四小時轟炸中僥倖存活的居民表示，他們終其一生沒見過這麼駭人的場景。以色列同時從陸地、空中、海上發動攻擊。

「實在是太嚇人了。以色列的軍隊根本是發瘋失控。他們轟炸一棟住宅大樓，奪了走二十三條正在逃難的無辜生命。」阿布杜樂拉夫．埃伊德表示。埃伊德今年三十三歲，為了躲避以軍昨天發動的攻擊，他只好逃出位於赫容尼納的住家。

「到處都危機四伏，不管是住宅、醫院，還是避難所都不例外。」他一邊說，一邊趕往位於塔蘇坦地區的表親家避難。

加薩衛生署的阿斯拉夫．齊德拉請求國際團體出面，讓救護車能夠疏散拉法市東部地區、還有庫瓦堤醫院附近的傷患，不要讓他們橫死街頭。

「救護車需要一條安全的路線，才能將患者載運到汗尤尼斯的醫院。」

從拉法市這個容納十八萬居民的城市朝東邊遠眺，就能看見以色列部署的坦克車。拉法市是加薩走廊最南端的城市，緊鄰著加薩與埃及的國界。

昨天的七十二小時停戰協議才生效僅僅兩個鐘頭，以色列就在拉法市展開大屠殺。哈瑪斯跟以色列軍方互相攻訐，指責對方先違背協議條款。縱然兩方已經承諾暫時停火，以色列還是堅持要對拉法市靠近國界的東部地區進行軍事鎮壓。

以色列指出，自從他們展開陸地侵略之後，有一名士兵下落未明；而哈瑪斯也表示在停火協議生效前，有幾名卡薩姆軍團的成員跟以色列部隊交火後便徹底失聯。卡薩姆軍團在一份聲明中指出，該以色列士兵極有可能是在埋伏突擊的過程中，跟卡薩姆軍團的成員交手，雙雙喪命。

這場衝突於二十七天前爆發，死亡人數至今已累積到了一千六百八十人、有八千五百人受傷；而根據聯合國統計資料，遭受波及的大多都是市井小民。以色列則有三位國民與五十名士兵喪生。

外界原本預期以色列跟巴勒斯坦政黨能夠一起到開羅，跟埃及共同協商出長久的和平協議；但是以色列的坦克車不斷在拉法關口徘徊巡視，停戰協議顯然遙遙無期。

無處可藏

自從以色列發動護刃行動之後，一百三十三座學校遭到砲擊，總計有二十一萬五千名巴勒斯坦人在聯合國機構中避難

「納坦尼雅胡把我們的家變成廢墟，鄰近地區也變成一座鬼城。」今年五十六歲的安南・班納說道，而她現在已經無家可歸了。

班納除了拉弗丁學校之外，已經沒有地方能夠投靠——但就連學校也是以色列的攻擊目標之一。十年前，她的住家就已經被以軍的坦克砲彈侵略過一次。當時趁著短暫的十二小時停火區間，她戒慎恐懼地回到住處，可惜眼前的景象卻面目全非，不堪辨識。而她周遭也沒有任何熟悉的地標，班納完全不知道自己身處何方。

三周多以來，加薩人民的心中滿是恐懼與創傷的痕跡。那些逃過以軍攻擊的生還者現在也一無所有，甚至也找不到一個能夠躲避以軍襲擊的安全處所。全加薩都被以色列砲彈的十字線所瞄準。

「因為我們是巴勒斯坦人，所以不管往哪個方向逃，永遠也躲不掉以色列的砲彈。」她說道。在二〇〇八到二〇〇九年以色列發動的鑄鉛行動中，班納失去了她的丈夫跟四個兒子，這

對她的家人造成莫大打擊。現在住家化為殘骸，她仍然不解自己為何會成為攻擊目標。

而五十六歲的茵席拉．阿布易哈斯，也猜不透為何以軍要找她麻煩。阿布易哈斯跟反抗組織毫無瓜葛，與激進分子也不相往來——她只是一位單純的加薩居民而已。

「以色列沒有辦法直接跟反抗組織的士兵當面對戰，只好把怒氣加諸於平民百姓身上。他們不僅轟炸住宅，還攻擊每一戶人家跟孩童。」

她還吐露自己為了逃離以色列迫擊砲的侵略，從舒加艾耶逃到了加薩市的拉弗丁學校。但就算跟家人一起躲在這裡，她還是躲不過砲火襲擊，孩子的背後也彷彿抵著一把無形的槍。

「等到九月學校開學，我們又該去哪裡？」這個時候旁邊有人開口建議，「我們只能逃到海邊了吧……」突然又有另一個人插話，「怎麼可能，你忘記上次以色列從海上的軍艦發射導彈，殺了海灘上的四個孩子嗎？」

「每到深夜，無人機在頭頂盤旋的時候，以色列軍艦就會發射砲彈。然而太陽升起，F–16導彈就會接連而來。」

大家熱烈地討論，但是卻沒有人知道究竟哪裡才是安全的棲身處——住家、學校、醫院、公園、墓園、海灘，清真寺還有教堂都相當危險，以色列的炸彈幾乎無所不在。

「不過要我們投降而且撤離這片土地是絕對不可能的事。對巴勒斯坦人而言，這就是我們的土地、我們的家，我們跟加薩生死相依，絕對會永遠守在這裡。」

幾天前，以色列又轟炸了另一所近東救濟和工程處的學校；這裡卻是聯合國所謂的「安全天堂」。那些災民原本聽從以色列的命令，從家中撤離，沒料到學校竟然遭到攻擊，總共有十六人喪生、數百位災民受傷。

聯合國指出有二十一萬五千名巴勒斯坦人到聯合國的機構中避難，此數字超過加薩人口數的百分之十。近東救濟和工程處的發言人克里斯・吉尼斯昨天接受國際媒體聯訪時，更不禁潸然淚下。

身為妻子跟十二個孩子的母親，阿布易哈斯表示自己完全不知道還有哪個安全的地方可躲。以色列隨時都有可能發動攻擊，逼得阿布易哈斯只好時常確認孩子是否都在身邊，以免有任何一個人在這棟簡陋破舊的學校中走失。

聯合國表示有一百三十三間學校遭到以軍的坦克砲彈侵襲。加薩國土的面積如此微小，卻有一百八十萬人定居於此，人口相當稠密——幾乎可說是地球上最擁擠的國度。以色列發動軍事占領，更對民眾施加諸多限制，加薩人民都沒有辦法偷偷溜到鄰近的國家；以軍若要瞄準攻擊目標，就像甕中捉鱉般易如反掌。

現在約莫有一千七百三十名加薩人死亡、九千兩百人受傷。護刃行動的罹難人數，已經超越鑄鉛行動時的一千四百一十七人了。

加薩居民如何看待哈瑪斯、阿巴斯，還有以色列的軍事侵略？

加薩的市井小民接受採訪，記者詢問他們對武裝反抗組織、哈瑪斯、總統馬哈茂德·阿巴斯，跟埃及扮演的角色分別有什麼看法；也請他們談談自己認為加薩的未來會有何種發展

在這個異常寧靜的片刻，《中東之眼》的記者紛紛採訪加薩的居民，詢問他們對於以色列的軍事侵略，還有巴勒斯坦當局的回應有何想法。以下是幾位民眾的訪談內容，相當發人深省。

⊙ 奈沙哈特·維赫迪（四十七歲／作家）

「雖然以色列不斷發動攻擊，但是今天全加薩對反抗行動都有所共識。我所說的就是巴勒斯坦的軍事組織，他們替所有被占領的巴勒斯坦以及阿拉伯人帶來希望，讓我們士氣高昂。縱使以色列軍方被譽為『不敗部隊』，他們有最精密的作戰策略，還有全世界最強大的軍火武

器，但是巴勒斯坦的反抗組織卻能夠將他們打得潰不成軍。」

「巴勒斯坦人都很有信心，相信巴勒斯坦的政治領袖阿布．馬贊（馬哈茂德．阿巴斯的別名）能團結伊斯蘭主義與國家主義的擁護者，帶領全國人民終結以色列的占領行動，釋放遭到囚禁的人質，讓巴勒斯坦難民營的人回家。」

「我有一個七歲大的女兒。從出生到現在，她已經經歷過三次我們跟以色列的衝突，而在這些戰爭中我們損失了五千名巴勒斯坦人。每次提到戰爭，我們不免都會提到巴勒斯坦的孩子，他們所受到的生理、心理，跟情緒上的影響。我們所經歷的一切，是很多其他地區孩子所無法想像的。」

「談到埃及，身為一位巴勒斯坦人的我，還是希望埃及可以產生一位能夠獨當一面的領導者。自從穆斯塔法．哈菲德過世之後，已經很久沒有可靠的埃及領導者了。哈菲德是駐紮在加薩走廊的埃及情資單位領袖，當時他在巴勒斯坦被以色列的爆炸裝置炸死。為了紀念這位不幸罹難的領導人，加薩便用他的名字替一所學校命名。還有另外一位名為阿布杜勒阿奇斯的埃及人，他在巴勒斯坦死於以色列占領部隊之手。當時艾哈邁德．阿布杜勒阿奇斯跟其他埃及軍官與士兵在西奈半島遭到以色列挾持，以軍奪走他們的武器，再把他們的雙手緊緊捆在背後，一一處決。以色列留有一兩個活口，原因只為了要讓他們幫死去的同伴挖掘墳墓，之後再奪走他們的生命。那個時候以軍所接獲的命令，是要把他們殺個一乾二淨、不要帶回任何俘虜。埃及人必須將這些事永銘於心，而我們巴勒斯坦人則是需要埃及的合作協助，才能讓阿拉伯國家重新團結合一。巴勒斯坦跟埃及之間的關係錯綜複雜，我們兩國的國民跟歷史都相互關聯，對阿拉伯人而言，以色列就像是至關重要的心臟一樣，全體阿拉伯國家都將希望跟痛苦寄託在埃及身上。」

「每次我跟女兒艾瑞耶說話的時候，都會提到一九六七年戰敗的六日戰爭。我在那個年代出生，對當時的伊斯蘭教還有國家運動來說是一個相當艱困的時期。從此之後，我經歷了幾場戰爭，直到現在的以色列侵略。」

「縱然以色列的船堅砲利將巴勒斯坦人民的身體炸成無數個屍塊，我還是要強調一個信念：老者已逝，但年輕人是絕對不會忘記這一切，絕不會輕易妥協。」

⊙赫麥．阿布．查克瑞（三十二歲／公務人員）

「哈瑪斯是巴勒斯坦的反抗組織，目的是要抵禦侵略巴勒斯坦土地的以色列軍隊。在意識型態跟施政策略方面，我並不是非常認同哈瑪斯。先前哈瑪斯在競爭加薩的領導權、與法塔赫還有巴勒斯坦自治政府發生衝突時，各黨派的思想差異就顯而易見。而哈瑪斯想將自己的教條跟信仰加諸於民眾的作風，讓他們的支持度下跌。不過身為一個正當的反抗組織，我卻非常尊敬他們；特別是以色列對加薩進行這麼多年的迫害屠殺以來，哈瑪斯始終加以抵抗、保護巴勒斯坦人民。」

「至於伊斯蘭聖戰組織，他們是一支避免政治鬥爭的派系，也因此贏得許多民眾的尊敬。伊斯蘭聖戰組織並不強力爭奪政治權力，他們的任務只專注在抵擋以色列的軍事侵略。雖然有些巴勒斯坦人認為他們是伊朗政權的延伸，但是普遍來說他們還是相當受到民眾愛戴，而對我來說那也不是什麼太大的問題。」

「巴勒斯坦反抗組織的出發點就是要維護巴勒斯坦民眾的權利，只要他們把槍指向以色列的占領軍隊，保衛巴勒斯坦全民的自由，我就會支持、尊敬他們。」

「埃及身為我們的鄰國，我相信他們會幫忙保衛加薩走廊的。埃及跟巴勒斯坦的地緣以及族群關連甚深，就算他們因為政治角力的關係不便出面，埃及還是跟整個情勢脫不了干係。他們其實也別無選擇，終究還是要挺身而出，解決問題。」

「至於馬哈茂德．阿巴斯，無論民調支持度為何，他現在仍是巴勒斯坦的總統。阿巴斯制定了許多政策，他自認現行的施政方針對巴勒斯坦人來說很有利、也很符合民眾的期望；不過很多伊斯蘭的運動組織卻不這麼認為。就我看來，雖然總統曾經犯了一些錯，大部分的巴勒斯坦民眾還是相當支持他。」

⊙阿布德馬基德．阿布．納薩爾（二十二歲／學生）

「我相信哈瑪斯是一個保衛巴勒斯坦人民權利的組織，我覺得他們未來的軍事潛力無可限量，我對他們抱持相當高的期望。伊斯蘭聖戰組織也算是哈瑪斯的分支，大家都朝著同一個目標前進——將巴勒斯坦從以色列的軍事占領中解放。伊斯蘭聖戰組織不願意涉入巴勒斯坦政權，反而努力對抗國內主張猶太復國的激進軍事分子，對此我相當敬重他們。」

「我認為馬哈茂德．阿巴斯是巴勒斯坦真正的總統，我也很讚賞他讓全世界目睹巴勒斯坦所遭受的一切。阿巴斯了解跟以色列協商根本是徒勞無益之後，他已經跟巴勒斯坦人民站在同一陣線了。」

「提到埃及，由塞西總統領導的埃及政府，徹頭徹尾支持以色列占領加薩的行徑，甚至還封閉了拉法關口，讓受傷、生病的居民被困在加薩。然而前任總統穆爾西統治埃及的時期，巴勒斯坦人的生活算是輕鬆許多。在二〇一二年以色列對加薩發動的戰爭當中，穆爾西還派遣埃及總理到加薩近距離監控戰情。我懷念穆爾西執政的時期，那個時候加薩人民還享有諸多自由、更能感受到來自鄰國的關懷。」

⊙ 哈山·納哈拉（二十三歲／學者）

「哈瑪斯的任務，就是抵禦以色列軍方，解放約旦河到地中海一帶的巴勒斯坦人。他們更用盡所有辦法，阻擋以色列的占領行動。這幾年以來，我們看見哈瑪斯不斷成長茁壯——碰到任何一位替加薩抵抗以色列的人，我的心中都會肅然起敬。哈瑪斯逮捕以色列的士兵，用這個籌碼來交換以色列不願意釋放的巴勒斯坦人質，這一點實在是讓我們感到相當欣慰。」

「伊斯蘭聖戰組織也是另一支秉持他們的宗教理念、努力解放巴勒斯坦人民的反抗組織。雖然我不知道為什麼他們對於參政的態度如此保守，但是可以確定的是，在二〇一二年的戰爭中，伊斯蘭聖戰組織協調了停戰協議。而在居中調解埃及與哈瑪斯的關係上，他們也扮演了相當重要的角色。」

「說到阿巴斯，他是現任巴勒斯坦總統，他應該要與人民同在；因此，我覺得他必須撤銷與以色列合作的保安部隊機制。加薩的哈瑪斯一心一意要打垮所有通敵的部隊，所以抵抗的力量相當強大。然而在約旦河西岸，阿巴斯總統的保安部隊卻禁止民眾抵抗以軍的違法占領行動。」

「穆爾西執政時期，埃及與現在不同，他們在二〇一二年加薩與以色列的戰爭中對加薩宅心仁厚；如今我們遭到以色列圍困，醫療補給品也無法輸入國內。在一九八一年到二〇一一年擔任埃及總統的穆巴拉克任內，加薩遭受以色列的第一場軍事侵襲，雖然當時的戰事是在埃及的開羅爆發，但是穆巴拉克卻發誓絕對不會讓巴勒斯坦人民忍受飢餓。反觀現在我們跟以色列的戰爭，所有維生所需的管線都無法運作，像是水跟電都完全不敷使用。埃及再也不像以前那樣，扮演居中協調的角色了。我反而認為以色列圍困加薩的舉動，埃及也擺脫不了干係。大家都希望埃及能重拾往日受人尊敬的身分，替巴勒斯坦的反抗組織跟以色列協商，讓雙方能夠早日停火休戰。」

⊙ 易卜堤薩姆．哈莉莉（四十八歲／家庭主婦）

「我覺得哈瑪斯還不錯，希望阿拉可以保佑他們，讓他們的行動一切順利。將加薩人民從以色列長期的鎮壓之中解救出來，這個工作只有哈瑪斯能夠勝任。我們加薩居民除了阿拉之外，還有哈瑪斯可以依靠。一直以來，我都很敬佩他們所做的一切。哈瑪斯協助舉辦慈善活動，還在全世界都置之不理的時候，幫助加薩的女人跟孤苦無依的孩童。」

「還有伊斯蘭聖戰組織。我也希望阿拉能夠保護他們，讓伊斯蘭聖戰組織在我們每天遭受以色列攻擊的同時，能夠發射火箭砲彈加以抵禦。這個組織能解救加薩居民，讓我們重獲新生；加薩居民現在都躲在伊斯蘭聖戰組織的庇護之下。過去以色列毫無緣由地就奪走加薩居民的生命，現在這樣的悲劇依舊持續上演，但是至少我們還有反抗組織。以色列的砲火猛烈，我們也只能尋求這些反抗組織的協助了。現在加薩的關口都遭到封鎖，阿拉伯的其他國家也將我們拋諸腦後了。」

「對於埃及我非常不滿。照理說，塞西總統應該是穆斯林，但是他卻眼睜睜地看著我們的孩子被炸彈炸個粉碎，房子也被砲火夷為平地。埃及政府竟然站在以色列那邊，而不是過來幫巴勒斯坦的忙。塞西總統難道沒有看到加薩的孩子頭破血流、腦漿四溢的畫面嗎？他應該要更有人道精神才對。他不能一方面要雙方休戰，另一方面又想幫以色列壓迫加薩。」

「阿巴斯現在就跟其他國家還有組織一樣，都在遠方觀望——阿巴斯跟塞西總統都不夠公正。他們都把自己出賣給以色列跟美國了。我記得自己在禱告的時候，都曾經提過這兩個領導者，希望阿拉可以懲罰他們。阿巴斯把我們看成一個需要援助的家、把加薩當成非洲小國一樣送醫療用品過來，完全沒有把我們當成他的國民，也沒有將加薩視為巴勒斯坦的一份子。」

⊙歐瑟曼．斯瓦利安（三十八歲／計程車司機）

「我一直都很不喜歡哈瑪斯，我也不認同他們用來結束衝突的手段。但是除了依靠他們之外，我想不到其他能夠奪回加薩人民權利的辦法。以色列與阿巴斯談判破裂，導致許多民眾跟我一樣，都認為唯有哈瑪斯才能改變苦不堪言的現況。這場衝突奪走許多人的生命，很多罹難者與我相同，身邊有八個孩子要養。為了讓加薩重獲自由，並且打開束縛的大門，現在哈瑪斯的成員犧牲自己的生命，用武力抗爭的手法來抵抗，也因此贏得加薩人民的敬重。」

「伊斯蘭聖戰組織在戰場上的表現一直都相當亮眼，我對他們感到非常滿意。自從埃及前總統穆爾西被塞西取代之後，埃及就斷絕跟哈瑪斯的往來；雖然伊斯蘭聖戰組織的作風比哈瑪斯溫和，但憑著他們跟埃及的關係，或許可以重新替哈瑪斯與埃及牽線。」

「七年以來，加薩遭到異國占領，又面臨巴勒斯坦政治派系分裂，有很多人像我一樣飄零無依，我認為阿巴斯應該要更用心對待我們這群人。我了解他已經盡全力維繫跟以色列之間的關係，還甘願妥協讓步。不過我想要給阿巴斯唯一的建議，就是請他把巴勒斯坦自治政府給解散，然後向全世界宣布：『我們玩完了。占領加薩的以色列請聽好，你們必須照顧加薩人民、負起全責。如果你們想把動物關在籠子裡，就得負起照顧呵護的責任。不要讓籠中的困獸飢餓而死。』」

「一講到埃及，腦中就浮現塞西總統的臉。只是因為加薩居民之中有些人支持前任的穆爾西總統，塞西就對我們施加各種迫害，把加薩逼到現在這種走投無路的窘境。我自己就身受埃及政策的懲罰。在塞西下令封鎖拉法市關口之前，我還曾經有兩三次開著車從加薩到拉法市跟幾位國際旅客碰面。這些旅客身上帶著許多錢準備到加薩旅遊，他們臉上還掛著微笑，這種景象在氣氛低迷的加薩相當少見。現在這些畫面不復存在，埃及必須為此負起全責。我不能明目張膽地表達對埃及的憤怒，只能將這份不滿藏在心裡。雖然埃及政變[50]之後專制政體已經消失了，但是以色列跟埃及通力互助，這項專制遺毒還是蔓延到了加薩走廊。我希望過去受到大家愛戴的埃及，可以早日恢復。」

50 埃及在二〇一一年發生政變，民眾要求治理埃及三十年的總統穆巴拉克下台。埃及民眾發起抗爭遊行、與軍方發生衝突，最後推翻專制政府，堪稱埃及最大規模的民主示威運動。

樓梯底下傳來加薩之聲

雖然電台大樓一直遭到以色列空襲，但仍有一群英勇大膽，願意犧牲奉獻的新聞記者堅守崗位，繼續播報加薩當地新聞

只要將頻道轉到艾哈邁德．薩伊的直播電台節目，民眾都會感到非常訝異，在這種非常時期，節目竟能照常播出。更讓人不敢置信的是，過去一個月內，薩伊的辦公室與錄音室的大樓，已經接連三次遭到以色列軍方的空襲攻擊了，而節目並沒有因此中斷。

在沙巴電台（人民電台）的工作團隊中，有一群身心疲憊，但是甘願犧牲奉獻的年輕工作人員。多虧他們，全加薩人民才聽得到今年三十歲的薩伊的聲音。在這個直播電台節目裡，薩伊每天都會播報那些令人難過的攻擊事件，還有加薩的當日新聞。

這個時候薩伊坐在樓梯底下，身邊有一副耳機、混音器、廣播發射機，還有一顆抵抗以色列的決心。薩伊播報新聞的舉動，讓整個加薩的居民都備感窩心、深受感動。

一位來自加薩東部舒加艾耶的母親撥電話到節目中。不過手機電量卻只夠這位母親講短短幾分鐘的話——以色列導彈轟炸加薩唯一的發電廠，許多地區的電力現在都已告罄。

「求求你們，希望大家能幫我的忙！我的小孩現在都嚇壞了，以色列的坦克砲彈不斷轟

炸我的鄰居！」這位母親在直播節目中聲嘶力竭的大吼。而節目的聽眾也可以在電話的背景聲中，聽到坦克砲彈轟隆隆的砲擊聲，以及小孩子驚惶的哭聲。

「除了感到無力之外，我更深刻體認到，其實記者只能傳達民眾痛苦的心聲，但是完全無法帶給他們任何實質幫助。」薩伊在節目中的休息時間表示。

不過薩伊擴展了記者的工作範圍，現在他開放廣播頻道，直接將訊息傳送給國際紅十字會的主管，呼籲他們出面協助並援救那些被以色列空襲迫害的家庭。

薩伊自己育有兩名孩子，他也是一位憂慮滿懷的父親。他表示每次聽聞其他孩童受苦受難的時候，腦中也會浮現自己孩子哭喊的畫面。

在薩伊播報新聞的樓梯底下，擺放著手機充電器、電腦跟一些換洗衣物。跟薩伊共事的年輕工作人員，相當了解薩伊對新聞的投入與奉獻。其實薩伊大可待在家裡，以外面不安全為由向電台告假；但是他仍然現身播報。薩伊的動機究竟為何？「我會奮力播報的唯一理由，就是希望能在第一時間，將民眾呼救求助的聲音散播出去。」

基本上所有的巴勒斯坦人都會思索推測以色列的思維模式跟作戰策略。經年累月以來，薩伊對以色列的行為模式已經有一套相當深入、屬於他自己的見解。而薩伊的看法之精闢，連《半島電視台》或其他阿拉伯新聞台都不得不來採訪他，聽聽他的觀點與分析。

「我相信身為記者必須將這些國際訊息推播出去，而這就是我必須負起的責任。」薩伊說道。

不過就跟許多被以色列部隊屠殺的新聞記者一樣，薩伊肩上的責任有可能會奪走他的生命。薩伊接受採訪，問到他在樓梯底下廣播會不會害怕的時候，他表示，「每次我在節目中提到炸彈又朝我跟電台同事工作的大樓飛來時，家人就會趕緊打電話給我，這才是讓我最恐懼的時刻。」薩伊表示舒加艾耶有一群女人躲在樓梯底下，最後卻還是被以色列的導彈襲擊。

「身為記者，比起這棟大樓直接遭到以色列瞄準，我更怕被隨意亂飛的流彈擊中。」他說。

馬哈茂德．伊利安今年二十九歲，他是沙巴電台的執行董事。今晚伊利安未曾闔眼，徹夜工作。直到凌晨兩點，他還在安排電台輪班工作表，一邊確認分布在加薩走廊的二十五位新聞記者是否平安。躲在樓梯底下其實是為了保全電台員工的安全。以色列國內有專門用來避難的地堡沙坑，加薩居民只能暫時隱身樓梯底下來躲避以軍的襲擊。

薩伊說：「我們覺得以色列的加農砲有可能從遠方或身邊襲來，而電台所處的這棟建築物大概就是以軍的攻擊目標。」

事實證明伊利安決定在樓梯下方播報新聞是相當明智的選擇。過去一周，以色列又再次襲擊電台駐紮的大樓，擊毀了底下的兩層樓跟數個較高的樓層。

團結陣線

沙巴電台於二〇〇六年開始營運，他們的主要理念，就是希望集結民眾的心聲，邀請法塔赫與哈瑪斯在節目中對談——這項舉動前所未見，而且在其他政黨派系的媒體中也不可能有這種組合。

「我們盡己所能讓巴勒斯坦人團結起來，希望能讓國內的政黨派系合而為一。」伊利安表示。

過去四周，沙巴電台的報導主要聚焦於以色列的侵略行動，也致力於協助情況危急的傷患，幫他們聯繫救難醫療團隊。

國際團體時常批評以色列跟巴勒斯坦的保安機制對媒體進行審查。對此伊利安卻有不同的見解，他認為這是一個相當「良善的監控行為」，對此也不會介意。

「前來關切的政府當局成員都秉持著非常正面的態度，並不會用強權壓迫與規範我們。」伊利安發表自己對審查制度的想法。

對他而言，從天而降的以色列導彈，遠比媒體審查制度更讓人恐懼。伊利安表示每次收到加薩內政部的指導後，他都感到獲益良多。

「如果巴勒斯坦的反抗組織在某處發射火箭砲彈，而我們公開播報這則新聞的話，這些反抗鬥士的生命就有可能受到威脅。」他表示。

加薩的內政部非常積極主動跟當地新聞台與社群媒體溝通接觸，希望他們能撤除一些有可能會危害到加薩士兵或反抗勢力成員生命的新聞。直到今年（二〇一四年），加薩政府才開始落實這種政策──在先前的二〇〇八到二〇〇九年、還有二〇一二年的戰爭中，官方並沒有考慮到這點。

「我們也會警告民眾，不要收聽那些來路不明、從以色列發布的消息，他們根本是想要放風聲打心理戰。」伊利安一邊說，同時也在播報一則最新消息，內容是關於加薩東部有一台車遭到炸彈襲擊。

沙巴電台的祕書瑞米．艾什拉菲表示，隸屬於電台的二十五名記者，現在全部都在新聞現場與錄音室內，以文字作為武器，努力抵抗以色列對加薩人民施加的心理戰。

「還有很多自願通報消息的民眾，一心一意要提供最真實、最專業的訊息，只為了讓社會大眾感到心安。」艾什拉菲說道。

巴勒斯坦人獨自面對戰後逆境

居民回到加薩北部貝特拉希亞的住家準備收拾殘局，不過住家早已成為破敗的廢墟

以色列與巴勒斯坦政黨派系協議停火七十二小時之後，今年三十五歲的烏姆・費拉・阿布耶尼恩別無選擇，回到位於貝特拉希亞的納達住宅大樓。

雖然原先就不抱期望，但是抵達位於加薩北部的住家時，眼前的景象卻慘不忍睹。整棟公寓都遭到轟炸，看起來滿目瘡痍。塵土跟炸彈的殘骸四散各處，彷彿整棟建築物直接被捲入颶風一般。

「以色列用地獄之火導彈、坦克砲彈、無人機把我們的住家從裡到外炸個精光，還釋放一種會讓小孩皮膚跟眼睛奇癢無比的煙霧。」阿布耶尼恩表示。

四周前，以色列發動武力侵略時，阿布耶尼恩還試著在家待了三天，但是等到以軍在加薩北部的空中灑下傳單、提醒居民砲火會越來越猛烈之後，她才了解此地不宜久留。阿布耶尼恩的住家在加薩北部國界旁，是面對以色列國界的第一排大樓；因此這座大樓首當其衝，遭到部署在國界附近的坦克車瞄準、襲擊。

「我們都試著逃跑。我打電話給救護車還有國際紅十字會，但是電話另一頭卻告訴我，他

們也無能為力，我只能靠自己的能力想辦法逃生。」阿布耶尼恩說著，雙眼目不轉睛地看著住家殘骸牆上的大洞，也盯著鄰居倒塌家中一整排的彈孔。

雖然全加薩人民都籠罩在恐懼的情緒中，阿布耶尼恩卻顯得特別脆弱；因為她來自伊拉克，在加薩根本沒有原生家庭成員的陪伴。

她的公婆住在埃及，而先生穆罕默德・阿布耶尼恩則是在二〇〇二年死於以色列的砲火底下。當時她的丈夫到拉馬拉擔任巴勒斯坦前總統亞希爾・阿拉法特[51]的貼身保鑣，但就任不久便隨即喪生。

恐慌焦慮、飢餓疲憊，雙腳又瘦又疼，阿布耶尼恩最後決定離開家、拖著自己的五個孩子，到已經人滿為患的聯合國學校避難。

「我們求助的阿布・胡珊學校擠滿了加薩的老百姓，不過以色列隨後竟也對那間學校發動攻擊。」她說。

阿布耶尼恩先是經歷住家遭到攻擊，後來學校又遇難，現在只要有任何人能提供「看起來」安全的所在，她就會二話不說立刻投奔。

太陽西下，阿布耶尼恩跟孩子相當幸運，能夠找到一戶有同情心的人家提供住處。不過這戶人家隨後也接著淪陷。

「跑到他們家避難時，房子對面的墓園已經遭到以色列連續轟炸。」阿布耶尼恩說道。最後以色列的無人機襲擊屋主的鄰居，寄宿家庭也連帶遭到波及。

艱難的戰役

阿布耶尼恩緊緊牽著兒子費拉的手，臉上滑下涔涔的淚珠。今年十三歲的費拉因為上周日遭到以色列導彈襲擊，現在耳邊都是嗡嗡的聲響，背部跟手臂也受到傷害，尚未痊癒。以色列的大屠殺讓加薩人民都疲憊不堪，更造成數千名孩童受傷，費拉就是其中一例。

「他能夠逃過一劫，真是感謝神。我這一生中只剩下這群孩子了。」阿布耶尼恩說。

現在衝突暫時落幕，但也只能稍稍緩解加薩居民的痛苦。阿布耶尼恩手邊沒有任何身分證明文件，她沒辦法到埃及投靠公公婆婆，也無法回伊拉克找自己的父母。她只能留在加薩，跟五個孩子相依為命。雖然生命受到威脅、經濟局勢動盪不安，阿布耶尼恩仍然相當堅持要把這五個孩子養育成人、好好教育他們。但住家被以色列坦克砲彈嚴重毀損，一個單親媽媽要如何獨自養育五名子女，前景仍然模糊不清。

現在貝特拉希亞地區一片狼藉。在阿布耶尼恩居住的大樓中，也有數百位居民同樣流離失所。在這一片慘烈的場景中，超級市場的殘骸依舊清晰可見。尿布、牙膏、調味料，還有其他產品的遺骸全都散落在地面上。

男人、女人還有小孩，全部都回到災難現場，盡可能取回所有家當，加以整理，像是檔

51 第一任巴勒斯坦自治政府的主席（1994-2004），以及第三任巴勒斯坦解放組織主席（1969-2004），也是一九九四年諾貝爾和平獎的獲獎者之一。

案、寢具、衣物、食物、鍋碗瓢盆、餐具，還有任何帶得走的物品。其實這些忙得焦頭爛額地尋找家用品的居民還算幸運，因為有其他住戶回到這個令人傷心的悲劇現場，只是為了要從碎石堆中挖出被炸死的親人遺體。

在二〇一二年的戰爭中，阿布耶尼恩的房子也遭到砲火毀損，不過跟這次以色列的攻擊比起來，只能算是小巫見大巫。遙想當時，只有窗框變形、玻璃碎裂而已。

「其實這棟房子根本不是登記在我名下，所以即使毀損，我也收不到任何補償金。」阿布耶尼恩說：「這棟房子，從上一次戰爭就租到現在。幾乎所有跟政府租房子住的民眾，都得不到任何賠償。」

阿布耶尼恩了解，政府絕對不會派公務人員來協助重建工作。但是她堅忍的眼神展現了強烈的決心，阿布耶尼恩立志要從以色列砲彈造成的混亂、塵土、灰燼，還有碎石堆中，搶救出所有堪用的物件，把這個家重新撐起來。

夜幕低垂，阿布耶尼恩站在滿是塵土的家中整理分類，試著騰出一個小角落，讓孩子跟自己至少在停戰的七十二小時內有地方避難睡覺。她的孩子則是聚在一旁，從櫥櫃上將坑坑疤疤的照片一一拆下，仔細收納。

這位來自伊拉克的寡婦將孩子摟在身旁，手指輕輕撫過兒子的頭髮，她坦言自己其實相當思念過世的丈夫。她還表示自從丈夫離世之後，今年十三歲的費拉就是這個家中唯一個男人了。

「我會留在這裡陪孩子長大，永遠也不會離開加薩。」

艾哈邁德的故事，加薩的損失令人痛心

經過以色列連續四周的殘暴侵略後，在氣氛緊繃的停火期間，許多悲劇漸漸浮上檯面

經過以色列為期四周的猛烈砲火襲擊之後，周四恰好是停戰協議的第三天。同時，相關的各方也在開羅協議是否應該延長停戰的時間。

雖然有數百戶流離失所的家庭在敘法醫院的大廳紮營避難，但這裡瀰漫著平和的氣氛。可惜在人群之中，今年二十一歲的娜耶・加伊德卻益發焦慮，她依然在等待十二歲的弟弟艾哈邁德現身。

艾哈邁德跟他十四歲的姐姐瓦拉在七月二十五日回到家中，當時正值停戰期間。為了度過開齋節，姐弟兩人想要回家將一些床墊跟換洗衣物帶回一家人躲避的近東救濟和工程處學校。

娜耶還記得弟弟跟他道別時，臉上掛著微笑說道：「記得要送我開齋節禮物喔！」

但是這對姐弟卻一去不復返，大家慶祝開齋節時也不見他們人影。原來姐弟倆在回學校的路上被以色列無人機導彈襲擊，姐姐瓦拉當場死亡。瓦拉的屍體被炸得支離破碎，救護人員將屍塊收集完全之後便帶回了戴爾巴拉赫的阿克薩醫院。

不過救護人員抵達的時候，卻完全不見艾哈邁德的遺體；家屬內心既恐懼、卻又懷抱希

望，大家焦急地打電話到各大醫院，聯絡援助人員，希望能獲得艾哈邁德的消息。後來全家鬆了一口氣，因為國際紅十字會的主管向他們證實，艾哈邁德並未喪生；以軍將艾哈邁德帶到貝爾謝巴的索科醫院進行治療。

「聽到他還活著，大家都放下心中的大石。」艾哈邁德的兄弟表示。

不過等了十三天都沒有艾哈邁德的消息，家人緊張不已，不知道他的傷勢究竟有多嚴重；而唯一知道當時狀況的瓦拉，現在也已經深埋在戴爾巴拉赫的墓園裡。

上周確定延長停戰時間之後，艾哈邁德的家人就衝回家，發現家中竟然有使用過的靜脈點滴袋跟繃帶。他們認為這表示占領當地的以色列軍隊，當時確實有對艾哈邁德進行治療。

一般而言，巴勒斯坦救護車會將傷患與屍體運往當地醫院，院方依照病患存活的機率，決定是否進行診療。而在救護車開往醫院的途中，車上配備的醫療設施也較為簡陋；以色列的醫療設備反而較為先進齊全。

娜耶發了瘋似地想要見弟弟一面，這一家人的心情現在猶如在生死邊緣徘徊一般。八月五日，這一家人接獲消息，聽說以色列的醫院有一批患者出院，而紅十字會也將他們帶回加薩。

於是娜耶帶著準備送給艾哈邁德的開齋節禮物，跟她的先生埃德罕姆．加伊德，還有先生的姐妹艾莫爾．薩埃德一同跳上計程車，沿著戴爾巴拉赫的薩拉丁路，一路駛向敘法醫院。

抵達醫院後，娜耶跑遍院內的每一條走廊、角落，只為了在為數眾多的病床跟擔架上找出弟弟的下落；但是她遍尋不著艾哈邁德的身影，連在診療單或是病患名單上，也找不到弟弟的名字。

娜耶的丈夫不斷安撫他，告訴她說不定艾哈邁德現在仍在以色列接受治療，必須等到身體情況穩定才能出院返家。

敘法醫院的工作人員也沒有辦法提供進一步的資訊，他們只能轉述從國際紅十字會收到的消息：「艾哈邁德遭砲彈擊傷，並未喪生。」

前兩周娜耶都沉浸在失去小妹的悲痛之中，所以雖然她已經放心許多，但還是想要緊緊抱著弟弟，將開齋節禮物遞給他。不久之後，一位身穿白色長袍的醫護人員上前詢問：「請問你是加伊德的親屬嗎？」一行人表示自己是艾哈邁德的家人之後，便跟著這位醫護人員到了醫院南方的建築物。

娜耶一群人對敘法醫院所知甚少，完全不知道自己要走向哪一個部門。他們只能焦急地跟在工作人員身後，期待能跟艾哈邁德相見歡。

「希望阿拉保佑他。」這位男性工作人員打開雪白的金屬大門時說道。停屍間的大門敞開之後，娜耶崩潰大哭，整個人衝到艾哈邁德身邊，試圖把他給搖醒。艾哈邁德冷冰冰的小臉蛋顯得相當僵硬，頭上還有一個區塊的頭髮被剃掉，露出傷口的縫線。

「艾哈邁德！弟弟！我的艾哈邁德！」娜耶聲嘶力竭地吼著，猛力敲著停屍間的牆壁，最後倒在地上、眼淚潰堤。

同樣震驚且遭受打擊的娜耶的丈夫，努力想把娜耶扶起來，但是她已經癱軟無力。

艾哈邁德跟瓦拉相繼離世了。二〇〇二年，他們的哥哥馬哈茂德同樣死於以色列的槍砲之下，喪命的時候年僅十二歲。

娜耶又再度呼喊：「艾哈邁德，我愛你。快點醒醒，我還帶了你的開齋節禮物來啊！」艾哈邁德的頭部、胸口，還有腿上滿是傷疤，如今他早已與世長辭。或許在屍體被送回加薩之前，他還掙扎地活了幾天也說不定。

「兩個孩子無緣無故就這樣相繼去世，我心痛的程度已經難以形容。他們只是想要好好慶祝開齋節而已。」他們的母親說道。現在一家人也沒有住處能夠接待前來悼念死者的親戚朋友。

家園已毀，他們沒有辦法在家中跟艾哈邁德道別了。現在唯一的選擇，就是在暫居的近東救濟和工程處學校裡，替他們的摯愛舉辦道別儀式。

「今天如果我的小孩是猶太人，這個世界是不是就不會冷漠以對了呢？」艾哈邁德跟瓦拉的母親含著淚水，道出內心的質疑。

加薩走廊之聲：生還者的心聲

雖然目前加薩仍處停火階段，但許多居民都害怕要是巴勒斯坦政黨派系不滿意協議條款，衝突又會一觸即發

以色列對加薩進行武力侵略至今已滿一個月。在這片被以色列圍困的土地上，巴勒斯坦人民還在照顧因為戰爭而受傷的居民。

以色列於周三傍晚表示，他們願意延長原定七十二小時、於周二生效的停戰協議。不過加薩居民心中普遍都有一種預感，覺得或許明天一醒來，戰火又要重新燃起。其實大家會這麼認為，是因為哈瑪斯表明除非各方都彼此同意巴勒斯坦政黨派系提出的條件，否則絕對不會延長停戰時間的。

巴勒斯坦要求以色列撤回八年來對加薩的壓制、釋放巴勒斯坦人質，而以色列對此卻一概否決。

《半島電視台》也在衝突稍微緩和之後，走遍加薩北中南，聽聽民眾的心聲。

⊙**賈莫爾．薩爾曼**（五十六歲／農夫）

「我們被迫離開自己的家，到近東救濟和工程處的學校尋求庇護。不過讓人痛心的是，就算我們躲到學校、自認逃到了一個令人安心的地方，子彈還是在背後窮追不捨。直到今天我們才有空檔好好哀悼死去的親人。大家都心如刀割，我們失去了生命中的摯愛，這場戰爭造成的損失無可估計。」

「過了令人痛苦的一個月之後，大家都得以死裡逃生，在這裡講述遭到以色列砲彈追殺、喪失親人的故事。大家都希望能過一個安穩、不會受到傷害的生活。」

⊙**阿布．歐薩瑪．諾法**（五十一歲／老師）

「就在七十二小時的停火協議開始的前三分鐘，以色列還是持續朝加薩發射火箭砲。假如以色列的目的是要奪走加薩孩童的生命，我可以向他們保證，加薩的女人性格堅強，絕對會讓加薩的子孫一代一代綿延下去。」

「過了一個月，我站在被夷為平地的住家廢墟中，口中說我們加薩人打贏了這場仗。以色列究竟有什麼收獲？他們奪走小孩、女人，還有長輩的生命，但是反抗鬥士依然屹立不搖。」

「以色列殺一個，背後還有十個等著他們。我站在這裡講出我的心聲，以色列唯一成功的地方只是粉碎了加薩的石頭，但是巴勒斯坦反抗軍卻把以色列打得落花流水。」

⊙**阿布杜拉．艾哈金**（五十四歲／待業中）

「我對哈瑪斯跟巴勒斯坦政治黨派從來沒有任何怨言。我們的生活會過得這麼苦、居住環境會這麼慘不忍睹，都是以色列的迫害，還有其他阿拉伯國家的冷漠所造成的。今天我會無家可歸，都是因為以色列把我們的住家炸毀了。整整一個月，以色列能這麼殘暴地對無辜市井小民侵略剝削，全部都是其他阿拉伯國家領袖袖手旁觀的後果。」

「我們必須做出抉擇——要不是滅國，要不就是堅強、有尊嚴地活下去。」

⊙**埃德．薩巴特**（六十歲／工程師）

「只要巴勒斯坦的反抗勢力還存在，對我們而言，這就是勝利的象徵。如果阿拉允許的話，希望在接下來的日子裡，反抗軍可以打一場真真切切的勝仗。過了這一個月，我想要對引發戰端的以色列表示：我們一定會將你們毀壞的一切復原。」

「我們這一輩加薩人不必急著修復遭到毀損的民宅，後代子孫會替我們完成這項工作的。」

「以色列有他們自己的政治意圖，但是攻擊市井小民絕對是不容原諒的。」

⊙**烏姆．尤塞夫．薩巴特**（五十歲／家庭主婦）

「對以色列而言，他們想要解決中東最後一個令人棘手的國家。但是我可以拍胸脯保證，加薩人民絕對會抵抗到底。以色列要是奪走一位巴勒斯坦勇士的生命，他們還要面臨數千數百人的挑戰，巴勒斯坦人絕對不會輕言投降。對於其他阿拉伯國家的冷眼旁觀，我也要發表譴責：要是他們介入，現在根本就不會有這場戰爭。我覺得阿拉伯各國都在暗算加薩，他們想要擺脫我們、擺脫這群巴勒斯坦人。

「我已經住在這片土地十四年了，我知道上帝會彌補我們所損失的一切。」

⊙ 尤塞夫．拉瑟溫（二十八歲／烘焙師傅）

「巴勒斯坦政權的總統馬哈茂德．阿巴斯跟以色列聯手打擊加薩居民，這樣一來，他就能清除加薩境內的伊斯蘭黨派。以色列已經打輸這場仗了，畢竟屠殺無辜的百姓根本不是解決之道。阿巴斯是背棄我們的叛徒，而埃及總統塞西參與這場陰謀，只為了要讓阿巴斯重新奪回加薩的統治權。」

「感謝神，哈瑪斯屹立不搖，替加薩居民努力到現在。戰爭期間大家都來我的店裡買麵包，我們加薩居民碰到戰爭絕對不退縮，以色列這個懦夫發動的戰爭也無法將我們擊退。」

⊙ 伊斯梅爾．拉德溫（四十五歲／巴勒斯坦政府公務人員）

「這場戰爭永遠沒有終點，現在只是中場休息而已，但是無論我們願不願意打這場仗，加薩居民都不會像以前巴勒斯坦災難日那樣逃離家園（以色列於一九四八年建國之後，七十五萬名巴勒斯坦人被迫遷離家園）。經過這一個月之後，有數千戶住家被砲彈擊毀。以色列朝加薩投擲成千上萬枚砲彈之後，加薩人民想當然爾已經一無所有、一貧如洗了。」

「反抗組織打贏這場仗，加薩人民的韌性也讓人印象深刻。現在加薩市民猶如困獸，遠方的土地有以色列陸軍環伺，後方的大海也有數艘軍艦監控著我們。這是我們的故土，大家一定要面對這場挑戰。」

⊙ 穆罕默德．庫拉布（五十六歲／建築工人）

「我希望埃及能夠滿足反抗勢力的需求，讓各方及早落實停戰協議。阿拉伯國家眼睜睜地看著我們受難，對於大家這麼冷漠疏離，我感到非常憤怒。為什麼他們就這樣站在一旁，冷冰冰地看著加薩被以色列侵略呢？阿拉伯精神在哪裡？難道阿拉伯精神已死嗎？我感覺不到其他阿拉伯國家的誠意。」

「我對反抗組織信心十足。」

⊙ 歐薩瑪．伊耶拉（九歲／學生）

「連我們家的公寓都被攻擊了。以色列就是想摧毀我們的家，讓我們躲到聯合國的學校，再用坦克砲彈瞄準我們。你們都看到了，社區有三間商店被炸個精光。雖然如此，我知道神會彌補我們所損失的一切。」

「直到戰爭的最後一天，我們一家人還留在公寓裡面，但是隔壁鄰居被砲彈打中的時候，我們趕快衝到在舒加艾耶的奶奶家避難。可是後來連奶奶家也被以色列攻擊了。」

「最後我們到加薩西部找親戚。到處都很危險，連敘法醫院都被炸彈擊中了。」

「這場戰爭根本沒有人贏，大家都輸了。我只會埋怨一件事：那就是阿拉伯國家都不說話，默默允許以色列隨便亂炸加薩的老百姓。」

「阿拉伯國家都很討厭巴勒斯坦人，因為我們在打一場最下流齷齪的戰爭，但是我們絕對不會放棄加薩，一定會保存心中的阿拉伯精神。」

⊙烏姆．薩勒姆．阿布拜伊德（三十五歲／家庭主婦）

「我想對反抗勢力說：繼續前進吧，我們都在你們背後撐腰。雖然現在無家可歸，家人受到傷害，我自己也感到心痛、深受創傷，我還是希望反抗勢力繼續抗爭。如果要我形容過去一個月的情況，我只能說這是一場充滿恐懼之戰。」

「這場衝突讓我了解，唯有反抗軍才能讓以色列收回壓制的毒手。反抗組織保護我們的人身安全跟精神靈魂；因為其他國家都在一旁袖手旁觀、無動於衷。」

於胡薩失蹤：喪命抑或被捕？

許多家庭已經領受過親友離世的痛苦；也有許多人的摯愛得以生還、成為以軍戰俘，或被倒塌的房屋給掩埋

今年五十歲的法里德・納賈爾現在完全不知道應該朝哪個方向看去，他位於胡薩的住家被以色列坦克砲彈擊毀，站在面目全非的自家住宅中，納賈爾方向感全無。

「損失的財物跟金錢都不是最大的問題，這些東西都能再賺回來或是重新建造。不知道親愛的家人現在身在何方，才是我最大的恐懼。」

這種悲劇的氛圍籠罩著胡薩地區——大家呆坐在被以色列坦克砲彈炸個精光的屋子中，而親人仍然生死未卜。

納賈爾形容當時的場景，「走在我前方的四名老人家遭受攻擊，現在成了四具死屍。他們的屍體被拖到了加油站旁邊。」他表示坦克砲彈突然從天而降，狙擊手也開始掃射在場所有的民眾。

「後來有一台驢車載了一車的屍體過來；不過車夫已經沒有辦法繼續前進，所以他把屍體丟在這裡就離開了。」納賈爾說道。而在他身旁的驢子倒在馬路上，看起來毫無生命跡象，身

上還布滿看似遭到彈片割出的傷口。

納賈爾是一位計程車司機（他鮮橘色的計程車被倒塌的建築物壓得稀巴爛），但是對於他賴以維生、養育九名子女的工作，在訪談中他並沒有多談。「財物遭到毀損不是最讓我痛心的事情。」

而他今年五十四歲的哥哥哈姆丹・納賈爾也不知道接下來該何去何從。

他們講述了一家人與死亡擦身而過的經驗；納賈爾口中所吐露的細節，全都充滿了悲慟與哀傷的情緒，周遭的居民則是專心地聆聽他的故事。

「這個地方已經不是胡薩，不是那個我出生、成長的地方了。」納賈爾說道。「逃出門外有可能被坦克砲彈或狙擊手攻擊，但是躲在家裡也有可能受到頭頂的炸彈威脅。」

納賈爾的鄰居、今年高齡一百零六歲的阿布・穆斯塔法・納賈爾，曾將頭探出窗外，對哈姆丹・納賈爾說：「我們從來沒有看過這麼慘絕人寰的戰爭，連一九四七到一九四八年的以色列侵略也沒有這次來得嚴重。」

這位長者遭到以色列坦克砲彈攻擊之後，屍體隨即被家屬掩埋。後來他的親屬將屍體領回家，所以許多家族成員都知道這位長輩去世了；但仍有其它家人還不知道他的死訊。

納賈爾的家族，目前已經有八十二人被坦克砲彈或F-16導彈擊中，隨後便一命嗚呼。「以色列士兵放製的爆炸物實在太恐怖，你根本不知道下次軍人出現的時候，是哪一戶人家會被炸掉。」一位男子表示，他的眼睛則因為流淚過度而布滿血絲。

連那些被救難人員從住家內救出來的傷患，也只能躺在加油站附近的路旁，等著承受以色列更猛烈的攻擊。

「以色列的士兵甚至連那些已經受傷、血流不止的居民都捨得下手，有些傷患就在我面前直接遭到攻擊。」納賈爾一邊說，一邊展示身上的血跡。其中有十七人獲得以色列部隊的同意，得以離開，到其他地方避難。「但是有四個人協商失敗，狙擊手直接朝他們的腦部開槍。」他說道。

「那些士兵告訴他們不用擔心，接下來卻立刻將他們槍殺。」納賈爾表示。

納賈爾花了三十五年建造自己現在的居所，但是一夕之間全都化為烏有；而且他跟抵抗勢力毫無瓜葛，住家附近也沒有任何抵抗軍出沒。

「我的所有表親都被以色列軍人擄走。完全沒有他們的消息……究竟是生是死，還是早就被埋在倒塌的石堆中？」

納賈爾跟家人曾經到國際紅十字會尋找失散的親人，但是最後卻一無所獲，許多鄰居現在仍然下落不明。現在他們積極尋求外界協助，希望能幫忙找出失蹤的親友。納賈爾也表示他們需要推土機幫忙，來確認這些人是否被埋在坍塌的房屋底下。

有些被以軍逮捕的人幾天之後就獲釋。二十三歲的貝克向大家吐露被俘虜的經過，內容相當駭人。他表示有一名男子的衣服被扒個精光，遭到一群以色列士兵圍毆。

「以色列士兵讓我們排成兩列，前後各有一台坦克車，還在地上放了炙熱的沙子燙我們的腳。」他對《中東之眼》表示。

貝克說，以軍會審問他們關於地底隧道跟火箭砲彈的情報，「但是我們根本一無所知。」

當中有幾天，貝克的手上戴著手銬、眼睛矇著布，以色列的士兵也不讓他睡覺。貝克告訴他們自己只是一名農夫，而且只是剛好有一次在天上看到火箭砲彈而已。

「每天情況不同，完全要看審問我們的士兵心情好不好而定。」他一邊說著，雙眼目不轉睛地盯著焦黑倒塌的房子。

哈姆丹．納賈爾表示自己看到有十五名年輕男子在家中被以軍圍捕，後來還被困在浴室中，戴上手銬。貝克則說自己沒有親眼目睹這幅場景。

「以軍直接用槍射擊他們的腦部，這群年輕人當場斃命。我們發現屍體的時候，他們的手舉在頭上，掛著手銬，雙膝則是跪在地板上。」

哈姆丹說以前納粹就犯過這種惡劣的暴行了，現在以色列卻重蹈覆轍。

所有胡薩的居民都認識這十五位年輕的罹難者，他們的家人也已獲知死訊。但是還有許多當地居民，現在依舊苦苦等待失蹤親友的下落。

哈姆丹指出失蹤的人數相當龐大。通常戰亂期間，軍方都會公告戰俘的名單，但是以色列卻毫無動靜。過去四周，以色列完全沒有公布人質名單，也因此有許多家庭，至今仍不知道自己的孩子或是親戚究竟身在何方。

「我經歷過一九六七年的六日戰爭、一九八二年的薩布拉－夏蒂拉大屠殺、伊拉克戰爭，還有以色列二〇〇八年、二〇一二年，還有今年對加薩的軍事侵略。其中今年的損失最慘重：以色列大動作襲擊，彷彿他們在跟一個火力威猛、軍事規模浩大的國家交手一樣，孰不知加薩只有抵抗軍可以依賴；以色列乘人之危逮捕、傷害我們的孩子，甚至奪走他們的性命。」

漁民要求解禁鬆綁

在這場衝突中損失最慘重的就屬加薩的漁民，許多人譴責砲彈轟炸形同「經濟戰略」

加薩居民埃曼．阿拉莫迪從十八歲就開始當漁夫。不過靠捕魚養家已經是三十年前的回憶了，現在以色列與埃及同時封鎖這塊巴勒斯坦領土，這位必須養育四名子女的父親現在幾乎無法靠捕魚維生。

「對我來說，這場毫不間斷的戰爭是史上最慘烈的一次。空襲頻率之高、破壞力之強，我根本沒有辦法外出工作。」阿拉莫迪對《半島電視台》表示。他還說道，現在以色列每分每秒發動空襲，部署在加薩海岸的軍艦也持續發射砲彈，想要外出捕魚根本是異想天開。

二〇一四年七月八日以來，以色列的軍事侵略至少奪走了一千九百二十二條人命，更造成九千八百零六人受傷。四十六位以色列士兵以及兩名以色列國民喪命，一位泰國籍勞工也不幸罹難。

七十二小時的停戰協議於周二開始，加薩當地的漁民終於能有短暫機會外出工作，不過阿拉莫迪卻表示他今天在海上根本捕不到任何東西，最後只得空手而歸。阿拉莫迪現在跟另外九名漁夫共用一艘漁船，這九位漁民都跟他來自同一個家族，而他們的漁獲量總共要供七十位家族成員溫飽。

「今天捕不到魚。我們趁著七十二小時停戰的時候趕快去幫家人找點食物，但是根本撈不到什麼東西。」他一邊解釋，一邊用手將螃蟹從漁網上拿下來。他用手抓著螃蟹說道：「假如活動範圍受到限制，只能在兩到三海浬的區域內捕魚，差不多就只能抓到這麼一點東西而已。」

以色列展開軍事行動之後，F-16導彈將大量的捕魚器具炸毀，巴勒斯坦漁民損失慘重。巴勒斯坦漁業公會的祕書阿姆賈德．什拉菲向《半島電視台》表示，過去一個月，以色列對加薩沿岸展開的砲擊攻勢，總計讓加薩漁業損失了三百萬美元。

「以軍轟炸漁民用來放置捕魚用具、馬達，還有魚網的倉庫，根本就是要讓這些漁夫無法出海捕魚。」什拉菲說道：「這根本是對居民的集體攻擊。」

歷年來，有許多巴勒斯坦漁夫被以軍逮捕、遭到傷害，甚至死在他們的槍砲之下。什拉菲更提到，以色列海軍至今也沒收了五十四艘漁船。光是二〇一四上半年，以色列的海軍軍艦就對加薩漁民發動了至少一百七十七次的攻擊。

一個月前，就在七月六日當天，以色列官方縮限了加薩的經濟海域，將原本的六海浬減為三海浬。自從以色列於二〇一二年的軍事侵略以來，這已經是第四次在停戰協議生效期間，以軍對加薩漁民的活動範圍施加限制。

以色列官方並沒有出面解釋為何要頒布此命令。一個致力於擁護巴勒斯坦人民人身自由的機構負責人吉沙表示，「以色列也沒有表態之後是否會解除這項禁令。」

照理來說，根據一九九三年以巴雙方簽訂的奧斯陸協議[52]，加薩漁民應該能在海岸以外的二十浬海域內自由活動。

「這麼一來根本是在浪費時間，三海浬的海域內不可能有魚出沒；只有在六海浬以外的地方，我們才能在天然的礁石之間抓到各種魚類。」阿拉莫迪表示。他還回想起多年前，自己還能開著船到十二浬以外的海域，在地中海中捕捉各式各樣的魚種。

阿拉莫迪表示，二〇一二年埃及仍由穆爾西總統執政，當時全加薩都能以低廉的價格向以色列購買燃油，再透過地底隧道運回加薩，而加薩漁民還能到埃及海域捕魚。

艾資哈爾大學的經濟學家莫因．拉杰卜博士說道，以色列刻意重創加薩漁業，讓靠捕魚維生的討海人無利可圖，剝奪巴勒斯坦人這項歷史悠久的產業。拉杰卜表示：「這場經濟之戰，就是要迫使漁民投靠慈善團體，最後無路可退，離開巴勒斯坦。」

聯合國指出，至少有百分之九十五的加薩漁民必須依靠援助團體的接濟，才得以繼續生活；而加薩從事漁業的人口數也從二〇〇〇年的一萬人，銳減到二〇一三年的三千五百人。聯合國研究結果顯示，以色列施加的限制，導致巴勒斯坦漁民在二〇〇〇年到二〇一二年間，總共損失了約莫一千三百公噸的漁獲。

不過艱難的生活現況，並沒有擊敗巴勒斯坦年輕一輩的漁民，大家仍然堅持繼續捕魚。

52 奧斯陸協議指的是一九九三年八月二十日，以色列總理拉賓跟法塔赫領導人阿拉法特，在挪威的奧斯陸所協商而成的和平協議。

阿拉莫迪的姪子慕尼爾今年三十四歲，他靠著家裡的漁船捕魚營生；不過慕尼爾卻對《半島電視台》說，他捕魚所賺取的收入完全不敷使用、無法撐起一家人的生計。慕尼爾每天需要花費兩百以色列新謝克爾（美金五十八元）來啟動馬達讓漁船出海，但是他的漁獲量只能換取五十新謝克爾（美金十四元）。而這五十新謝克爾還要平分給親戚，所以十位漁民每個人只能分到五塊新謝克爾（美金一點四四元）。

「我們現在負債累累，欠了加油站一些錢；我們會把收入的一半付給加油站，一家人再靠剩下來的盈餘過活。」慕尼爾說道。他還表示過去一個月自己根本沒辦法外出工作。他提到家裡配備的漁船馬達已經遭到砲彈毀損，而換一顆新馬達估計要花費兩萬五千新謝克爾（美金七千兩百一十元）。

另外一位名叫薩勒・阿布・雅拉的漁民表示，他存放捕魚用具的倉庫直接被以色列的砲彈擊中。生財工具不堪使用，這位四十五歲的漁夫認為或許要花上好幾年的時間，自己才能重新站起來。

「以色列不允許我們使用馬達，所以外面也買不到漁船用的發動引擎了。」他說道：「一旦這些東西化為砲灰，就永遠無法被利用了。這就是以色列的終極目的。」

阿拉莫迪表示，除非以色列跟埃及解除對加薩的封鎖，這樣一來漁民才能回到大海。也因此，哈瑪斯為了實現讓巴勒斯坦人重獲自由的心願，至今仍然持續跟以色列協商交涉。

「我們只是盼望能跟自己的祖父一樣，」阿拉莫迪說：「繼續捕魚，養活一家老小。」

暴動之城重現，牲口已然死亡

一位住在胡薩的居民對《中東之眼》表示：「甚至連我孩子的積蓄都被掠奪一空。」

納賈爾的住家原本是一棟美麗的黃褐色別墅，現在卻支離破碎。胡薩位於加薩與以色列相鄰的國界附近，這裡跟以色列的坦克部隊相距咫尺，兩周前也成為以色列軍隊第一個攻破的地區。「他們來到這裡，破壞所有家當，包括窗戶、前門、檯燈、家具，還有我的臥房。他們還偷走我的積蓄。」三十五歲的穆罕默德．胡珊．納賈爾說道。

《中東之眼》採訪團隊來到納賈爾的住家，調查他剛才提到的物品，檢查毀損的痕跡、巡視整棟房屋毀損的區域。

納賈爾帶著我們在他居住的別墅裡走動；在他別墅前面，還有另一棟他姪子一家人棲身的大別墅。雖然毀損的大門上並沒有彈孔，但明顯遭到金屬物品的破壞，門鎖也被撬開。

「他們打開廚房裡的真空袋，還把沙發倒過來、將椅墊全部割破。」納賈爾一邊說道，一邊環視家裡慘不忍睹的景象。

他的廚房更是一團亂：裝洋蔥的盒子被扔得到處都是、餐盤也碎了一地、冰箱門赤裸裸地開著、廁所裡的馬桶座歪七扭八，馬桶的水還溢到客廳去了。房間內有一副眼鏡，大概是以色列士兵忘記帶走；地板上則到處都是麵包以及草莓果醬，還散落了幾個上頭寫有希伯來文的袋子。

納賈爾走進臥室，他懷疑這些入侵者曾經睡在自己的床上。納賈爾還說自己在床鋪的左邊挖了一個洞，之後顯然被人用暴力扳開。

「你們過來臥房，我想讓你們看看我把錢藏在哪裡。」他說：「我在床的邊緣設計了一個小洞——絕對不會有人想到這裡有錢，連我太太都不知道。」

以色列部隊入侵他家時，有位士兵威脅納賈爾交出隔壁養雞場的鑰匙。納賈爾一直都把鑰匙藏在床腳旁。納賈爾把鑰匙交給士兵，應該就是那時不小心暴露了存款的藏匿處。

隔天，同一位士兵回來歸還鑰匙，接下來便要求納賈爾跟他的妻兒離開住家。

「在養雞事業投注了十二年心力之後，我存了四萬美金，希望能到別的地區擴展事業版圖，順便雇用親戚朋友當員工。」他說。

他跟家人得知有七十二小時的停火空檔時，便立刻衝回家，卻發現四萬美金的積蓄不翼而飛。雖然納賈爾懷疑這是否是其他巴勒斯坦人所為，不過他們一家人卻是最早回到胡薩的，代表在此之前完全沒有其他人出沒。

夜幕降臨，汗尤尼斯東部的胡薩一帶杳無人煙。有一位居民對《中東之眼》表示，他現在飢餓難耐；這時也有另一位鄰居出面表示，當地一位販賣沙拉與三明治的小販已經離開此地，之後不會繼續開業了。

穆罕默德・納賈爾的損失不僅是失蹤的積蓄：被迫離開胡薩整整一周，他飼養的雞隻早就因為無人餵食而紛紛喪生。

納賈爾一家跟許多居住在胡薩的家庭一樣，他們的生活經驗跟其他加薩居民迥然不同。大部分住在胡薩的居民，是最早住進加薩走廊的移民。一九四八年的中東戰爭還有以色列立國之後，約有七十萬名巴勒斯坦人遭到迫害、被迫流離失所，而這起歷史事件在阿拉伯語中就是所謂的「大災難」。

因為胡薩跟以色列的距離實在太近，所以當時納賈爾跟其他住戶，都用相對便宜的價格購得現在安身立命的土地。現在土地的價值已經飆升到數百萬元，然而這些居民仍然跟其他加薩人民一樣，都靠著類似的工作維生度日。雖然如此，胡薩地區的住戶還是有能力建造較為豪華的別墅，而這種住宅大概也只有在胡薩才能見得到。

「承受以色列的砲火攻擊，我們就像從鬼門關前走過一遭一樣。」納賈爾說著，一邊將手伸進位於床腳中、空空如也的小洞裡。雖然他將暫時替用的保險箱上了鎖，但仍然遭到破壞，保險箱的殘骸現在則是躺在覆滿塵土的臥室地板上。

納賈爾不知該如何是好，只能跑去尋求國際紅十字會的協助。國際紅十字會現在正在調查損失的規模，他們也要求納賈爾周日再過來一趟。

「紅十字會叫我找一位以色列律師，再到以色列法庭上訴。」他對《中東之眼》表示。以色列有關當局表示，他們會開庭偵訊這起事件。穆罕默德・納賈爾雖然對審判結果不抱期望，但他還是堅持要抗爭到底。納賈爾現在已經著手準備上訴事宜。

民眾控訴以色列士兵疑似偷竊的案例層出不窮。在這個位於以色列與加薩國界邊緣的城鎮，每次只要以軍發動陸地侵略就會有成群結隊的士兵現身，許多居民都抱怨他們的住宅被入侵、財物被竊取。

穆罕默德．納賈爾的表弟貝克．納賈爾今年二十九歲，他在這周返家——他被以軍狹持整整五天，還被脅迫脫光衣褲。貝克．納賈爾回到家一看，發現住家遭到肆意破壞。貝克在家中擺放碗盤的櫥櫃裡藏了兩千美元跟娶未婚妻的結婚許可書，他認為櫥櫃遭到破壞也是以色列士兵所為。

跟其他表親比起來，身為農民的貝克過著較為富裕的生活——他努力工作、省吃儉用，終於存到藏在櫥櫃裡的兩千美金。

貝克．納賈爾表示，「以色列士兵偷走的這些錢，是我為了明年九月的婚禮存下來的。」

而在城鎮外圍的同一個住宅區內，住著一位今年三十四歲、名叫哈利卜．納賈爾的居民，他在當地經營一家沙拉三明治餐廳，在其他同性質的小販還沒離開鎮上之前，他們一起在餐飲市場上競爭。納賈爾有一個習慣，就是每天晚上都會存下十塊新謝克爾的銅板。不過現在他的積蓄也不知去向。

「我存這些錢，是希望哪天我的三個孩子需要醫藥費或急用時能夠派上用場。」納賈爾說：「但是現在連孩子自己存的錢也被偷了。」

納賈爾說他的孩子穆罕默德有一個塑膠泰迪熊撲滿，而以軍破壞了撲滿，掏空所有銅板。納賈爾表示自己一點也不怕上法院，就算所費不貲，他也要努力賣沙拉三明治，存更多錢來請以色列的律師。

「只要我活著，就要向他們討公道，絕對不能犧牲任何權利。」他表示。

「請不要殺我」：草率處決紀實

胡薩的一戶人家表示，他們的親戚對以色列軍方舉白旗，請他們讓女人跟小孩從家中撤離時，以色列士兵卻毫不留情地直接將他射殺

拉加德．古達現在除了叔叔家之外，完全沒有地方可以投靠。她的叔叔名叫穆罕默德．陶菲克．古達，今年六十四歲，家裡有一處地下室可供避難。

前兩天晚上，以軍用盡各種武器還有導彈攻擊古達的住處。「他們還動用殺蟲劑，好像我們只是昆蟲一樣。」拉加德說道。

七月二十五日周五當天，住在拉加德隔壁的鄰居海爾米．阿布．瑞杰拉一家遭到砲彈襲擊，所有人都被壓在倒塌的房屋底下。

砲彈轟炸之後，以色列士兵在拉加德的住家附近瘋狂掃射。好不容易終於有片刻寧靜，拉加德全家人就趕快到隔壁的叔叔家避難。

叔叔家的地下室裡，總共容納了拉加德一家二十一個人，當中還包含她的姐妹跟母親。大家都不想踏出地下室一步。其他住在這個鎮上的居民試圖逃出家中，但是最後卻遭到以色列擊傷、甚至喪失性命。有些民眾聽從以色列特種部隊的指令撤出家中，但卻在這個南方小鎮的入

口處遭到狙擊手圍攻。

「我們在地下室待到周五中午，」拉加德一邊說，眼淚一邊從臉龐滑落。「以色列的推土機漸漸靠近叔叔家，把一側的牆壁給推倒了，以軍部隊也就衝進屋內。」

推土機撞進屋內之後，這家人都很怕上頭的建築會全部壓住地下室，這個時候士兵也破門而入。

「我們把窗簾都拉起來，但是當子彈打到門上、外頭又有聲音叫我們不要再躲的時候，大家都嚇壞了。」她說。

「拜託不要殺我」

拉加德的叔叔穆罕默德對其他家人說，他願意把門打開、跟外頭的以色列士兵好好溝通，告訴他們裡面躲的全都是無辜的市井小民。

「叔叔很勇敢地踏出門外，手上拿著一隻白旗，對外頭的士兵說：『我是一個完全沒有威脅性的老百姓，房子裡面也只有一些女人、小孩跟長輩而已。』」拉加德如此描述。

拉加德的叔叔其實多數時間都住在西班牙，所以他把西班牙的永久居留證（他在西班牙享有居留權）拿給以色列士兵看，並且用四種語言——英文、西班牙文、阿拉伯文、西班牙文來跟敵軍溝通。叔叔對家人表示用多種語言交談，才能盡量避免彼此的誤會。

叔叔越來越靠近以色列士兵，同時也用相當柔和有禮的語氣在四種語言之間切換。

「拜託不要殺我。」叔叔說道。

這個時候突然爆出一聲槍響，一位身高不高、金髮碧眼的士兵握著M-16步槍，雙手不斷顫抖。拉加德說那位士兵年紀差不多二十出頭。

「我看著那位士兵的眼睛，淚水不斷在他的眼裡打轉。」她說。

「我爸爸只有說：『拜託不要殺我們，我們都是很溫和的市民。』」叔叔三十五歲的女兒布希娜．古達表示，聲音中充滿絕望。「但是士兵最後還是狠下毒手。」

拉加德仍然驚魂未甫，她從來沒有想過以色列士兵會殺害一位手無寸鐵的市民。

「如果要說他們近距離槍殺一位反抗軍成員的話我可以理解，但是對一位善良無辜的男子開槍，這算什麼？」她說。

布希娜則繼續說：「以前我爸爸跟士兵交涉時態度都很強硬，他會大聲喝止敵軍，叫他們不要再用不堪入耳的字眼侮辱我們、侮辱巴勒斯坦人。但是這次不同，爸爸好像意識到要保護自己跟家人的生命，所以舉動比較謹慎。」

「但是這場殺戮太冷血了，一個活生生的男人就這樣無緣無故倒在我們面前。」就讀英語系的大學新鮮人拉加德如此表示。

一位定居海牙、專門教授人權議題的講師海倫．亨特金斯表示，她常常聽到類似的事件。很多人在避難的時候遭到敵軍攻擊，而這種現象也讓她想到一九九四年的盧安達大屠殺[53]。

「在這些事件中，無辜的男女老幼全部都沒有反抗，大家躲在安全的庇護所中，包括教堂、醫院、學校，但是卻紛紛遭到敵方攻擊。」亨特金斯說道：「加薩所經歷的一切讓人想到過去的大屠殺。從以色列的意圖跟目的來看，其實他們的所作所為跟種族滅絕毫無二致。」

「子彈迫使我們躲在屋內」

布希娜說，那位士兵朝她父親開槍之後，其他三名士兵便紛紛後退，對他們一家人投擲催淚瓦斯。

拉加德跟家人立刻衝進屋內；催淚瓦斯讓人難以呼吸，也根本看不清叔叔的狀況。幾分鐘過去，先前那三位士兵又再次闖進屋內。

「你們怎麼還不離開這棟房子？」三名士兵開口問這家人。

「剛才本來想逃，」拉加德對士兵說：「但是你們一直朝我們開槍，為了躲子彈，我們只好留在屋內。」

拉加德在這棟殘破不堪的房屋外頭，重新講述當天晚上的一切經過。屋外原本是一座飼養有山羊、鴿子、雞與狗的小農場，現在也已破爛不堪，家禽家畜全都不幸喪生、屍體散布在各個角落，原本溫馨可愛的小花園，現在也瀰漫著腐肉的臭味，大家都分不出這究竟是動物的屍臭味，還是隔壁鄰居遺體的氣味。

53 盧安達大屠殺發生在中非的盧安達地區，是胡圖人對圖西族人進行的種族滅絕行動，大約造成圖西族百分之二十的人口死亡。

拉加德說自己曾用英文跟一位士兵溝通，解釋為什麼他們一家人尚未離開住家，但是那位射殺她叔叔生命的士兵不發一語，而他手中依然緊握著那把槍，隨時準備殺人。

「我對以色列士兵說這裡全都是小孩跟女人；我的表親在旁邊用希伯來文跟他們溝通、我講英文，躲在地下室的小孩則是用阿拉伯文大吼大叫。」她回想當時的畫面。

「他們殺了我叔叔之後，就放我們一條生路。」她說。接獲士兵的指令之後，拉加德一行人就回到她父母的住家，留下血流不止的叔叔獨自倒在地上。

雖然拉加德跟他的家人得以逃回自己家中，但仍有許多家族中的男性成員——包含穆罕默德．古達的兒子拉瑪丹．穆罕默德．古達——被以色列士兵扣留。

拉瑪丹表示他們被扣留了好幾個小時，以色列士兵抓著他們從一間房間移到另一間房間；這些士兵還趁著自己朝窗外開槍的時候，把拉瑪丹一群人當作人肉盾牌。其實當時並沒有任何巴勒斯坦人民反擊以色列士兵，但是這項戰略還是讓拉瑪丹嚇得魂飛魄散。

「我們隨時都有可能喪命。」他說。

躲在樓梯底下

拉加德連同其他家人回到自家時，以色列的士兵在距離他們兩公尺處，朝他們這群女人小孩的腳邊發射子彈。這項戰略屢見不鮮，目的就是要讓老百姓心生畏懼。

「我們早就習慣以色列從空中投擲炸彈、用推土機搗爛加薩百姓的住家，或者是直接發射坦克砲彈；但是闖入民宅、在眾目睽睽之下直接槍殺我們摯愛的家人，這種事可是前所未見。」她說。

「這些以色列士兵根本毫無人性，他們兇暴殘忍、狼心狗肺。」拉加德努力控制情緒，不讓眼淚奪眶而出，聲音中也透出她的堅毅。

拉加德一行人回到父母家時，她發現所有人都躲在樓梯底下，大家都認為這個地方是家中最安全的所在。拉加德要父親以及其他人向神禱告，同時還要做好遭到以軍槍殺的準備。

這個時候，推土機赫然將屋子的圍牆挖出一個大洞，外頭的士兵朝著樓梯間瘋狂掃射。

拉加德先前為了觀察屋外的動靜，在牆壁上鑽了一個小孔；沒料到以色列士兵將槍插入孔中，對著屋內咆哮：「快過來！有誰在房子裡面？」

「全部都是我的家人，」她如此回覆。那位士兵要待在屋裡的人一一出列。

拉加德的父親年屆花甲，卻被以色列士兵用槍柄推來推去。拉加德說：「我真是替爸爸感到難過，這樣一個既年長、又有智慧的男人竟然遭人毆打。」

拉加德一家人後來又被押進屋內。拉加德詢問士兵她的叔叔現在身在何方，士兵則表示他們已經在第一時間給予治療，現在叔叔大致上安然無恙。「他們跟我說叔叔還活著的時候，我真是鬆了一口氣。」她說。

小孩子則在旁邊不斷哭喊，一直想找水喝，但是屋內的兩位金髮以色列士兵神情漠然，甚至不允許他們喝水或上廁所。

「他們用槍指著我們一家人，大家連動都不能動。」拉加德說。

有一位德魯茲派[54]的士兵較為仁慈，他遞給孩子們一瓶水。這位操著阿拉伯語的士兵還提醒大家把耳朵摀起來，以免受到爆炸聲的傷害。

拉加德的兄弟全都戴著手銬、眼睛被黑布矇著，不曉得被以色列士兵帶到哪裡。他們都對士兵喊著：「拜託你們，我們什麼都沒做啊！」而附近的大樓還不時飄出濃煙。

每次拉加德問以色列士兵他們什麼時候離開，或是能不能用廁所的時候，士兵都一貫回答：「去問哈瑪斯。」

一位帶著深藍色猶太圓頂小帽的士兵命令拉加德說出地底隧道在哪裡，要如實招供才能放她一馬，而拉加德不斷表示自己對哈瑪斯的行蹤毫不知情。

「後來女人終於能夠去上廁所了，但是士兵卻跟到廁所裡面繼續監控。」她說。

跟在士兵身邊的軍犬不斷在孩子身旁徘徊，小孩都嚇得半死；以色列士兵還在一旁裝填子彈，不斷扣板機、製造噪音，情景跟穆罕默德叔叔被槍擊的時候相當雷同。

「等一下會有人來告訴你們該怎麼做。」一位士兵對拉加德一家人說。

過了一陣子後，拉加德的父親拉瑪丹進到屋內對她說：「他們令命我們只能從一條路線離開，而且不能東張西望，也不准跟士兵爭執。」

「請盡量不要說話。」拉瑪丹向女兒表示穆罕默德已經確定身亡。「壓低音量，去跟叔叔道別吧。」

最後一眼與無法壓抑的疑問

所有孩子衝向前，圍著那具倒臥在血泊中的屍體。穆罕默德的姪兒、姪女與孫子，抓著他的招牌大鬍子；見他最後一面的時間並不多，只有短短幾秒，有的人親吻他的手，其他人則是吻著他的額頭跟雙腳。大家都盡可能不要發出聲響，以免士兵對他們開槍。

「我親了叔叔，對他說我很驕傲能當他的姪女。」拉加德說道。

最後這家人終於獲釋，不過穆罕默德的屍體卻只能永遠擺在這裡。全家人準備動身離開的時候，拉加德停下腳步，開口對一位說著英式英文的士兵拋出問題。

「為什麼要殺我叔叔？為什麼要殺一位毫無威脅性的人？」她問。

拉加德表示，「當時那位士兵轉身就走，臉上還掛著兩行淚。」

另外一位士兵給在場的小孩子口香糖，大家都無法拒絕，因為當時實在是又餓又渴。「那個時候我們的生命還掌握在他們手中。」拉加德說。

拉加德跟父親還有其他家人，包括四名孩童、十個女人，還有六個男人，從叔叔的住家走了七公里遠，越過他們所居住的城鎮、穿過無數具死屍。正當他們沿著被以色列推土機搗爛的馬路行走時，以色列士兵又再次朝他們開了槍。

54 德魯茲派是中東一個源自於伊斯蘭什葉派的教派。

「有時候這些士兵會威脅我們：『你們一定會死在路上。』」布希娜表示。她說士兵對她的家人撒謊，騙他們說她父親已經接受治療，但是穆罕默德的屍體根本動都沒動，完全維持當時遭槍擊倒地的姿勢。

「我爸爸當場死在我們面前，這種行刑方式真的太冷血、太無情。爸爸對我來說相當重要，他也深深影響了我的人生。」

在屋子外那個曾是一片美麗花園的地方，穆罕默德的屍體整整躺了七天，後來被送往醫院的時候根本難以辨別。屍體浮腫、瘀血；但是比起醫院中其他被昆蟲啃食的遺體而言，穆罕默德已經幸運許多。

以色列攻擊加薩小鎮：違反戰爭法規

有目擊者指出，在加薩南部的胡薩地區，以色列士兵狹持巴勒斯坦人作為人肉盾牌，再朝市井小民開槍、發動攻擊

以色列推土機將穆罕默德．哈利．納賈爾住家外頭的圍牆壓倒，將碎石堆推到房屋的廚房中。數十位以色列士兵接連湧入他家，許多人臉上蒙著面罩、手持槍械，將屋裡的房間給徹底搜遍。

「房子裡只有我們這家十四口人，大家都是老百姓、女人還有小孩，跟我的兩個小兒子。」納賈爾用希伯來文對部隊指揮官喊話。在以色列當了三十年的建築工人，納賈爾的希伯來文相當流利純熟。

「我待在以色列的時間比你還長。」納賈爾繼續補充道，不過士兵卻對他的請求充耳不聞。

「我想讓我的家人住在一個安全的天堂。」自從以軍破門而入過了四小時之後，今年五十七歲的納賈爾終於對士兵吐露心聲。納賈爾對《半島電視台》表示，在他對以色列士兵喊話之後，士兵竟然將他們一家人當成人肉盾牌——一行人走在加薩南方的胡薩街道上時，以色

列士兵全都躲在納賈爾一家身後。

納賈爾還表示以色列士兵對他說：「帶著這些女人到汗尤尼斯、拉法市，或是其他地方。」哈瑪斯與以色列的停戰協議在周五開始，納賈爾在這個短暫的空檔回到家中。他這才發現，自家早就被以軍掠奪一空，所有家具跟家人的財產也都毀損殆盡。

聯合國表示，自從七月八日以色列發動攻擊以來，至少有一千九百二十二名巴勒斯坦人喪生、九千八百零六人遭到砲火擊傷。六十四名以色列士兵與兩位以色列人民身亡，一位泰國籍勞工也不幸罹難。

七月二十三日當天，以色列士兵對胡薩發動陸地侵略。胡薩位於汗尤尼斯附近、與以色列國只有咫尺之遙，鎮上約莫有一萬名居民。

人權團體指出，在這場衝突中，以色列朝著胡薩的當地居民發動砲火、奪走許多人的生命。有些組織甚至表示，在七月二十三日到二十五日之間的攻擊行動，「顯然違反國際戰爭法規」。

據稱以色列軍隊有事先警告胡薩當地居民，要他們撤離此地。不過以色列砲彈如雨點般落下，許多住戶都被困在家中無處逃脫。以色列的空襲行動破壞了許多市民的住宅，也毀損了當地的清真寺。

國際紅十字會表示，有一位醫護人員試圖要疏散當地受傷的巴勒斯坦居民，更想將罹難者的遺體運出胡薩這個城鎮之外。

「事先對居民發布警報，不代表就可以名正言順地攻擊他們。這些住戶根本就逃不開，攻擊他們完全是刻意挑釁國際戰爭法的規範。」人權觀察組織的中東與北非分部主管莎拉．惠特森如此說道。

以色列軍方發言人透過電子郵件對《半島電視台》表示，對於近期發生在加薩的任何一場軍事活動，他們不方便發表評論。

不過以軍卻表示，他們已經「盡可能採取各種措施，避免傷及無辜的加薩居民」，而且「這場軍事行動結束之後，也會仔細調查所有攻擊事件。」

「雖然不對特定攻擊事件發表看法，但是我軍把攻擊都會區的行動時間拉長，代表我們盡量避免傷及無辜。反觀哈瑪斯，他們完全不顧居民死活，把加薩人民當成人肉盾牌。」以色列軍方說道。

巴勒斯坦人權中心的副主任賈比爾．威斯哈在以色列發動地面侵略之後，實際走訪胡薩這個城鎮，也親自訪問了當地的三戶居民。

根據人權中心的調查，威斯哈表示以色列士兵命令胡薩居民離開住家，強迫他們通過一個以軍設立的檢查站，之後才允許老百姓離開胡薩地區。

威斯哈還說道，大約有七十到一百位居民在檢查站遭到逮捕，接著被送往以色列境內、靠近以色列與加薩國界附近的臨時質詢處。很多人經歷了整整三天的拷問，才得以離開。

「我覺得以色列大規模破壞胡薩地區，就是為了要嚇阻整個汗尤尼斯的居民。」威斯哈更對《半島電視台》解釋，以色列若是掌控了胡薩這個城鎮，整個加薩走廊就會一分為二，分成北部與南部兩塊領土。

「不久之後，偵訊與調查委員會很快就能發現以色列不僅違反戰爭法，他們還違反人道法，以及對加薩走廊犯下種族清洗的惡行。不管眼前是無辜市民還是反抗鬥士，以軍一律格殺勿論。」威斯哈表示。

以色列士兵不只逮捕納賈爾的兩個孩子——貝克與薩德，還抓走家族中的其他表親。根據人權觀察估計，七月二十三日當天大約有一百名胡薩的巴勒斯坦人遭到逮捕，而這些人大都是十五歲以上的少年或男人。

據稱，以色列士兵還持槍脅迫胡薩一間大型清真寺的伊瑪目，要求他利用擴音器對民眾說：「向以色列軍隊投降，就能保全自己的人身安全。」以軍透過這種手段，讓居民全數撤離自己的住家。

今年十九歲的貝克回想，「以軍逼我們在烈日底下，坐在地板上整整一個小時，但我們這群社區居民，全都跟反抗勢力扯不上關係。」

貝克表示以色列士兵將這他們帶到一處未知的地點，將大家身上的衣服扒光、脫到只剩內褲。貝克還說他們的雙手被銬住、眼睛也被矇了起來，這個慘況整整持續了五天之久。

貝克對《半島電視台》說當時有一位士兵大聲咆哮：「快點坐好，否則不要怪我對你開槍。」所以他只好光著臀部，坐在滾燙的沙子上頭。

他的哥哥薩德也被迫坐在溫度極高的人行道上，「晚上溫度驟降，但是我們身上只穿著一條內褲而已。」今年二十三歲的薩德說道。

「連續這樣坐了五天之後，接下來的每個晚上我們都維持這種姿勢睡覺。每天晚上，以色列軍方都會三番兩次把我們叫醒，手銬則是二十四小時固定在我們手上。」

後來以色列士兵將這對兄弟帶到加薩北部的的埃雷茲關口，把他們扔在那裡，兩兄弟終於重獲自由。兄弟倆說那個時候是國際紅十字會開車來接他們，將他們送回汗尤尼斯；不過他們的表親至今仍然下落未明，一家人也沒有接獲任何關於表親的消息。

貝克即將跟心愛的妻子成婚，但是他說自己位於胡薩的住家，就在上個月慘遭以色列破壞。「連我為了婚禮開支所存下來、放在保險箱裡的兩千塊美金也被以色列軍隊偷走了。」他說以色列士兵遺留在屋裡的只有一大堆塑膠手銬而已。

「沒有電話、沒有水，也沒有電，我根本沒辦法跟任何人聯絡。」因為先前慘痛的經驗，貝克現在深受創傷，也不敢透露太多細節。他對《半島電視台》表示，「在烈日底下待了這麼久，我的皮膚都曬傷了。」

加薩走廊新瘟疫：皮疹

人滿為患、環境衛生惡劣，加薩的難民營成為傳染疾病的溫床

有一名母親焦慮不已，她的孩子身體不適，但卻沒人知道病症的起因為何。這位母親四處奔走，但是戰事紛擾，除了她現在暫住的聯合國學校之外根本無處可去。

艾拉法．阿布．杰米今年二十九歲，她跟著自己八個月大的孩子雷瑪斯來到聯合國設立的學校，完全不知道寶寶的身體究竟出了什麼狀況。女嬰身上的皮疹清晰可見，胃痙攣、嘔吐還有其他胃部不適的症狀似乎也非同小可。

「她不斷嘔吐，體溫也持續升高。以前除了偶爾需要注射疫苗之外，我女兒都不用看醫生的。」在汗尤尼斯的近東救濟和工程處學校中，這位擔驚受怕的母親帶著女兒，排隊等待緊急駐診醫師的治療。

自家住宅遭到以軍導彈轟炸之後，阿布．杰米便帶著孩子來到學校投靠——他們一家有二十八人在屋內喪命，而整個汗尤尼斯東部也有許多居民罹難。

阿布．杰米與女兒無處可去，目前看來，她們似乎必須待在這所學校好一陣子了。不過住處現在卻不是她最掛心的事。過去十天以來，女兒的身體狀況不斷惡化，所以她不斷尋找醫師

幫忙診斷，希望能找到治療愛女的方法。

情況艱困

任職於近東救濟和工程處醫院的緊急醫護團隊的亞門．沙伊爾表示，同時應付這麼多症狀不同的患者對醫院而言是非常大的挑戰，而且他身邊也沒有足夠的藥品可以治療病患。他也認為在如此擁擠的空間當中（學校中的每間教室約莫容納一百位民眾），要治癒雷瑪斯身上的皮疹根本難上加難。

教室外頭有一百多人正在排隊，大家都等著讓沙伊爾醫生檢查自己身體狀況。有人的皮疹病況相當嚴重、有人頭頂出現頭蝨、也有人得了重感冒或是腸胃炎，不斷腹瀉嘔吐、還有些人的上呼吸道則是遭到嚴重感染。

沙伊爾表示，他每天都要治療一大群腸胃不適的孩童——有的患者得以治癒、有些則不見好轉。他也發現有越來越多孩子呈現嚴重脫水現象，這些患者全部都需要到學校暫時設立的醫院，耐心等待醫療團隊診治。

沙伊爾表示，「環境不衛生、空間過度擁擠、營養不良，還有災民體內無法照常進行水化作用[55]，以上這些因素加在一起，導致了加薩居民身上出現的症狀。」

55 物質與水化合的反應，又稱為水合作用。

阿布・杰米領到了一天份的藥品，但是之後還是要繼續到其他診所追蹤就診；不過她也知道在以色列的軍事攻擊之下，汗尤尼斯的醫院人滿為患，院方都會先診治重大傷患，心有餘力才會照顧病情不嚴重的居民。

阿布・杰米住在汗尤尼斯東部地區，但是因為以色列軍隊動作頻繁，她無法在當地就診。只能帶著女兒到另一家聯合國設立的診所，不過那裡的醫師表示，每天值班的六小時裡，必須診治大約兩百位病患。醫生花在每位病患身上的時間不超過兩分鐘，而漫長的候診時間，說不定又讓病菌得以蔓延滋長。

加薩的聯合國機構現在已經無法負荷當前的緊急情況：超過四十五萬名加薩市民流離失所，這些人全都湧入政府的學校、醫院、公共空間、教堂，或是投靠親戚。各棟建築物都擠滿了逃難的災民，環境衛生也令人憂心，很多民眾都營養不良、不停拉肚子，醫療團隊的藥品也嚴重短缺。

不過在居民避難處中最嚴重的問題，其實是皮疹、頭蝨，或是身上長蝨子。近東救濟和工程處紛紛發送傳單，教導居民如何在一般情況下避免這種皮膚病。

這種病症對加薩人民來說實在不算常見，而且要在這麼艱困的環境之下隔絕這些疾病，根本就比登天還難。

有一位婦女來到診所，她擔心學校裡面沒有地方可以淋浴沖澡；自從以色列發動軍事攻擊以來，她跟自己的孩子已經連續五周沒有碰到水了。

胡斯尼・阿布・利達站在等待看診的人龍當中，他腿上的皮疹不僅相當嚴重，似乎還逐漸蔓延到其他身體部位。胡斯尼很擔心自己的妻子還有八位孩子會染上這種病。他從鄰近的謝克・賈伯爾學校來到這家診所，因為在當地，他根本找不到醫生幫家人看診。從前他們一家人住在相當舒適的別墅當中，因此現在的處境更是讓他額外難堪。他的公司倒閉、財富離他而去，身上的積蓄已經所剩無幾。

胡斯尼十一歲的孩子阿布杜拉嘔吐得相當厲害，他也同樣在隊伍中等待看診。學校地面污水飄散出的惡臭實在令人難以忍受，但是這裡對他們一家人而言，卻是唯一「安全」的庇護所。畢竟原先設立學校的目的，並不是為了要收容這麼大量的病患以及心急如焚的民眾，所以目前該校的收容制度幾乎就要崩潰瓦解。

「住在這裡的第二周、當我們躺在地上睡覺的時候，旁邊的牆壁竟然不斷滲出污水。」他說。

他還說，校方會派遣卡車出動，每天進行四次抽水工作；但是不出一個小時，地上又會到處都是噁心的髒水。好不容易找到一個乾淨的小角落，他們一家人就只能窩在那裡。

胡斯尼認為，聯合國應該即刻開放更多避難所供加薩人民使用，畢竟空間有限，而且在現實逼迫之下，也有越來越多人來到這個污水橫流的空間尋求庇護。

「每間教室大概睡了一百個人左右。如果每個人身上都帶有一個病毒，那麼疾病很快就會傳染開來。」沙伊爾醫生表示。

「有一次我先治療了一個小孩，結果隔天他的妹妹、弟弟，還有其他鄰居，也全都染上一樣的病，跑來找我治療。」他一邊說，同時努力替高燒四十度的雷瑪斯・阿布・杰米降溫。

要是生活環境沒有改善，大家都很擔心日後會有更多居民染上死亡率更高的疾病，像是腦膜炎、痢疾，或是霍亂。

胡斯尼最近才剛遭逢巨變：他的兒子跟弟弟上周才在汗尤尼斯東部地區死於以色列的空襲之下。他很害怕紛擾的戰事會奪走他們全家人的性命。

「我們才剛從鬼門關前走過一遭而已。但是現在看來，以色列不打算用槍砲殺死我們，他們似乎想讓加薩人民死於傳染疾病。」胡斯尼說道。

宛若颶風災區

離開了擁擠雜亂的聯合國學校之後，加薩走廊中的某戶人家回到變成一攤礫石堆的住家

「雖然已經七十歲了，但是我總覺得自己好像今天才剛出生一樣。」馬哈茂德・阿布・哈德伊口中說著，一邊檢查家中有哪些家當逃過砲火的摧殘。哈德伊智慧過人，所以受人景仰；他定居在汗尤尼斯一個名為法哈立的村莊中。

為了躲避以色列攻擊，他離開家園，逃到聯合國設立的學校。不過後來哈德伊放棄躲在學校，決定使用他從家中搶救出來的素材：被單、枕頭套還有毛毯，回到家中搭建帳篷，幫自己跟家人打造一個避難處，稍微隔絕外頭炎熱的天氣。

「我一輩子經歷過很多戰爭，但是這次跟過去完全不一樣，以色列今年的目的就是要讓老百姓粉身碎骨、讓住宅倒塌崩壞。」這位老先生說道。清新的微風拂過這棟剛被以色列摧毀的住宅，哈德伊的孩子則是圍坐在他身旁。

這個村莊在加薩走廊算是相當荒涼貧瘠，很多當地居民靠著農牧業維生，他們會將自己生產的農作物送往加薩蔬果市場販售。法哈立距離以色列國界只有三公里遠，因此即便現在兩國停戰，耳邊還是不時會傳來以色列坦克車或推土機移動的聲響。因為地理位置偏遠，法哈立不

常受到媒體關注，所以要將傷患還有死者送往醫院的時間總是比其他地區來得久一些。

草木也躲不過以軍攻擊

「現在的場景就像風災過後一樣，到處一片死寂，跟墓園一樣無聲無息。我們住在這棟房子已經以四十五年之久，我的孩子還重新翻修過一次，但現在被砲火毀得面目全非。這間屋子已經成為歷史了。」哈德伊表示。倒塌的礫石堆底下，飄出屍體腐敗的強烈氣味；當地居民現在還沒辦法找回親友的遺體，大家仍然迫切等待挖土機能來把倒塌的房屋給掀起來。

「以色列的砲彈不僅傷害我們，連花草樹木或是石頭也不放過。」他說。現在哈德伊坐在廢墟之上，生命中的回憶全都被碎石給掩埋。

以色列F–16戰機在空中拋下傳單，要當地居民儘速撤離之後，所有人都立刻決定離開這個村莊。

「以色列軍隊闖進民宅，還霸占我們的房子好幾天。」哈德伊表示，「我們別無選擇，只好到加薩歐洲醫院避難。」逃難的時候，他們夫妻倆還有二十一名子女、孫子全都加緊腳步，躲避從天而降的炸彈。鄰居的一頭驢子遭到彈片攻擊、頸部血流不止，哈德伊奔跑的時候還被這頭驢絆了一跤。

「七十二小時停戰協議生效的前一晚，我家還完好如初。」哈德伊說：「現在它卻好像被炸彈轟過一樣。」他站在遠處看著自己的住家，希望等到以色列的坦克車跟推土機靜止不動、飛揚的塵土也飄散而去時，能有寧靜的片刻好讓他重返家園。

現在，哈德伊跟妻子不斷在碎石堆中挖掘，但是很多家當還有他們的個人物品，全部都面貌模糊、難以辨識。

「以色列士兵就在這裡吃東西——你看這邊有一些罐頭，上面寫著希伯來文。這裡還有一些藍色塑膠袋，他們在裡面裝了排泄物之後就丟著不管，到處都是。」哈德伊露出相當痛苦的神情。

他的孩子在離家幾百公尺遠的地方，找回了一個存放氣體的鋼瓶。

而他七十歲的妻子烏姆．哈尼，費了好幾個小時尋找母親跟祖父母留給她的金屬飾品；許多家庭都會將私人的傳家之寶託付給下一代，一直傳承下去。

為了延續傳統，烏姆．哈尼希望能把珍貴的個人物品交給孫女，傳給下一代。

「在雜亂的石塊中根本挖不到任何東西。」不過烏姆．哈尼還是不願放棄，繼續搜索母親遺留下來的金子還有現金。母親過世之前要求烏姆．哈尼把這些財物收好，讓他們一群失去雙親的孩子能夠支付學費，到學校受教育。

身為祖父的哈德伊心中也萌生了新的困擾：救援物資配給不均，他認為有些家庭的社會地位較高、影響力大，所以更受偏袒。他從附近農場領回了幾條麵包、牛奶，還有一些番茄，簡單地替家人準備一餐，不過配給的比例根本不符合他們一家人所需的份量。

他很懷念以前家中的小茶壺——茶壺一直以來都展現了主人熱情好客跟重視朋友的特質。哈德伊過去很享受坐在火爐旁泡茶跟朋友漫天閒聊，也很珍惜一邊喝茶、一邊幫各個家族調解糾紛的時光。

「情況都還好，」哈德伊敲打著一塊毀損的木頭架子，說道：「幸好我的小孩跟孫子都毫髮無傷，這才是最重要的。」

哈德伊一家逃離近東救濟和工程處設立的哈里迪學校，那裡的生活空間過度擁擠，讓人無法忍受，他們才會萌生回家的念頭。他說雖然以色列成功破壞了他們的居住環境，但是絕對摧毀不了他留守家園的決心。

他說：「現在我們也無處可去，但是我寧願死，也不願意回去聯合國設立的學校。那個地方完全找不到一間乾淨的廁所或浴室，連替禱告沐浴淨身都沒辦法。」

夜幕降臨分崩離析的加薩走廊

無家可歸、又擠不進人滿為患的聯合國避難所的災民，現在只能住在帳篷裡，向外界祈求食物。

八歲大的瑪麗安．阿雷拉坐在加薩最大的敘法醫院的入口處。她的腿上包著繃帶，手臂上還綁著點滴管——但以上都不是她待在醫院的主要原因。

她一看到身為記者的我現身，就堅持要帶我到醫院手術大樓後方，「過來看看我媽媽還有其他的兄弟姐妹。我們家被炸彈轟炸了。」她說。

她的母親、今年四十七歲的烏姆．奈達爾．阿雷拉，躺在一張床墊上。這張床墊是她從手術大樓後方的殘破住家中，好不容易搶救出來的家當；這名母親現在坐在一小撮火堆旁，顧著一壺加熱中的茶。

這一個二十人的大家庭，用隨意撿來的布料搭起帳篷居住，這些布料來自敘法醫院的床單，以及幾塊尼龍布。

「當時我們跑到聯合國設立的避難所，但是負責人卻告訴我們：『你們來得太晚了』。」她說。

不過阿雷拉一家根本沒辦法決定何時逃難；他們究竟什麼時候才能踏出家門，完全要看以色列發射砲彈的時機而定。她說全家人都努力躲在屋內，直到生命真的遭受威脅才奪門而出。

自從她的兩個孩子兩周前受傷之後，阿雷拉就逃出遭到以色列轟炸的家中。他們找不到任何棲身之處，最後只好留在敘法醫院，跟數千位加薩居民一起避難。

敘法醫院設立在外頭的診所也遭到以色列攻擊，不過阿雷拉一家跟數百位民眾寧願待在這裡，也不願到擁擠的學校教室避難——他們都曉得發生在加巴里雅的慘劇，因此心生警惕。

「我們只能求阿拉大發慈悲。」她一邊受訪，一邊將晚上睡覺的四張床墊鋪好。瑪麗安靠在媽媽身旁睡覺，拔掉了手臂上的點滴——她說這是唯一帶給她安全感的所在。

「晚上好冷好冷，我們兩個人只能共用兩張毛毯。」瑪麗安說著，而她身旁的哥哥也鑽進了所謂的「床」裡。

救護車的警鈴聲響徹天際。瑪麗安說一開始大家都會探頭探腦，想看看救護車裡面到底載了什麼東西；不過現在大家都對這個聲響、還有救護車中的恐怖景象相當熟悉了。

「家裡的東西全都被毀損了，櫃子裡面的餐具也無法使用。」阿雷拉說道。她的另一名女兒妮達，在一旁幫其他孩子搓掉身上沾染的泥濘。

這位母親只希望能有一個真正的帳篷，讓他們能在倒塌的房屋旁暫時棲身。

「我們就像乞丐一樣。有些孩子跟醫院裡的病童一樣身體不舒服，我根本沒辦法應付這種場面。」她指著自己的四個孩子。這些孩子身上都出現病症，要不是肚子嚴重絞痛，不然就是皮膚搔癢。

她的女兒妮達今年二十四歲，妮達受訪時所說的話道盡了其他災民的心聲。

「我的腸胃每天都很不舒服。醫生說這是因為居住空間太擁擠、營養不良，還有喝了髒水的關係。」

敘法醫院的難民跟住在近東救濟和工程處學校的居民不同，學校內部會配給每一位災民補給品；但是在敘法醫院避難的民眾，至今仍然沒有接到任何實質的協助。

有些民眾在前去買麵包、起司，或者用來泡茶的百里香的路上，會碰到阿雷拉一家，而這家人就靠著民眾的施捨捐獻度日。「他們分給我們的食物，就是全家人一天的三餐。」阿雷拉說。

「我只請求阿拉可以讓我們過著平和的日子，這樣我們就能在倒塌的自家上頭，吃著沾了鹽的麵包果腹。」她說。

就在附近的另一個帳篷裡，住著今年二十二歲的麥爾瓦特．沙南。麥爾瓦特昨天產下一女，這名女嬰現在還在等全家人替她命名。

加薩內政部表示，這段期間大約有兩千名巴勒斯坦人喪生，不過同時也有四千五百名新生兒降臨加薩，麥爾瓦特的女兒就是其中之一。

住進這個用布搭建的小帳篷之前，麥爾瓦特跟老公、三個孩子，還有十個兄弟姐妹以及父母住在一起。以色列的無人機導彈肆虐、造成大規模毀損之前，麥爾瓦特一家人住在加薩北部、一間靠近美國學校的簡約房舍當中。

「在二〇一二年的那場衝突中，以色列導彈奪走我女兒的生命。那個時候她才剛出生一周，就直接在臥室裡喪命。」

這一次，麥爾瓦特跟她的先生艾塔．沙南，為了保護孩子的生命安全，決定離開這個在以色列攻擊前線的家。艾塔原本以為美國學校是一個避難的好選擇，但是後來他也親眼目睹學校遭砲彈擊中。

「停戰協議再次生效的時候，我們跑回家檢查情況，卻發現所有物品都被燒個精光。」艾塔．沙南說道。

回到學校之後，他發現原本避難的教室被其他家庭占據了。因為不想惹事，所以他帶著家人到其他學校求助，但是到處都擠滿災民、找不到任何容身之處。現在他們一家人只好待在敘法醫院裡。

總計有四十五萬名加薩市民逃出家門，卻發現無處可去，麥爾瓦特一家就是其中一例。加薩跟其他戰事頻傳的地區不同，其他國家的國界自由開放，但是加薩卻被緊緊封鎖。以色列從陸地、海上，以及空中包圍加薩；埃及只會偶爾開放拉法關口，能夠自由進出的也僅限握有別國護照的旅客。

現在艾塔．沙南的姐妹沒有地方能夠躺下來睡覺，所有人都擠在敘法醫院外頭、或者跟大型垃圾桶差不多大的房間中。

夜幕降臨、氣溫驟降，在天氣轉熱之前，麥爾瓦特一家人為了取暖都擠在一起睡覺。在這個狹小的空間裡，小嬰兒喝著母乳、孩子沉沉地睡著、媽媽用手將麵包跟起司撕碎，父親則是將頭探出殘破的帳篷之外吹風。

有時候艾塔坐在帳篷外只是為了想要吹吹冷風；對大家而言，醫院內嘈雜繁忙，在這種情況下根本難以入睡。

「我們不能直接走進手術室去裝水喝，這真的是一件很痛苦的事。」他一邊受訪，懷裡還抱著剛出生兩天的女兒。

他的另外三名女兒已經有二十多天沒洗澡了。「我們有試過進去醫院沖澡，但是我們也了解應該讓重症病患優先使用。」艾塔把手中的女兒交給妻子，轉身將其他女兒推進單薄的毛毯當中。在堅硬的地板上，他們一家人只墊著這張薄如紙張的毛毯。

「我們緊緊靠著家人睡覺、互相保護。不過這段痛苦的日子之後一定會過去的。」艾塔接著說。

災難中降臨的新生命

巴勒斯坦官方表示，自從以色列軍隊對加薩發動軍事攻擊之後，全加薩已有四千五百名嬰兒誕生

在飽受戰火摧殘的加薩走廊裡，民眾在納塞醫院中、距離停屍間幾公尺遠的地方，迎接新生命的誕生。

「我要對占領加薩的以色列人說，假如你們覺得奪走巴勒斯坦人的生命會讓我們退縮的話，我告訴你這是不可能的！」艾比耶・薩卡對《半島電視台》說；薩卡在幾個小時前才剛產下一名男嬰，名叫安瓦爾。

這家醫院的新生兒病房氣氛熱絡。以色列與哈瑪斯協議的七十二小時人道停火區間，讓一個多月來遭受砲彈摧殘的巴勒斯坦領土終於有機會喘口氣。

聯合國表示，自從以色列於七月八日發動軍事襲擊之後，全加薩至少有一千九百六十五名巴勒斯坦人喪生，更有將近一萬人受傷；以色列則是失去六十四位士兵還有三名國民。

「我現在內心更加堅定，決定要生更多寶寶，來補足以色列從我們身邊奪走的生命。」現年二十歲的薩卡表示。

今年三十歲的哈尼恩・阿法拉在八月一日產下一名女嬰，然而她的丈夫卻在她生產的前一個小時死於以色列空襲砲彈之下。「我們還在逃難的時候，就被從天而降的炸彈打中。」阿法拉一邊哭、一邊說道。

阿法拉跟老公成婚已有八年，他們共同養育三個小孩，年紀最小的兩歲、最大的則是五歲。這個十天前誕生的小女孩至今還沒人替她命名。「她的爸爸、祖父，還有叔叔伯伯全都死在以色列的導彈之下。」阿法拉說道。

加薩當地政府表示，自從以色列軍隊對加薩展開軍事攻擊之後，全加薩已有四千五百名嬰兒誕生。二〇二三年，全加薩總共有六萬六千六百名小孩降生，巴勒斯坦的中央統計局表示，每個月大約會有五千五百五十名新生兒。到了二〇二〇年，加薩的總人口數預估會達到兩百一十萬人。

納塞醫院護理團隊的亞思敏・沃赫拜醫生對《半島電視台》表示，要不是有幾位婦女不幸流產，否則生育率可能會更高。

「緊張害怕的情緒，就是導致早產的主因。嬰兒原本應該在母親身體內待超過三十七周，但是我們院內的產婦大概都在第三十到三十二周就生產了。」沃赫拜醫生還表示，醫院的婦產科現在快要應付不來，這個情況相當少見。

聯合國指出在這次的以色列軍事行動中，有十五間醫院跟十六間診所遭到破壞。加薩衛生署也表示，在當地五十四家主要醫療院所當中，有十三間早就因為砲火猛烈而大門深鎖；聯合國在加薩設立的二十一間大型療養中心，目前也有七家停止營運。

醫療院所紛紛暫停服務，導致許多婦女只好在沒有妥善的醫療照護之下，自行在住家或是避難所內生產。

雖然情況惡劣，加薩的巴勒斯坦人仍然心意堅決。「雖然以色列切斷加薩的電源，但是阻擋不了我們直線上升的生育率。」住在汗尤尼斯、身為十三名子女的父親的阿布・薩米說道。

與此同時，躺在納塞醫院產科病房中、才剛產下小嬰兒的薩卡表示，她一定會在倒塌的自家殘骸上，替家人蓋一座帳篷。

薩卡接著還說她想要透過生產來展現自己的反抗意志，「以色列殺死一個巴勒斯坦人，我們就要生出十個來。」

在加薩，連動物也不安全

農場中數千隻家禽家畜也成了以色列軍事侵略下的犧牲品，巴勒斯坦農民通報動物權利保護團體，希望能替死去的動物跟自己伸張正義

「加薩並不是富裕的國家。我們人民單純靠農牧維生，每一戶農民都養了幾頭驢子，我們的生活不能沒有這些驢子，一直以來都是如此。」

今年三十四歲的阿里．阿隆摩爾是一位靠著驢子耕作的巴勒斯坦人。不過他的驢子因為遭到以色列導彈攻擊，現在全都一命嗚呼。雖然阿隆摩爾的住家完好如初，但是驢子全都死光了。有一頭驢子身上滿是彈孔；其他幾隻似乎在掙扎逃脫的時候被推土機輾過。阿隆摩爾被以色列槍砲逼得逃離家園，到處替自己的妻兒尋找安全的避難所。

他的農場看起來就像剛經歷過一場大地震一樣，阿隆摩爾至今仍然備感困惑，他不曉得為什麼以色列要這樣趕盡殺絕，屠殺家禽家畜、破壞耕作的土地，還有加薩的農產品。

「我們沒辦法把駱駝、驢子、乳牛還有小鳥帶在身邊，我們自己也剛從鬼門關前逃過一劫。以軍的坦克炸彈打在樹上、石頭上，還有動物的身上。」阿隆摩爾說著，一邊環視農作物毀損的情況，周圍還不斷飄出動物屍體的腐敗惡臭。

阿隆摩爾居住的地方屬於農業區，而他跟其他鄰居一樣，現在都得面臨以色列造成的大規模破壞。目前仍然沒有推土機能夠進入這個地區，幫忙清運碎石堆。大家都認為鎮上失蹤的四個人，他們的遺體現在就壓在這些倒塌的石堆底下；不過沒人曉得他們究竟被埋在哪一棟建築物下方。

「我們的村落離以色列國界這麼近，大家都很習慣遭受以軍侵略了。雖然每周都會受到一兩次以軍騷擾，但也沒什麼媒體會來報導採訪。」他說。

阿隆摩爾也坦言，雖然有些動物幸運地逃過以色列的魔掌，但是最後仍然會飢餓致死，因為農民逃離住家的時候，這些動物就沒有辦法取得水跟食物了。

「以色列軍隊根本是朝所有會動的物體發動攻擊，就算他們知道眼前只是農民在夏季野放的駱駝、驢子，或是雞隻，他們也照殺不誤。」

他還講述了自己親眼目睹的慘況：有一隻鄰居的狗被以色列無人機的導彈擊中，當場被炸成碎片、血肉模糊。加薩的醫療專家更表示，讓這些動物屍體跟枯萎的農作物赤裸裸地閒置在農地上，不僅會滋生傳染病，對環境也有永久的傷害。

坦克砲彈如雨滴般落在農地上時，現年三十三歲的薩米・阿布・哈德伊不得不棄家而逃；對於把自己所有的三十隻羊拋在家中，哈德伊現在仍然感到相當悲痛。以色列與哈瑪斯宣布暫時停火五天的時候，他立刻回到家中。

一到家門，哈德伊發現三十隻羊全都死了，場景宛若大屠殺一般。

「我真希望牠們臨死的時候沒有遭受什麼痛苦。」哈德伊說。不過哈德伊的弟弟跟鄰居卻認為以色列一向下手狠毒。有些羊的身上布滿蜂窩狀的彈孔，當中還有一頭羊的頭部不見蹤影，而屍體上全都爬滿蛆，周圍還有許多蒼蠅正在飛舞。在這一大片腐敗的屍體當中，有些動物的身上布滿彈片造成的細小傷口，有些屍體上則沒有明顯外傷，或許是因為太過恐懼，或是飢餓口渴致死。周圍的土地一片貧瘠、水源遭到污染，以色列推土機將舉目所及的所有動植物全都夷為平地。

「有些屍體甚至被埋在一堆剷平的土壤底下。我走的時候牠們還活跳跳的，現在全都成了死屍。」

阿布．哈德伊走到農場另一端，這才發現有更多羊被推土機壓扁。「看到自己花了好幾年時間、親手養大的動物現在變成這副模樣，難道不會心痛嗎？這大概就跟失去兄弟的心情是一樣的吧。」哈德伊沿著推土機遺留的痕跡走，一路踏過被輾平的土地以及被壓碎的動物屍體。

接下來幾個小時，他又陸續挖出更多動物遺體，這些動物當時都逃不過以色列的魔爪。「我覺得自己根本就找不到倖存的動物。」哈德伊說。據他估計，財產方面的損失至少有一萬兩千美元。

他走過一大排種著仙人掌的土地，這些植物全都破敗不堪、東倒西歪。以軍的推土機似乎害怕街道上會有反抗勢力設置的爆炸物，所以才避開馬路，直接穿越農舍以及住家。

他繼續在自己的農場上走動。推土機直接貫穿房間前進，壓過床墊以及家具，甚至連茶壺跟火爐都遭到破壞。

隔壁一戶鄰居前來探查農場的情況，也可以說是來看看農場究竟還有什麼東西逃過一劫；

但是眼前全是一片動物屍體跟破敗場景。

「這些羊其實是屬於附近另一座農場的。但是現在牠們全都死光了。」他說。以色列的砲彈同樣也攻擊了加薩的伊薩德・提弗拉動物園，這裡有許多動物不幸喪生。

穆罕默德・阿布・阿雅瓦今年三十多歲，他看著自己死去的乳牛。「就連無辜的動物也在這場衝突中付出代價。」他口中說著，一邊趁停戰時期檢查農場的狀況。

「以色列的坦克砲彈已經奪走我們五百多頭乳牛的生命，這些乳牛對加薩的市場來說，是供給牛奶的重要來源。」他說。阿雅瓦的家族有六十個人，平常的工作就是飼養、照顧這些奶牛。

當他在自己位於西傑亞的牧場附近看到有濃煙飄出時，很努力地想要把牛群趕到一個安全的地方。阿雅瓦所損失的牛群大約價值五十萬美元。而政府的農業署卻表示，除非以色列與哈瑪斯延長停戰的時間，否則他們沒辦法親自到每一處農場估算損失規模。

哈德伊的叔叔哈瑪德，今年八十歲了，而他所承受的損失比姪子來得嚴重許多。多年以來，他都靠著自己飼養的奶牛以及肉牛維生。

「連羊群都被以色列的戰爭機器攻擊，這種事說來實在太嚇人。」他一邊說著，一邊感謝天賜的奇蹟——有一頭驢子躲過以色列空襲。

「驢子一定嚇壞了。牠的行為模式跟以前不太一樣；牠看起來很緊張，一直想往家門外跑。」他說。他還談到動物權利保護團體，「假使全世界不譴責以色列迫害人權，那我希望至少動保團體能對此發表批判。」

醫院成為巴勒斯坦人的避難所

緊急避難所擠滿災民，無家可歸的巴勒斯坦家庭全都躲進加薩的敘法醫院

對納伊瑪．阿布．艾薩還有她三位十幾歲的女兒來說，睡在單薄的床單上非常不舒服。在這座加薩最繁忙的醫院當中，他們一家人在醫院的庭院中搭起帳篷，暫居此地。

他們現在稱這個庭院為家。這一家人躺在醫院外頭的地板上，救護車的醫療人員在一旁急忙運送傷患，當地民眾也焦急地確認親友是否生還。「學校早就擠滿災民，對我們來說，唯一安全的避難所就是這家醫院。」納伊瑪對《半島電視台》說。

「加薩人民的生活原本就相當困苦，但是以色列又讓情況變得雪上加霜。」她說道。納伊瑪還表示他們一家居住的帳篷（用醫院的被單還有塑膠板搭建而成），根本抵擋不了夏日的豔陽以及夜晚的低溫。

納伊瑪跟三個女兒連同好幾戶家庭，一起住在敘法醫院的庭院，這裡總共容納了數百位災民，這群人身上還穿著逃難時的衣服。他們原本居住的西傑亞位於加薩市東部，這個地區整個七月不斷遭受以色列的砲火攻擊。

「我根本沒辦法從家中搶救出什麼東西，全都被砲彈炸得一乾二淨。」十五歲的亞思敏

說道。「我們才剛準備要逃離以色列砲兵的襲擊，就有幾位鄰居被炸死了。能帶上一些換洗衣物，已經是不幸中的萬幸了。」

「我們到處求助，但都找不到比較安全、或是沒有那麼多人的避難所。」納伊瑪補充。這個時候隔壁帳篷有一位年紀較長的男子出聲搭腔，他說加薩的許多醫院也遭到以色列襲擊。

住在敘法醫院中的災民，跟其他待在聯合國或政府機構的巴勒斯坦人不同；敘法醫院幾乎沒有發送任何補給品，災民只能靠路過的民眾分給他們一些食物或日常用品維生。

聯合國估計自從七月八日以來，全加薩已經有三十六萬五千名巴勒斯坦人住在聯合國或政府設立的避難所、或是跟寄宿家庭待在一起；不僅如此，更有一萬六千八百戶民宅遭到嚴重毀損、甚至被夷為平地。

加薩衛生署表示，至少有一千九百八十名巴勒斯坦人喪生、將近一萬兩百人受傷；以色列則有六十四名士兵罹難、兩位以色列國民與一位泰國籍勞工喪生。

今年二十五歲的齊法．哈拉贊恩，也是來自西傑亞地區的民眾。「即使現在雙方停戰，我也知道自己的家已經破敗不堪了。屋內許多由石頭搭成的支柱結構，現在全都變成塵土砂礫，隨時都有可能崩塌、壓在我們頭頂上。」哈拉贊恩表示。

兩名年幼的女兒圍坐在她身旁，她們都長了頭蝨、皮膚也出現搔癢的症狀。哈拉贊恩說她們上一次沖澡已經是將近一個月前的事了，她也試著拿小盆子到醫院的產科病房內盛水，替自己的孩子擦澡。

「以色列開始砲彈轟炸之前，我們還沒有過這麼骯髒的生活經驗。現在我們躲在醫院避難，努力讓身體保持乾淨，但是病菌到處流竄，小孩子都感染生病了。」哈拉贊恩說：「我們根本擠不進聯合國學校，感覺自己好像被援助團體排除在外，拿不到任何水跟食物。」

近東救濟和工程處的發言人克里斯．吉尼斯表示，援助團體絕對願意對每一位加薩居民伸出援手。

「近東救濟和工程處的宗旨，就是無論對方是不是災民，我們都會全力相助；加薩面臨的的緊急狀況，正需要我們協助。本機構一定會提供民眾日常所需的物資。」吉尼斯對《半島電視台》說。

全加薩共有四十八所近東救濟和工程處的學校，現在作為收容難民的避難所。「很多家庭發現他們的住家已經不堪居住，或是完全斷水斷電、沒有食物，所以全都來到提供基本物資的聯合國學校，導致避難所的人數飆升。很多人也回到避難所，堅守自己原先駐紮的空間。大家心中都沒有安全感，怕以色列與哈瑪斯之間的衝突又會一觸即發。」該組織表示。

吉尼斯表示近來近東救濟和工程處的學校準備開學，這也代表校園裡的難民必須全數撤離。「新學期開學之前，我們會將難民集合起來重新分批，疏散到少數幾間避難所中。」吉尼斯表示。

現年四十六歲的艾默．阿拉瓦伊爾跟九位家族成員，包含她的丈夫跟兒子，一同住在敘法醫院裡。以色列軍隊朝西傑亞的市場發動攻擊時，不僅傷了她的丈夫跟兒子，也奪走至少十七位居民的生命，造成兩百多人受傷。

「我們坐在一片從醫院裡拿來的破舊藥品紙箱上。」阿拉瓦伊爾一邊說著，一邊在震天作響的救護車警鈴聲中哄孩子入睡。阿拉瓦伊爾對《半島電視台》說，她跟家人原本試著要逃到五所不同的學校避難，但是那些學校都人滿為患、基本物資嚴重不足，所以他們決定到醫院尋求協助。

「我們放棄了，最後到敘法醫院來，一家人就在這裡避難。」她說：「晚上氣溫很低，小孩子都一直發抖。身為母親，不能提供孩子溫暖的環境實在是讓我心痛不已。」

八月十三日，哈瑪斯與以色列於加薩實施為期五天的停戰協議，不過阿拉瓦伊爾還是相當害怕，不敢回到家中。「我們希望停戰的時間可以更長一點，」她說：「不要一眨眼結束之後，我們又要到處逃竄，躲避以色列的坦克砲彈跟導彈。」

居民面對的課題：恐懼、衰頹

伊瑪目從以色列的砲火底下死裡逃生，但是以軍卻當著他家人的面，把他身上的衣服扒個精光，這位伊瑪目受盡屈辱，甚至被當成人肉盾牌

哈利．納賈爾坐在弟弟家中，旁邊圍著母親、兄弟姐妹、姻親，還有他的孩子，總共十五人。以色列徹夜朝他們的住家發動砲火，全家人不知該如何是好，每分每秒都有砲彈如雨滴般從天而降。

「坦克砲彈朝我們襲來，建築物後方立刻冒出濃密的黑煙，我們一家人就在樓梯底下躲了幾分鐘。」納賈爾說。

砲彈不斷落下，外頭也傳來自動步槍的聲響。「我們一直大喊自己是無辜的平民百姓，但是話才說完攻擊卻越演越烈。」今年五十五歲的納賈爾在他居住的社區中，是一位聲名遠播、備受尊敬的伊瑪目。

幾分鐘之後，一隻軍犬衝進屋內，嚇壞了在場的小孩子。這位伊瑪目隔著一扇滿是彈孔的牆，用希伯來文對著以色列士兵大喊：「我們是一般老百姓。這裡有小孩子、有嬰兒，大家很缺乏醫療用品跟牛奶。」

以色列士兵也用希伯來文咆哮，命令伊瑪目跟他的家人「依序出列」。

來到屋子外頭，以色列士兵要大家全都趴在地上，女人跟小孩子在一側，男人則是集中在另外一側。這個時候有越來越多當地居民都被以軍押到街角。

「以色列士兵在一群女人面前用槍指著我，強迫我把身上的衣服全都脫掉。」這位伊瑪目在倒塌殘破的社區中走著，一邊回想當時的情景。

「逼一位受人尊敬的男子一絲不掛地站在眾人面前，對我來說是人生中最大的污點。」他原本深邃、散發著榮耀的雙眼，現在卻泛著淚水。

對任何男人而言，在眾人面前赤裸身體都是一件非常難為情的事；不過納賈爾在社區中被民眾視為精神支柱，他自己又是一位信仰虔誠、行為保守的穆斯林，這種舉動更讓他羞愧。

讓人不堪的還在後頭，納賈爾說他跟其他男性居民全都被要求裸著身子、把手高高地舉著，直到雙手痠痛無比。納賈爾後來承受不住這樣的折磨，他用希伯來文對一位士兵說：「我的手很痛。」這個時候士兵才命令他坐下。「這是他們唯一聽我話的一次，他們還拉了一張椅子讓我坐下。」納賈爾說道。

以色列軍事行動所造成的混亂場面，讓伊瑪目跟他的家人無以成眠，不過那天早上戰火猛烈的程度前所未見。納賈爾將那天稱為「七月二十二日，黑色周二」。

後來納賈爾仍然光著身子，以色列士兵卻要他「帶著女人跟小孩到別的地方去。」他唯一想到的地點，就是距離兩條街遠的弟弟家，納賈爾希望弟弟家會安全許多。

「炸彈跟推土機讓街道坑坑疤疤，所以我把年邁的母親扛在肩上，一路走回弟弟的住處。」他說。

但是抵達家門時，納賈爾卻發現屋內躺滿了以色列士兵；有的人睡在毛毯上，有的人則是倒在床上，而這些寢具全都屬於納賈爾一家的。

「屋裡的士兵很生氣竟然有人允許我們回家。」納賈爾說。由此看來，以色列各個軍方小組之間似乎溝通不良，彼此也沒有協調好。

這群居民隨後就被團團圍住，以色列士兵開始決定誰能離開，而誰應該被當場逮捕。後來納賈爾被以軍單獨帶到胡薩地區的清真寺，這間清真寺早就遭受以色列的蹂躪摧殘，變得殘破不堪。一位負責掌管他弟弟屋裡士兵的以色列指揮官，在這間清真寺中質詢納賈爾，不斷問他有關阿布·利達一家當中的某些家族成員——這個家族規模龐大，在加薩也家喻戶曉。

「我知道他，我在他參加主麻日[56]的那間清真寺認識他的。」納賈爾說。

以色列軍官仍然用槍抵著納賈爾，後來納賈爾又被逼問是否知道「火箭砲彈是從哪裡發射的」。但是這位伊瑪目卻回答「我唯一知道的火箭砲彈，是以色列的F-16戰機跟無人機發射的。」而以色列軍官對這個答案並不滿意。

軍官開始對納賈爾發飆，要求他透露「反抗組織的地底隧道」的情報。以軍假藉要在加薩

56 穆斯林一天必須進行五次禮拜，而每周五則是「主麻日」。每周五，穆斯林都要到清真寺參加「主麻禮拜」。

擴展軍事規模為藉口，向民眾打探這些地底隧道的消息。

納賈爾的態度依舊堅定。「你來自以色列情資單位，擁有先進的科技、無人機，還有F-16戰機，但是卻不知道地底隧道的位置在哪？」他還說：「難道你覺得那些建造地底隧道的人，會跑來跟我說隧道在哪裡嗎？」

納賈爾又被質詢了好一陣子，不過最後納賈爾的弟弟也被帶到這間清真寺。他弟弟發現有一位士兵盯著牆上一塊塗鴉，這塊塗鴉上標著伊斯蘭聖戰組織對護刃行動的詮釋：「al-Bunian al-Marsoos」。這句可蘭經句子可以解釋為：「牢不可破的侵略。」他問以色列士兵是否需要將塗鴉給抹掉，不過這位士兵把納賈爾的弟弟給打發走，只說他「自己會處理這塊塗鴉」。不久之後，一台推土機就開過來把這塊漆有塗鴉的牆壁給推倒。

回想起來，推土機大概帶有警告意味，表示納賈爾還沒徹底擺脫以軍的騷擾。

後來以軍要求這位伊瑪目把衣服穿起來，還用槍抵著兄弟倆，要納賈爾帶他們走出這間清真寺。一群人在大街上走著，納賈爾走在士兵的前方，一邊呼籲村內的年輕居民全部走出家門，向以軍投降。

以色列軍方似乎選到對的發言人。雖然大家都曉得要是情況不對的話絕對必死無疑，但是這位德高望重的伊瑪目獲得居民的信任，大家也相信自己不會有什麼生命危險。

納賈爾的弟弟聽到身後的指揮官用希伯來文對下屬說：「如果民眾不出門的話，就殺了那兩兄弟。」

因此身後的士兵警告他們，「你們的一舉一動都在掌控之中，我們的槍都瞄準你們的頭，所以最好小心一點。如果你們從大街中央跑開，我軍絕對會開槍。」

伊瑪目仍舊走在大批軍方前頭，民眾都看見了他的身影。納賈爾的另外一位弟弟從窗戶中大喊：「哈利哥哥，哈利哥哥。」這位伊瑪目叫他的弟弟跟周遭的民眾走出家門，這樣一來就沒有生命危險了。

年輕男子紛紛踏出家門，大家都看得見街上的伊瑪目，但卻沒發現以色列軍隊。直到鎮上大部分居民踏出家門之前，以色列軍方都待在遠遠的地方觀察。居民出門之後士兵就紛紛現身，大聲對民眾咆哮，要他們全部把手高舉到頭頂。

不過仍舊有些人躲在家裡。有一位士兵對伊瑪目說：「還有一千多人沒有出門。」這位士兵隨後又押著伊瑪目回到清真寺。部隊指揮官用槍指著納賈爾，命令他啟動清真寺的發電機，用擴音器對全村的年輕男子廣播，告訴他們如果想要保全性命，就立刻踏出家門。

「因為太過疲倦，又剛好在齋戒，所以我根本沒力氣朗誦祈禱文。我的聲音聽起來非常乾澀，但是那位士兵用槍抵著我的腦袋，命令我叫大家不准躲在屋內。」他說。

伊瑪目依照要求傳達訊息之後，他又被帶出清真寺，發現外頭聚集了更多民眾。大家都相信他所說的一字一句，認為自己絕對是安全的。

士兵又接著命令他：「帶你的母親離開這裡，如果我聽到這裡有任何一個女人說話，我就會立刻把你家給炸了。」

所有年輕男子都對以色列軍隊投降、遭到逮捕，留下身後一群女人跟小孩。伊瑪目終於重獲自由，他在以色列停放的坦克車陣中尋找回家的路線，背著母親返家。

回到弟弟的住處後，同一批士兵竟然還躺在屋內的地板跟家具上。這群士兵將一家人鎖在某間房內，獨自霸占其他房間。

「我聽到一個以色列士兵在講電話，他跟電話另一頭的人聊著他們對加薩做了些什麼事。那位士兵還說加薩被他們搞得天翻地覆。」伊瑪目說道。

納賈爾現在替兩千名罹難者、還有數千名無家可歸的巴勒斯坦人默哀。對他來說，最大的打擊並不是建築物的損傷跟以軍暴虐的行徑；納賈爾內心最深的創傷是那份永遠無法抹去的恥辱。

「這份恥辱我永遠也放不下，永遠都忘不了。」納賈爾說道。

「401不僅是一個數字」

唯有在停戰時期，家屬才有辦法哀悼、懷念全加薩第一位死於以色列砲彈之下的救護車駕駛

一個多月前，福阿德．賈伯成為第一位在以色列侵略之下喪命的救護車駕駛；他的家屬唯有在看似平靜的停戰期間，才能好好懷念這位死去的親人。以色列與哈瑪斯之間達成停戰五天的協議，此協議於八月十三日生效，這個時候家人終於有機會好好緬懷福阿德．賈伯的一生。福阿德．賈伯就這樣離開人世，獨自留下兩歲大的女兒哈拉與年輕的妻子還有雙親，以及深沉的失落感。

他的家人對《中東之眼》描述福阿德．賈伯遭遇的厄運；截至目前為止，這件事還沒有其他當地或國際媒體前來報導。

今年二十八歲的福阿德．賈伯剛輪完二十四小時的班。如果他要在救難中心待到晚一點的話，通常會打電話告知妻子烏姆．哈拉。但是那天晚上一通電話也沒有。

加薩市東部的西傑亞開始遭受以色列的陸地侵略時，福阿德的手機似乎關機了。他的父親一直打電話給其他救難隊的成員，想要確認福阿德人在哪裡。他的同事說福阿德在戰區前線值

班，目前忙著運送被以色列坦克砲彈擊中的傷患跟死屍。

「我的心中突然有一股不尋常的預感。」福阿德的父親說道。

福阿德的母親一直催促丈夫撥打兒子的電話號碼，但是福阿德的父親表示兒子可能忙著搶救絕望的災民，暫時先不要打擾為妙。

過了一陣子之後，福阿德的父親用顫抖的雙手拿起話筒，撥電話到醫療救護中心找福阿德的上司。那位上司對父親說：「我知道你是一位很堅強的男人，我必須誠實地告訴你，你的兒子不幸罹難了。」

福阿德的父親如遭晴天霹靂，馬上把消息告訴自己的太太跟福阿德的妻子。

福阿德的母親烏姆．福阿德看到電視新聞報導，得知有一位救護車駕駛跟記者雙雙喪命的時候，內心感到相當害怕。那位罹難的記者在一家當地媒體工作，是今年二十四歲的哈里德．哈瑪德。

福阿德所駕駛的救護車，是第一支前往西傑亞地區疏散傷患的救難小組。他努力拯救為數眾多的災民，雖然當時他的救護車已經被坦克砲彈擊中、嚴重毀損，但他還是堅持繼續救援工作。

在他不幸被迫擊砲命中之前，福阿德還衝進一戶住家，疏散了一群不斷向外界求助的女人跟孩童。

停戰協議生效的幾個小時之後，以軍才允許救難團隊展開救援工作。另一輛救護車也來到同一戶住家，試圖將埋在碎石堆底下的居民挖出來。當他們看見橘色的救難背心時，大家才發現原來這具死屍就是他們摯愛的朋友福阿德。

「天啊，福阿德，福阿德！」有一位救護車駕駛不禁眼淚潰堤，試著把福阿德給搖醒。不過福阿德早在救難團隊抵達之前就離開人世。

福阿德的父親表示自己一直很想給做護理師的兒子一些支持鼓勵，福阿德．賈伯考取護理師資格時，他更感到與有榮焉。不過他的兒子後來毅然決然想利用這樣的專長，成為一位救護車駕駛，幫助那些陷入苦難、情況危急的民眾。

「我永遠以他為榮，他能夠為工作犧牲奉獻我也替他高興。」阿布．福阿德對《中東之眼》表示。

福阿德每天忙著回覆災民撥打的電話，還要完成罹難家屬的請託，時時刻刻都忙得暈頭轉向。在他不幸罹難之前，福阿德已經整整兩天沒回家了。一般來說，福阿德就算再忙，仍然會擠出空檔回家替同事拿一點食物或咖啡。他投入工作的精神，讓其他救難小組的成員都敬佩不已。

「等到戰爭結束後我才願意回家。」福阿德曾經對一位同事說道。

福阿德的父親涕泗縱橫，他對《中東之眼》說：「知道福阿德喪命時，我感覺到全家人都因為失去摯愛而痛苦不已。我體會到父母親手埋葬自己的兒子那種內心空洞、雙手無力的感覺了。」

他繼續說道：「我覺得以色列總理納坦尼雅胡一直在濫殺無辜。他明明就知道自己不斷奪走無辜百姓還有小孩子的生命。」

「這種痛苦根本不是公寓遭到轟炸、或是住家被夷為平地的感覺可以比擬的，這是一種痛失愛子的失落感。」以色列所屠殺的不僅是一位救護車駕駛，他們奪走的還是一位好人、一位善良男子的生命。

阿布．福阿德在第一次巴勒斯坦大起義（一九八〇年代末期到一九九〇初期，巴勒斯坦民眾發起的反抗運動）中遭到攻擊，現在頭腦跟大腿裡仍有彈片殘留。雖然內心悲痛，但是兒子的工作如此崇高，他也備感欣慰。仍然淚流不止的他說：「即使以色列將我們一個個殺掉，巴勒斯坦、聖城（耶路撒冷）、巴巴拉（一九四八年遭到種族清洗的巴勒斯坦小鎮），還有海法[57]，這些地區永遠都會活在我們的心中。」

最後一通電話

阿布．福阿德的心中有一個珍貴、開心的回憶。他曾對兒子說：「福阿德，你受了很不錯的教育，我們也幫你辦了很完美的婚禮。不過哪天我死了之後，誰要來付這些貸款？」福阿德回答道：「爸爸，當然是我來承擔。」

但是現在他的父親必須扛負所有責任、承擔那些兒子原本一肩扛起的債務。現在他還要幫忙照顧福阿德的妻子跟孩子。

為了承擔兒子生前背負的債款，阿布．福阿德跨出了痛苦的第一步。他首先到兒子工作、替病患拿取藥品的藥局。對藥局負責人說要是福阿德在這裡欠了錢，他一定會代為償還。

然而，「所有人都對我說福阿德有欠他們錢，因為福阿德替那些付不出醫藥費的民眾取藥。」

福阿德的一位同事曾問他，假如他被以色列坦克砲彈殺死的話，那會是第幾號死者。福阿德回答道：「絕對是四百號以後。」

後來結果揭曉，根據敘法醫院的死者登記簿，福阿德是加薩的第四百零一位罹難者。

不久之前，救難派遣中心的電話響個不停、民眾一直打電話進來求助的時候，福阿德．賈伯就拜託上司，假如他遭遇不測，千萬不要把他的屍體放在停屍間裡面。

這是福阿德生前的願望。五個小時之後，福阿德的遺體被送回家中。他母親表示，福阿德冰冷的額頭、毫無血色的面容，還有死氣沉沉的雙唇，彷彿對全家人訴說著許多心事。

他的妻子烏姆．哈拉表示，福阿德對這份工作犧牲奉獻。

就在他罹難的前一晚，他還打電話給妻子說：「幫我禱告，好好照顧我們的女兒哈拉。」

說到這裡，她不禁眼淚決堤。在停戰期間的一片死寂中，只聽得見烏姆．哈拉的哭聲。這份停戰協議來得太遲；而那些福阿德投入自己壯盛生命、努力搶救的罹難者，也早已成為冰冷的屍體。

57 海法目前是以色列第三大城市。第一次中東戰爭時，以色列士兵入侵海法，於一九四八年攻占整座城市，造成數萬名巴勒斯坦人逃離此地。

「無人機目睹一切，何以殺害無辜？」

遭到砲火蹂躪的診所湧入大批加薩傷患，醫生對納坦尼雅胡提出強烈質疑

卡莫爾．古達是一位醫師，他的診所位於加薩跟以色列國界邊的小村莊中。古達現在坐在自己開的診所裡，周遭全是玻璃碎片、沾滿血跡的床單，還有棄置的醫療用手套。

他努力打起精神，盡可能忘掉過去一個月鎮上死傷人數暴增的回憶——甚至連那些背著舊傷，試著逃離以色列攻擊的居民也無法躲過這場災難。不僅古達醫生的兄弟姐妹受到傷害，就連他自己也遭受以色列的攻擊；古達一邊治療其他病患的同時，也必須同時照料自己身上的傷口。

攻擊行動來得突然，大家都沒有心理準備。七月十七日當天，以色列F-16戰機從空中灑下傳單，要鎮上居民在七月二十日的陸地侵襲開始前儘速撤離。

「但是七月二十日那天，胡薩完全沒有發生任何異狀。所以大家就各自回家，認為幾天前的傳單只是要嚇阻居民的假動作而已。結果七月二十一日下午，一枚F-16導彈就落在連接胡薩與其他村落的主要幹道上。」古達醫生說道。

接下來古達醫師詳細地描述了當時駭人的情景，還提到有些人雖然僥倖活下來，但卻因受

傷而在醫院療養、或是內心遭到極大的創傷。

以色列開始發動砲火的時候，古達醫生就立刻通知國際紅十字會，請他們開救護車來疏散鎮上的居民。

「後來我們達成共識，鎮上的民眾全都走到路中央，然後救護車就在兩旁護送村民。」不過胡薩的民眾等呀等，卻連救護車或紅十字會工作人員的身影也沒看到。

「我們決定在毫無遮蔽的情況下，一群人徒步走到村子的入口。我們一群大約兩千人，全都往以色列的坦克車走去。我對以色列士兵說：『我們都是一般老百姓，身上沒有帶任何武器，只需要找一個地方避難就可以了。我們有女人、小孩還有長者，大家只想平平安安地從鎮上撤離。』」

接著以色列部隊就用擴音器對這群村居民廣播，表示事情沒得商量，還命令大家立刻回到家中。「村民呆站在那裡，希望他們能有一點同情心，讓我們離開村子。」古達醫師表示。不過以色列的士兵卻拿起手上的武器開始發動攻擊，立刻就有三十位村民受到傷害。其他等待疏散的民眾也驚惶失措，到處尖叫逃竄，想把受傷的親友扛走。

「我們沒有選擇的餘地。救護車被擋在村子入口；坦克車、無人機，還有F-16戰機也在監視著村民的一舉一動。」

受傷、血流不止的民眾全部都湧入古達醫生的私人診所，但是這間診所只有一間房間，醫療設備也比不上大型醫院。診所內只有一些基本的醫療補給品，像是紗布、繃帶、棉花、消毒水，跟一些縫合傷口用的縫線。

「大家都把受傷的民眾背在身上、扛到我的診所裡。我努力幫患者止血，稍微將一些傷口縫合，依序治療所有傷患。」古達醫生說道。

阿拉·阿布·雷亞拉這位年輕人當時扛了很多傷患到古達的診所，他說村民當時全都在以色列士兵的監視下，把傷患跟死者抬離現場。「除此之外，只要有人靠近村莊的入口，他們就會開槍射擊。」雷亞拉說。

那個時候他還想要運送一位名為哈德·阿布·雷亞拉的十五歲少女離開。那位少女先天行動不便，沒辦法逃跑，因此被子彈擊中。阿拉·阿布·雷亞拉自己也遭受槍擊，而那位少女的遺體整整躺在街上三天，直到以軍撤離才有人將她運走。

在診所裡，古達醫師的助手全都只是鎮上的年輕人。醫生努力縫合傷勢較為嚴重的傷口時，這些助手就會幫醫師抹去臉上的汗珠。古達想要打電話向國際紅十字會求助，請他們派救護車來幫忙時，這些助手就將電話拿著貼在醫師耳邊。有些傷患吸入了以軍施放的不明氣體、呈現半昏迷狀態，連醫師都不知道這些毒氣的成分為何。

醫生一邊診治傷患，同時也有越來越多村民到診所裡面探視受傷的親友。大家原本都以為這個村莊不會再遭受攻擊了，沒料到以色列的炸彈卻又如雨點般落下。

「我在診所裡面治療患者的時候，診所外頭卻遭到兩顆以色列無人機導彈襲擊；玻璃碎片全都撒在那些等待治療的民眾身上，外頭也有很多人受到波及。」古達醫師說。

而古達醫師的兄弟——艾哈邁德·古達，還有其他家族成員跟他的姐姐，全都遭到砲火波及。古達醫生的手臂跟大腿，也被彈片給割傷。

「我先把手臂跟大腿裡面的彈片取出，再繼續幫其他患者縫合傷口。」他說。

有一位名為胡賽因．阿布．雷亞拉的十九歲患者，在那天以色列發動攻擊、民眾四處逃竄尖叫的時候，還待在家中。結果之後跟其他村民一起逃跑時，他被一顆子彈擊中、遭三塊彈片擊傷。

「導彈一直從空中落下，村民東奔西跑，想要躲過炸彈攻擊。」胡賽因後來在納塞醫院受訪，他的頭部跟臀部都有傷口，正等待治療。他還表示：「我只記得抵達這家醫院之前，都是古達醫生在照顧我。」

胡賽因現在還在等待醫院建檔，之後才會轉往約旦或土耳其的醫院接受進一步治療。

「以色列士兵明明就看到我們全部都是無辜的村民，我甚至只穿一件白色內衣而已。」胡賽因說道。

胡賽因其實相當幸運。以色列戰機當時朝著人群發射導彈，奪走了二十二歲的雷米．古達還有七歲的巴德爾．埃米什的生命。

現在就連診所也籠罩在危機之中，古達醫生跟他的病人還有其他村民，只好全部都來到古達的舅舅家，躲進地下室。這個地下室只有六十平方公尺，卻容納了兩百到兩百五十人，當中包含女人以及小孩。所有人都在這裡度過一晚，古達醫生也在地下室裡盡可能診治傷患；然而太陽升起，情勢卻變得更加艱難。

「凌晨六點，以色列士兵開始釋放催淚瓦斯。所有人不僅感到暈眩，還出現呼吸困難的症狀。大家只好趕快進行口對口人工呼吸，讓彼此能順暢地吸氣。」古達醫師說。

到了凌晨七點，地下室又被一顆以色列導彈擊中。「整扇門被炸飛，我們只好逃離這個地下室。我大喊：『大家從這裡出去，動作快一點！』」

街上大概有兩千位村民，全都被以色列坦克給圍住。這一次他們終於得以通行，不過大家只走了短短五百公尺，就被帶往一條遭到以色列推土機蹂躪、坑坑疤疤的沙道上。

「那條路上全部都是仙人掌的刺，還有被推土機壓爛的碎石。我們這群人裡面有很多民眾沒穿鞋子、全身光溜溜地，只為了要讓以軍知道我們是一群沒有攜帶武器的老百姓。」古達醫生對著以色列士兵喊著：「我們不會威脅到你們，我們只是一群想安全活下來的男人、女人、小孩跟老人而已。」

古達醫生跟其他村民的身上，總共背了一百三十位傷患。一群人蹣跚地走著，這時有一位長者伊斯梅爾．阿布．雷亞拉被流彈擊中。其他患者後來則是被放到了驢車上頭，一群人往西邊走了兩個多小時的路，才抵達汗尤尼斯的納塞醫院。

抵達納塞醫院之後，在這一百三十位患者當中，有十五位的傷勢特別嚴重。許多患者仍然在等待治療，因為加薩走廊的醫院無法進行某些手術；這群人是否得以繼續存活，全得看證明文件是否通過審核，還有關口會不會順利開放。

古達醫生這個時候也在自己的診所內受訪，他說：「我強烈質疑以色列的總理納坦尼雅胡。他派出的無人機明明就看得很清楚，我們這裡的居民全都是女人、長輩、年輕人還有小孩，我們跟反抗軍勢力一點關係也沒有。能不能請他出面解釋，為什麼要傷害我們、奪走我們的性命？」

面對咄咄逼人的殘暴攻勢，居民無所適從

停戰晤談結束之前，以色列與加薩又再度燃起戰火；許多加薩居民認為以色列只是在「浪費時間，也沒有任何實際作為」

「我以前還可以分析整個政治局勢，能夠從政治人物沉默的表情或是話語背後的含義推測出他們的立場；但是我現在完全不知道事情會如何發展。」四十二歲的阿布・安姆亞德・薩勒表示。

他認為各國代表到開羅開會，根本就是在浪費時間，「就好像在追著某個人的背影奔跑一樣。」

「以色列最會浪費時間，也完全沒有紓解對加薩施加的壓迫。」薩勒說道。最近他居住的拉法市一帶遭到以色列猛烈砲擊，薩勒只好拋下自己的住家，逃到親戚家避難，為此他甚感沮喪。

薩勒並不是唯一面臨這種處境的加薩居民。身為五個孩子的父親，他覺得自己根本沒有辦法抵抗以色列的砲火；以軍發動這麼大規模的軍事行動，全加薩損失慘重，加薩人民更不可能妥協讓步，滿足以色列提出的條件。

「我當然知道巴勒斯坦的協商代表都到了開羅開會。但是我也發現國際援助團體呼籲雙方停戰時，砲火仍然持續蔓延。潘基文真的該到開羅看一看那邊的情況了。」他說。

穆克黑爾．阿布薩達博士提到，以色列總理納坦尼雅胡的聲望地位，在以色列國內政壇中似乎岌岌可危。在以色列二〇一四年對加薩發動的這場戰爭中，納坦尼雅胡好像沒有達成原先設立的目標。

「過去幾天以來，從以色列官員發表的聲明就可以了解，以軍想要讓這種殘暴的局面不斷重演。」

哈瑪斯發言人法齊．巴爾胡姆所發表的評論，也顯示加薩所面臨的局勢根本沒有任何改善。「假如納坦尼雅胡完全無法領略在開羅會議中巴勒斯坦代表所傳達的訊息，還有加薩人民提出的需求，那我們會用自己的方式讓他了解。」巴爾胡姆在他的臉書頁面寫道。

哈瑪斯已經準備好面對未來各種可能的發展；以色列要是不願讓步、導致停戰談判破裂的話，也會遭受外界譴責。

伊斯蘭聖戰組織的領導人哈立德．巴塔什在開羅表示，巴勒斯坦派出的代表當然很樂意簽署停戰協議，但前提是以色列要答應巴勒斯坦代表提出的需求。「任何一項協議，都應該滿足人民的渴求與希望，還要撫平大家的痛苦，讓生命活得更加堅定。」

從伊斯蘭聖戰組織所發出的聲明看來，該組織似乎沒有想要繼續跟以色列交火的打算。停戰協議結束之前，以色列又朝加薩市東部、汗尤尼斯、還有加薩走廊北部發射了數枚F-16導彈。以軍表示加薩的反抗組織朝以色列發射許多火箭砲彈，所以空襲只是為了反擊。

政治分析師說道，巴勒斯坦的反抗組織通常會聲稱自己從加薩發射火箭砲彈，但卻沒有任何反抗勢力出面為這些火箭砲負責。

「其實以色列也滿希望加薩的反抗軍能繼續發射砲彈，這樣他們就能在開羅的協商會議中駁回加薩的要求。如此一來，會議結束之前，他們就不必再對巴勒斯坦代表做出任何承諾。」阿布薩達表示。

雖然停火協議還沒結束，但是以色列的無人機還是繼續在加薩上空盤旋；F-16戰機更不時從民眾頭頂低空飛過，威嚇加薩居民。

不過這個時候，來自開羅的新聞報導卻指出情勢有長足進展，這種與現況違背的報導，把加薩居民搞得一頭霧水。

今年四十九歲的馬哈茂德．阿德姆利育有十一名子女。他們一家人待在聯合國學校避難，阿德姆利說：「反抗勢力應該盡量抵擋下去，能撐多久就撐多久。我寧願有尊嚴地死去，也不要活在羞辱之中。」

對阿德姆利來說，苦苦等待協商結果就是最嚴重的侮辱：「我可以很有耐心地熬過這段艱苦的時期，但是最後總要有一點曙光，大家才能夠帶著自尊活下去。」他說。

以色列官員表示以色列與巴勒斯坦代表之間的協商破裂，最近連續幾起空襲行動或許代表戰火又要重新燃起。以色列總理納坦尼雅胡與國防部長亞阿隆也將談判代表召回了以色列。

稍早以前，人在埃及的巴勒斯坦大使賈莫爾．舒巴齊表示，以色列同意能「稍微緩解現在對加薩的封鎖政策，但是拒絕完全解除。」巴勒斯坦代表仍堅持希望以色列能夠永遠撤除對加薩的鎖國政策。

薩勒的耳邊不斷傳來砲彈聲，以色列又在附近發動空襲。他說：「以色列已經清楚表明立場了，如果加薩不接受開羅會議上的條件，他們就會繼續發動攻擊。」

包括哈瑪斯在內的所有巴勒斯坦反抗組織都表示自己沒有朝以色列發動攻擊，大家都依照二十四小時停戰協議的條約行事。

哈瑪斯指控以色列刻意拖延進程，哈瑪斯的發言人祖赫立指出這就是以色列時常使出的一項策略，刻意「讓停戰協議胎死腹中」。

巴勒斯坦住房部部長墨菲德．哈薩耶尼估計，全加薩大概要花費六十到八十億才能重建家園。加薩走廊有兩萬戶民宅完全被夷為平地、完全不適合人居；除此之外，還有四萬戶民房遭到砲火波及，房屋部分毀損。建築物倒塌後所產生的兩百五十萬噸碎石堆，現在仍然靜置原地、等待清運。

以色列動用GBU-28導彈，加薩人民怒不可遏

以色列軍方使用破壞力更強大的新式導彈，巴勒斯坦人民在如此殘暴、密集的攻擊之下，仍然堅定地擁護加薩的反抗組織

「我們一家人要不是集體滅亡，不然就要一起活下來。」阿布．蘇利曼．布里恩跟他的十一位家人齊聲說道。他們逃出位於汗尤尼斯東部贊奈地區的住家，到別處避難。

對阿布．蘇利曼一家來說，生活狀況始終不見起色，他們每天都要跟惡劣的環境對抗。以色列與加薩宣布暫時停火時，蘇利曼離開了原本暫住的聯合國學校，動身尋找下一個避難所。他說以色列為了避免日後需要簽署長期停戰協議，所以這一次就率先打破雙方協調好的規矩。

「如果我今天沒有任何家累的話，自己一個人還知道該怎麼生存下去。但是現在我有十一個家人需要照顧，而且裡面還有很多年幼的小孩子。」他一邊說，一邊催促孩子趕緊出發到下一個避難處。這一次，他認為到處都危機四伏；假如戰火繼續延燒，以色列就會派出更多新式的武器。

周二，以色列軍方動用GBU-28「地堡剋星」導彈——也有人稱之為「深喉砲彈」，其爆炸威力導致阿達羅一家全數喪生。這一枚長達五公尺的導彈，撞進阿達羅的住家後隨即引爆。

加薩的巴勒斯坦人都誤以為各國領袖正為了和平共處而努力協商；但是得知昨晚的導彈攻擊後，阿布．蘇利曼便曉得隨時都有可能會大難臨頭。

「連尚未出世的孩子都有危險。」阿布．蘇利曼口中說的正是降臨在納畢拉．愛羅一家的悲劇。以色列導彈擊中愛羅的住家，奪走七位家庭成員的生命，當中包含一名大腹便便的孕婦跟她腹中的孩子。

加薩的所有居民都相當震驚，因為目前看來，慘遭以色列攻擊的全都是無辜的老百姓。大家都認為以色列軍方打的如意算盤，就是要降低加薩民眾對當地反抗組織的支持度。不過阿布．蘇利曼則表示，「如果我們不支持自己的反抗組織，那又有誰能保護我們、幫我們抵擋以色列的導彈呢？」

阿布．蘇利曼還說聯合國跟各個阿拉伯領袖都保持緘默，默許以色列殘暴地屠殺加薩人民。阿拉伯各國不站在加薩的立場、替長期遭受占領的加薩說句公道話，大家積怨已久，都感到相當憤怒。

以色列表示他們發動的其中一場空襲，目的是為了要暗殺哈瑪斯武裝部隊卡薩姆軍團的領導人穆罕默德．德伊夫。不過醫療團隊卻指出，反而是德伊夫的太太跟剛出生的嬰兒不幸喪命。哈瑪斯組織成員表示，德伊夫太太所居住的大樓並不是什麼機密藏匿處，跟反抗勢力一點關係也沒有。

以色列開始測試破壞力比F–16更強大的GBU–28導彈之後，加薩人民也都顯得怒不可遏。從事實上來看，以色列並沒有成功奪走德伊夫的性命。伊斯梅爾．哈尼葉與穆罕默德．德伊夫這兩位領導人，都是在謝克．艾哈邁德．亞辛、阿布德拉茲．藍提茲博士以及哈邁德．賈巴里這三個人被以軍暗殺之後，獲得了反抗勢力的領導權。

對哈瑪斯而言，就算以色列用砲彈瞄準哈瑪斯的領導人，該組織的精神意志也不會因此衰減；不過卡薩姆軍團跟其他加薩人民對此也備感憂心，大家擔心以色列之後的報復行徑會更加猛烈。

阿布．蘇利曼表示，雖然以色列總理納坦尼雅胡一直在國際社會上替以軍說話、試圖澄清他們的動機；不過聯合國的調查已經顯示，多數遭到砲彈襲擊的民眾都跟反抗勢力毫無瓜葛。

哈瑪斯在一段阿克薩電台的訪問節目中表示，穆罕默德．德伊夫的手中掌握了加薩火箭砲彈的發射權。

以色列過去六周以來的軍事侵略，奪走了兩千零五十五條人命、造成一萬兩千多人受傷，其中多數都是市井小民；死傷人數每個小時都不斷往上累積。以色列的目標究竟為何，加薩人民至今仍百思不得其解。

很多居民遭受攻擊之前，都沒有接到任何警告。有一位拉法市的居民就出面表示，他先前接到一通以色列指揮官的電話，那位指揮官要他從住家撤離——但是那位民眾表示他早在二〇〇九年就搬家了。那棟公寓後來果真遭到砲彈襲擊，但接到電話的民眾根本就沒時間通知住在屋子裡的居民、來不及讓他們疏散。

哈瑪斯發言人法齊．巴爾胡姆表示，他特地提醒埃及，巴勒斯坦反抗組織並沒有主動發射火箭砲彈，戰端完全是以色列一手挑起的；以色列在停戰協議結束的八小時前發動砲火，謀殺穆罕默德・德伊夫的妻兒。

在為期十天的停戰協議來到尾聲時，埃及表示他們對此感到「相當遺憾」，他們也表示會盡可能居中協商，盡可能讓以色列與加薩能夠永遠和平共處。

自從各國在開羅談判破裂之後，以色列對穆罕默德・德伊夫的住處所發起的暗殺行動，足足顯示了砲火猛烈的程度。

由巴勒斯坦總統馬哈茂德・阿巴斯領導的政治派系法塔赫的資深成員亞贊・哈邁德表示，以色列必須為此負起全責。

「以色列破壞了雙方的協議，否則原本大家都能和平共處的。」

哈瑪斯表示這起破壞停戰協議的空襲，目的是想要奪走德伊夫的性命；他們更表示以色列已經開啟了「通往地獄的大門」。哈瑪斯發言人巴爾胡姆認為，接下來幾天的情況將會更加艱難，而且衝突的火力也會更勝以往。

哈瑪斯發言人艾伯・歐貝達更發出警告，要求國際航空公司應該終止來往特拉維夫的班・古里安機場的航班，因為以色列並沒有成功取走德伊夫的性命。

今年三十九歲的薩迪・哈姆德從加薩北部來到此處尋求庇護，對於他的孩子至今仍然流離失所，哈姆德甚感憤怒。他說自己絕對不會把怒氣發洩在反抗組織身上；以色列占領加薩、奪走避難學校中多條人命，他認為以色列才是最該受到譴責的對象。

「避難所本來就應該要確保災民的安全。我覺得美國也要負一點責任，因為他們提供以色列導彈，讓他們能夠濫殺無辜。」他一邊受訪，同時將自己的四個女兒拉到聯合國設立的學校裡，希望能找到一處安全的樂土。

「歐巴馬所領導的政府現在一定對加薩的現況感到心滿意足，他們提供GBU-28導彈，讓以色列對我們這群手無縛雞之力、找不到牛奶給孩子喝的民眾發動攻擊。」

「歐巴馬當選美國總統的時候我還替他歡呼，認為他能當得比前總統布希好。不過現在我認為這個為不公不義奮鬥的男人，也同時提供以色列武器、讓以色列占領加薩，實在是無恥至極。」

全加薩現在民怨四起，大家對於世界各國無視以色列的殘暴行為，都感到相當憤怒。「歐巴馬應該挺身而出、表達內心的看法；但是我覺得他會一直保持緘默，直到美製導彈顯現真實的威力、將加薩居民炸個一乾二淨為止。」

人物介紹：三名被殺的哈瑪斯指揮官

周四稍早，哈瑪斯於加薩發表聲明，表示組織中三位資深領導人紛紛死於以色列砲擊

三位哈瑪斯武裝部隊的領導人於周四上午在加薩南部喪生，他們三人皆是卡薩姆軍團中的創團元老。以下是對三位領導人所做的詳細介紹：

⊙雷伊德．亞塔

出生於一九七四年，雷伊德．亞塔年輕時就加入卡薩姆軍團。過去幾年以來有了亞塔的協助，卡薩姆軍團的軍事實力日益增長。亞塔的名號越來越響亮，逐漸成為組織裡首屈一指的領導人。

一九九四年開始，亞塔就名列以色列欲除之而後快的清單當中。以色列表示他們有許多士兵都栽在亞塔的手下。除此之外，他還教導卡薩姆軍團的士兵希伯來文、讓他們知道如何在軍事衝突中對以色列士兵下麻藥。亞塔一生中曾經遭遇數次以色列的暗殺行動，像是以色列不斷轟炸亞塔藏身的各個住家——亞塔最出名的一點，就是他來去自如、行蹤不定，不會長時間待在同一個地方。

最近亞塔加入了卡薩姆軍團更高階的軍事委員會，也擔任拉法市分部隊的指揮官；同時他也是哈瑪斯菁英突擊隊「努克巴」的創辦人之一。

亞塔所策畫的行動當中，最廣為人知的就是交換吉拉德．沙利特這名戰俘的計畫[58]。亞塔親自規畫了這場交換人質的協議，也把沙利特關在一處無人知曉的地區長達五年。

在交換人質當天播放的電視畫面中，亞塔在沙利特身邊走動，以色列第二電視頻道將亞塔形容成：「神色嚴峻、默不作聲，他已經準備好要應付各種突發狀況，眼中透露出堅定的意志，身上的服飾風格非常現代。」

在二〇一四年的衝突當中，以色列情資單位指控亞塔知道以色列士兵哈達．戈丁的下落──據傳戈丁在近期的戰爭中被哈瑪斯逮捕，更有消息指出他已經喪生。身為拉法市的指揮官，以色列也表示亞塔透過國界下方的地底隧道，將武器槍械走私給哈瑪斯。

喪命之前他已經娶了一位太太，育有兩名子女。

⊙穆罕默德．阿布．薩瑪拉

身為哈瑪斯南部軍團的指揮官，穆罕默德．阿布．薩瑪拉是加薩南部最資深的領導人，他

58 哈瑪斯在二〇〇六年逮捕當時身為以色列士兵的沙利特、將他當成戰俘。二〇一一年，哈瑪斯要求以色列釋放一千名巴勒斯坦戰俘，以換取沙利特的自由。後來雙方達成協議，以色列釋放一千〇二十七名巴勒斯坦囚犯，沙利特也順利回到以色列。

也負責監管拉法市以及汗尤尼斯地區的情勢。

阿布・薩瑪拉生於一九七三年，跟妻子育有五名子女，大家都認為他是前哈瑪斯副指揮官哈邁德・賈巴里的繼位者；哈邁德・賈巴里在二〇一二年十一月，死於哈瑪斯與以軍為期八天的衝突當中。阿布・薩瑪拉可說是卡薩姆軍團的創團元老，也親自指揮、提供該軍團相當明確的作戰策略。

在一九八七年到一九九一年的第一次巴勒斯坦大起義時，阿布・薩瑪拉親自追查許多以色列線民的行蹤，也在加薩各地策畫反抗以色列的軍事行動。

一九九九年，巴勒斯坦自治政府宣布要依法處決亞塔與阿布・薩瑪拉。不過此公告一出，民眾就發起大規模示威遊行，最後政府也只好收回這項決議。

亞塔所策畫的沙利特人質交換計畫，阿布・薩瑪拉也有參與合作。

自從一九九一年開始，以色列就一直想要取走阿布・薩瑪拉的性命，然而他也順利躲過多次以軍策畫的謀殺行動。在一連串的謀殺計畫當中，最著名的莫過於二〇〇四年的突擊行動——當時以色列部隊將阿布・薩瑪拉的住家給圍了起來，還用爆裂物轟炸其住家。二〇一二年，以色列戰機又再次朝他的住家投擲炸彈。幾周前，以色列又派出F-16戰機朝他在二〇一四年建造的住家發動砲火。

⊙穆罕默德・巴爾胡姆

身為亞塔與阿布・薩瑪拉的親密戰友，穆罕默德・巴爾胡姆也是拉法市分部隊的資深指揮官。一九九二年，巴爾胡姆在以色列情資單位的追捕壓力之下逃出了加薩走廊。他一直在阿拉伯各國間遷徙移動，外人完全無法掌控他的行蹤。第二次巴勒斯坦大起義時，他又重新回到卡薩姆軍團。

巴爾胡姆生於一九七〇年，有一位太太。雖然加薩民眾並不是那麼了解他，但是大家都稱他為「白髮男子」。

「以色列共謀」在加薩被當眾處決

疑似與以色列共謀的巴勒斯坦人遭到處決，這種事件過去二十多年來從沒發生過

周五，有十八名疑似與以色列軍方私下往來的巴勒斯坦人遭到處決。在今年以色列與加薩的衝突當中，巴勒斯坦反抗組織發動許多主張「嚴懲不貸」的行動，處決以色列共謀就是其中一項。

周五當天，大家還不確定這十八名以色列共謀當中，究竟有多少人參與了以色列今年的軍事行動；也沒有人知道這群以色列情資單位的線人是否有上過法庭、接受審問。

開羅的停戰會議宣告談判破裂之後，以色列便急欲暗殺各巴勒斯坦反抗組織的領導人，所以反抗勢力也發起了新的作戰策略——處決與以色列私下串通的線民。

周二當天，就在談判結束後的幾個小時，以色列朝哈瑪斯軍團的指揮官穆罕默德．德伊夫的住家發射導彈，結果奪走他的妻子跟兩名子女的性命。接著在當周周四，又有三名哈瑪斯的指揮官接連在拉法市喪命。

以色列在這些暗殺行動中所發射的砲彈都相當準確，不免讓人懷疑有人提供以色列確切的情資。巴勒斯坦反抗組織於周五將這些嫌疑人犯一一處決，顯示他們也相信這項推論。

「雖然加薩目前砲火猛烈、危機四伏，但是我們仍然下定決心，了結這些以色列線民的性命，之後對於任何嫌疑人或是與敵國共謀者，我們絕不寬待。」一份在「馬吉德保安網」發布的聲明如此寫道。馬吉德是個跟哈瑪斯關係密切、專門報導加薩公共安全事務的網站。

「那些在周五遭到處決的人，都必須為許多加薩人還有他們已然損壞的房屋負責。」聲明中如此表示。未來只要有任何以色列線民暴露身分，他們就會立刻遭到裁決，這也是巴勒斯坦反抗組織新策略的一部分。

「每一位當眾捕獲的以色列間諜都會立刻被處死。」這份聲明指出。

周五一早，好幾位蒙著面罩的男子走進加薩的警察局。警察局內有好幾位據傳與以色列私下往來的巴勒斯坦人，當中更有幾名通敵者早就被監禁數年。這十一人當天全都遭到槍擊身亡。

這十一位涉嫌洩漏情資的巴勒斯坦人在警察局遭到槍決後，過了七個鐘頭，又有七名巴勒斯坦人在加薩熙來攘往的巴勒斯坦廣場上遭到槍決。

周五當天有許多穆斯林上奧馬利清真寺做禮拜，禮拜結束後這些這些信眾紛紛離開清真寺、湧入這個人來人往的廣場。一群蒙著臉、全身穿黑色服飾的槍手在大庭廣眾之下開槍射擊這七位線民，這群線民的臉上都蓋著布，手也被捆了起來。

反抗組織並沒有揭露這些間諜的身分，因為這些嫌疑犯的家屬在加薩通常世世代代都會遭受歧視。舉例來說，有一個孩子就因為他的父親涉嫌與以色列私通，在學校被嘲笑，同學都稱他為「通敵者的小孩」。

這些嫌疑犯的屍體隨後就被送往敘法醫院。此舉顯然是想要嚇阻巴勒斯坦人民，要大家不要以身試險。

人權團體公開譴責這樣的處決太過殘忍。

「我們要求巴勒斯坦自治政府與反抗組織，不管動機與理由為何，即日起立刻停止這種非法的處決行為。」巴勒斯坦人權中心的主席拉吉・蘇拉尼在一份聲明中表示。

自從一九九〇年代以來，處決的場景在加薩早已銷聲匿跡，直到二〇一四年又重新上演。知情者指出，這些遭到槍決的嫌疑犯，當中有很多人都被軍事法庭宣判有罪，也在等待法院下達死刑通知，大家似乎對於繼續上訴都已感到疲倦。

最近幾個月，對於那些主動出面自首的線民，巴勒斯坦內政部還提供了轉圜的餘地，讓他們得以活命。

根據一位不願透露身分的反抗組織人士指出，加薩反抗勢力的保安組織已經下達命令，要更嚴格執行安檢流程，徹底剷除那些與以色列私通的線人或是嫌疑犯，也希望能藉此讓有此打算的民眾心生警惕。

他還指出有另一群嫌疑犯目前也在等待處決，現在只等司法程序過關、法院正式下達命令而已。

幾年以來，以色列始終仰賴巴勒斯坦籍線民所提供的情報。以色列透過各種方式招攬情報人員：像是威脅要用砲彈轟炸他們的住家、散布謠言讓他們在職場待不下去、或是允許他們離開加薩，動用各種誘因吸引巴勒斯坦人民。

以色列前國安局局長雅科夫・佩里就在他的書《殺手降臨》（*He Who Comes to Kill*）中

特別強調，巴勒斯坦籍線民提供的情報，對以色列軍方來說是相當重要的資源。

不過對加薩的社會來說，擔任情報員是一件非常可恥的事，而且還有可能導致整個家族背負好幾年嫌疑犯的身分。在有關以色列線民的案例中，最廣為人知的就是一位大學生，向以色列情資單位透露卡薩姆軍團的前任領導人謝克．薩勒．謝達的下落。以色列情資單位根據這位大學生提供的資訊，朝謝達的住家發射一枚F-16導彈，不僅殺了謝達本人，也奪走他的妻子、女兒，以及其他七位親人的性命，還造成一百多位無辜居民受傷。這場攻擊行動發生於二〇〇二年的七月二十二日。

這起事件後來也導致一群巴勒斯坦籍線民在二〇〇八到二〇〇九年的鑄鉛運動中遭到反抗組織處決。

今天早上被處以死刑的這群嫌疑犯，他們的姓名跟長相都沒有對外公開；保安組織表示若是公開這群嫌疑人的身分，就有違加薩的風俗傳統，更會震驚整個社會。為了保護這些囚犯的家人，他們的身分對社會大眾而言永遠會是一團謎。

物價飆升，糧食危機迫在眉睫

食品與肉類的價格飆升，許多巴勒斯坦人只好依靠定量發放的補給品維生

阿斯拉夫．赫羅曉得無論現在冰箱裡存了多少雞肉，這大概是他擁有的最後一批肉品。「很多養雞場都被砲彈給摧毀了。那些雞隻要不是被炸彈炸死，不然就是沒東西吃、沒水喝，活活餓死。」三十二歲的赫羅站在自己的肉攤裡，對著《半島電視台》說。

赫羅一邊跟雞肉供應商通電話，一邊對記者解釋雞農那邊的雞隻數量不足，沒辦法送到攤販來賣。赫羅店內的存量頂多只能再撐一周，「幸虧附近的餐廳都沒有營業，假如他們有繼續做生意的話，我的雞肉早在兩周前就賣光了。」赫羅補充道。

以色列對加薩發動護刃行動之前，一公斤雞肉大約要價十塊新謝克爾（二點八五元美金）。現在，雞肉存量銳減，赫羅已經將每公斤雞肉的定價調整為十五塊新謝克爾（四點二四元美金）。

根據加薩衛生署公布的資料，七月八日衝突爆發以來，至少有兩千一百零二位巴勒斯坦人喪命，一萬零五百四十人受傷；六十四名以色列士兵與三名以色列國民罹難，還有一位泰國籍勞工遭到波及。

以色列的砲火摧毀許多加薩的基本建設。至少有三百六十間工廠以及商店遭砲彈毀損，其中有一百二十六戶店家徹底被夷為平地，損失高達四千七百萬美元。

聯合國糧食及農業組織表示，許多加薩的農民跟牧羊人也被迫拋下自己的農田與牲口；農業跟漁業活動都被猛烈的砲火癱瘓，加薩當地面臨糧食短缺的危機。

「直到現在，永不間斷的砲火讓我們沒辦法仔細評估加薩的農業究竟損失了多少。」駐紮約旦河西岸與加薩走廊的聯合國糧食及農業組織主管西羅．費歐里羅在一份聲明中指出。該組織估計全加薩已經損失了一半以上的家禽家畜，漁民今年的漁獲量也減少了九點三個百分比。

穆罕默德．阿布．阿亞瓦表示在他位於加薩東部的牧場中，大約有五百頭牛死於砲火之下，損失高達五十萬美元。「我經營這座牧場，提供當地工廠牛奶跟乳製品，但是現在我的牛跟那些工廠全都消失了。」他對《半島電視台》說道。

今年五十一歲的烏姆．哈齊通常會到拉法市中心的市場購物，她的小兒子奧薩瑪也會陪著母親一起把生活雜貨扛回家。不過一周以來，市場中的商品甚少，她每次只能帶一點東西回家。

「商品的品質很差，有些甚至無法銷售。」烏姆．哈齊一邊說，一邊看著番茄上頭乾裂的紋路，表示該農產品已經乾燥脫水。聯合國糧食及農業組織發現在加薩走廊的某些地區，雞蛋的價格已經上漲百分之四十，馬鈴薯也長了百分之四十二，番茄的售價更飆升了百分之一百七十九。

「以前一盒雞蛋只要十一塊新謝克爾（三點一一元美金），現在卻變成二十三塊新謝克爾了（六點五美金）。」烏姆．哈齊如此說道。她身旁的另一位客人表示，因為雞農損失大部分的雞隻，所以現在的雞蛋也比以前來得小。

聯合國人道主義事務協調辦公室表示，在今年以色列與加薩爆發衝突之前，全加薩有百分之六十六的家庭靠政府的食物接濟維生，其中更有百分之七十二難以領取接濟。聯合國與當地政府合作，提供緊急救難的糧食，讓那些急需幫助、但卻不曾獲得實際補助的民眾，也就是七十三萬人當中的四十一萬五千人，能夠取得糧食。

根據加薩曼安發展中心的專案經理侯賽姆・馬德胡恩表示，自從加薩走廊東部（加薩的農業重鎮）遭猛烈砲擊還有的以軍陸地侵略之後，通貨膨脹就成了影響新鮮食品與肉類的主因。「身為加薩走廊蔬菜來源地的胡薩，這兩周以來宛如死城；農夫完全無法下田耕種，蔬菜都枯萎腐爛了。」馬德胡恩對《半島電視台》說道。他還表示對很多人來說，鈔票現金嚴重短缺也是一大問題，就連那些在銀行中有存款的民眾也無法購買食物。

「雖然現在還買得到罐頭食品，價格也還算合理，但是仍然有許多居民負擔不起。」他說：「就算戰爭結束，糧食的狀況也會繼續惡化。除非全加薩大規模重建基礎建設，否則這個問題永遠也不會好轉。」

戰爭使得巴勒斯坦人更加團結

為了慶祝戰爭結束，相互敵對的巴勒斯坦政黨派系現在已經團結合作，不過這樣友好的關係能否繼續維持？

雷伊夫過去從來沒有參加過任何遊行活動。不過以色列跟巴勒斯坦的政黨派系協議停戰之後，這位十三歲的年輕人跟鄰居借了哈瑪斯的綠色旗幟，跑到加薩市中心參加慶祝反抗組織勝利的集會。

「過去五十三天，我才開始了解哈瑪斯，」他說。雷伊夫表示，經歷了以色列為期七周的軍事運動之後，他已經成為一位哈瑪斯的支持者了。

「我很喜歡哈瑪斯，因為他們保護加薩居民。」雷伊夫說自己親眼目睹十二樓高的札菲大樓被砲彈摧毀，因此體認到巴勒斯坦反抗鬥士的重要性。

「我的父母都是法塔赫領導人阿布．馬贊（巴勒斯坦自治政府的總統馬哈茂德．阿巴斯）的擁護者，不過他們也滿喜歡哈瑪斯的。」雷伊夫說完這句話後，就回到遊行隊伍，消失在一片綠色旗幟海當中。

二〇〇六年，哈瑪斯贏得了巴勒斯坦立法委員選舉的多數席次，這場選舉也讓哈瑪斯與巴勒斯坦自治政府間的關係變得相當緊張。因為國際社會還有以色列不願意承認這次選舉結果，巴勒斯坦也被迫否認哈瑪斯即將掌權的事實。

當時哈瑪斯與阿巴斯領導的政府無法妥善畫分權力，因此雙方便訴諸暴力，於二〇〇七年在加薩發生了血淋淋的政變衝突。此後，遭到以色列占領的巴勒斯坦領土，就被政黨派系切割畫分：巴勒斯坦自治政府統治約旦河西岸、哈瑪斯掌管加薩走廊。領土遭到政黨畫分之下，政府機關都紛紛癱瘓、無法運作。

二〇一四年六月，法塔赫與哈瑪斯協議共同組織政府，也宣布日後將舉辦議會與總統大選。以色列對此也做出回應，他們表示將會懲處巴勒斯坦政府：包含扣留巴勒斯坦的稅收，還有拒絕簽署停戰協議。

根據巴勒斯坦選舉研究調查中心最近的報告指出，他們調查了一千兩百七十位約旦河西岸與加薩的巴勒斯坦人，結果顯示在總統大選當中，哈瑪斯領導人伊斯梅爾．哈尼葉的得票率會是阿巴斯的兩倍。哈瑪斯的支持率高達百分之八十八，而巴勒斯坦自治政府只獲得百分之三十六的民眾支持。

雖然如此，與哈瑪斯敵對、管理巴勒斯坦自治政府的政黨的法塔赫，在今年的戰爭之後，也逐漸獲得加薩居民的青睞：到處都可以看到法塔赫的黃色旗幟，還有阿巴斯的照片。為了促進巴勒斯坦統一，巴勒斯坦調解委員會的哈邁德．尤塞夫博士指出，兩大政黨派系都備受擁護，也讓雙方對加薩的管理有了更進一步團結合作的共識。

「哈瑪斯現在也成為眾多黨派的其中一員，他們不再孤軍奮戰。」尤塞夫如此說道，他先前擔任哈瑪斯前總理伊斯梅爾・哈尼葉的顧問。他還表示，「人民得以生存、過著安定的生活，這才是所謂的勝利。我們並沒有超能力，我們只想告訴以色列：巴勒斯坦人熱愛生命。」

宣布停戰協議不久之前，阿巴斯以及哈瑪斯的領導人哈立德・馬沙爾在八月二十一日，一同與卡達的國王會面。分析師都將這場面談視為巴勒斯坦團結合一的象徵。

協調結果，巴勒斯坦自治政府往後必須接管加薩的國界，也要跟其他提供資金援助的國家，像是歐盟、卡達，與土耳其一起貢獻心力，重建加薩走廊。其他像是敦促以色列撤回軍力部署、重新開放加薩的海港機場這類長遠的計畫，有關各方也會在下個月開會協商。

停戰協議之後，以色列總理納坦尼雅胡表示哈瑪斯「嚴重受挫」，而且也沒有達成協議裡的要求。「我認為哈瑪斯在外交關係上孤立無援，」納坦尼雅胡說：「我也感覺到在國際社會上，大家仍然認為哈瑪斯、伊斯蘭國成員、蓋達、還有其他伊斯蘭極端恐怖組織根本都是同一群人。」

不過根據一位哈瑪斯領導人哈里・哈耶表示（他同時也是開羅會議中的代表之一），巴勒斯坦各政黨派系現在已經不直接跟以色列喊話，這就是巴勒斯坦統一的證據。

「現在我們身處團結合作的新世代，也打出了抵抗的名號。」他在上周五的禮拜中發表演。哈耶還提到要是以色列無法滿足巴勒斯坦人所提出的需求，各個政黨派系一定會繼續跟以色列作戰。

歷經了七周的戰爭之後，哈耶也表示政府將要重建加薩。而重建的工作、堅守加薩邊界、管理進出加薩的物資等，這些都是巴勒斯坦聯合政府必須肩負的責任。

不過一位來自巴勒斯坦研究中心、名為穆恩．拉巴尼的資深研究員卻對《半島電視台》表示，雖然以色列對加薩發動的軍事攻擊造成反效果，導致政黨派系的關係更為緊密，但是這種團結一心的現象卻隨時都有可能分崩離析。

「巴勒斯坦人雖然沒有輸掉與以色列的戰役，但是最後卻有可能敗給自己。各個政黨應該要無私地奉獻自己的成就，追求團結的合作模式；而不是像以前那樣只替自己的政黨著想，追求各自的利益。」拉巴尼指出。

「以色列的領導人實在是太暴躁激進，他們沒辦法制定出能夠達成的政治目標，就連他們自以為能辦到的任務，也做得一塌糊塗。像是他們後來反悔、撤回與加薩之間的和平協議，反而讓巴勒斯坦變得更為強大。」拉巴尼更說。

今年六十二歲、來自汗尤尼斯的阿布．馬哈茂德．布拉恩是法塔赫的擁護者，他說經過這場戰爭之後，他反而更同情哈瑪斯的成員。「親眼目睹自己的兄弟被外國勢力殺死之後，內心就有了一股團結的力量；我們是團結的巴勒斯坦人，不是分裂的政治黨派。」他口中所說的，也就是三位喪命的哈瑪斯領導人，還有那些位於加薩南方的拉法市、死於以色列砲火的市井小民；上述事件促使布拉恩改變了他的想法。

今年三十一歲的哈里．艾卜德哈迪是加薩市的一名老師，他說哈瑪斯無條件的付出讓人感動，不過他同時也為其他武裝部隊喝采。「說也奇怪，敵軍的侵略反而讓我們更加團結。不過今天之後，我們所承受的這些痛苦，會讓大家共同對付唯一的頭號大敵——以色列的占領行動。」他對《半島電視台》說。

加薩的法塔赫領導人法耶茲．艾布耶塔博士表示，巴勒斯坦代表在開羅會議中協商停戰的情景，證明了各個黨派其實是可以相互合作的。「我們把自己國內的紛紛擾擾拋在腦後，專心處理讓我們團結合一的事務。身上流著巴勒斯坦人的血，這對我們來說再重要不過了。」艾布耶塔如此說道，他更希望這樣嶄新的合作模式，能在戰爭結束後繼續延續。

不過八月二十八日時，阿巴斯總統卻在巴勒斯坦電視台上表示，「一旦加薩還存有一個影子政府，巴勒斯坦就不可能真正統一。」阿巴斯口中所指涉的似乎就是哈瑪斯。對此哈瑪斯並沒有做出回應，不過有很多巴勒斯坦人正等著看這位法塔赫領導人，是否會支付在加薩前任實權政府工作的四萬五千名雇員的薪水，這些公務人員早就該領到這些薪資了。

巴勒斯坦自治政府於周二發表一則聲明，表示他們目前正在盡「最大的努力」償還積欠的薪資，不過卻沒有表明究竟何時會撥款。

住在加薩的政治分析師易卜拉欣．馬胡恩對《半島電視台》表示，阿巴斯跟巴勒斯坦自治政府無法支付加薩公務人員薪資的事實，很有可能會讓國內發生另一場衝突。「假如阿巴斯付不出錢，團結合作的關係就會告吹。」馬胡恩對《半島電視台》說。

與此同時，艾布耶塔指出聯合政府是否會正常運作，仍然有待觀察。不過他也希望在阿巴斯的領導之下，政府組織能依照計畫推展下去。他更補充說道，或許在新的氛圍之下，政府團隊工作起來會更順利流暢。

「我們都體會到，團結一體力量會變得更強大。巴勒斯坦人民只能依靠這股合作的力量來增強我們抵抗的動力，盡快邁向全國人民期盼的美好生活。」

哪個巴勒斯坦人是以色列情報員？

以色列仰賴一大群巴勒斯坦籍線民提供的情報，這背後的機制究竟是如何運作？

就在以色列結束長達七周的軍事行動前幾天，有一群疑似與以色列私下往來、被加薩當地居民稱之為「通敵者」的巴勒斯坦人當眾遭到處決，這起事件也引發國際社會的關注。這幾位嫌疑犯的頭都套著卡其色的布袋、雙膝跪地，整齊地排在一堵白牆前方。站在他們後方的就是執行死刑的槍手，這群巴勒斯坦士兵穿著黑色裝束、臉上套著羊毛包頭帽，身上配著AK–47步槍。

八月二十二日，加薩至少有十八名巴勒斯坦人遭到處決，因為他們在二〇一四年的戰爭中，疑似向以色列軍方洩露反抗組織的情報。但是為什麼這群巴勒斯坦人要跟以色列情資單位合作，他們的動機究竟是什麼？他們彼此如何合作？背後的機制也相當耐人尋味。

「因為面臨龐大的壓力，所以我只好屈服、答應他們的要求。」一位只願意匿名接受採訪的告密者對《半島電視台》說。這名男子住在加薩，他表示一九九五年時，有一名以色列情資單位的指揮官找上他。指揮官出言恐嚇，要是他不肯透露哈瑪斯成員出沒的地點以及行動內容，就要撤銷他在以色列的工作許可證。

「但是身為通敵者，我每天都鬱鬱寡歡。有一天我終於忍不住那股恥辱感，所以一早醒來後我就對太太說，我永遠不要再到以色列工作了。」那位男子回想著當時的情景。他隨即去找了巴勒斯坦國安部隊，對他們吐露一切；後來他被監禁幾周後，就因為主動認罪而獲釋了。

幾年以來，以色列非常仰賴這些巴勒斯坦人所蒐集來的情報。以色列指揮官通常會用工作或家庭來威脅當地居民，或是提供一點好處，像是讓他們得以出國、獲得現金等，來脅迫民眾跟他們合作。

巴勒斯坦解放組織於一九七九年頒布的革命刑法是允許官方執行死刑的，其中第九個條款就明文規定，如果民眾「的言行舉止違背了國家安危以及反抗組織的利益」時，那麼就能將之處以死刑。

人權觀察組織在二〇一二年指出，「我們手中握有可靠的證據，哈瑪斯不僅嚴重違反司法訴訟程序，還對嫌疑人犯施加殘暴不堪的酷刑。哈瑪斯應當立刻收手，暫時不得對嫌疑人士施以死刑。」

哈贊姆．阿布．夏納卜這位政治研究人員表示，最近有許多在加薩被處以死刑的通敵者，大概都在牢裡待了一個月左右。他們在審問的過程中都吐露自己曾經對以色列士兵洩漏巴勒斯坦的情資，也在以軍的要求下到加薩各地安裝監視系統。

「其中一個吸收線民的辦法，就是先封鎖拉法關口（連接加薩與埃及），再讓巴勒斯坦人從埃雷茲關口（連接加薩與以色列）進出，這樣就能栽贓這些民眾、對他們施壓，逼他們提供巴勒斯坦反抗組織的情報。」阿布．夏納卜說道。

巴勒斯坦人權組織哈克的執行長薩萬．加巴里恩表示，根據日內瓦第四公約，那些在加薩被判處死刑的犯人，在法庭審理的時候似乎沒有遭到合理的對待。因此他也呼籲巴勒斯坦的政黨派系，請他們暫時不要處決這些人犯。

他還提到，有時候以色列為了要逼這些民眾就範，做了很多泯滅人權的惡行。「以軍不管巴勒斯坦民眾的需求以及身上的病痛，逼他們在以色列的軍隊以及維安小組裡工作。以色列必須為他們犯下的罪付出責任。」

現年三十歲的穆罕默德．阿布．哈瑟拉對《半島電視台》說，以色列現在也開始運用社群媒體來尋找適合的線民。現在加薩的失業率高達百分之四十，創二〇〇九年以來的巔峰，因此有了金錢還有其他好處的誘惑，巴勒斯坦人民不免心動。阿布．哈瑟拉表示，「很多線民都是無辜、天真的年輕人，他們根本不知道自己在幫以色列做事。」

事實確實如此。在加薩國安單位服務的質詢官阿布．哈邁德（他並沒有向《半島電視台》提供完整姓名）表示，以色列要求線民提供的資訊，聽起來不會讓人特別警戒。

「有一位線民就跟我說，以軍問他非常簡單的問題：『看看對街陽台上掛著哪一種衣服。』」阿布．哈邁德對《半島電視台》說：「這種問題聽起來根本無傷大雅，不過其實對面那棟公寓是哈瑪斯領導人的住家。以色列情資單位想要從住戶是否在晾衣服，推斷出裡面的人是醒是睡。」

還有另外一例。加薩國安機構抓到一名小販，那名小販應以色列的要求，帶著一小包沙子到連接加薩與以色列的埃雷茲關口。「後來才發現，原來以色列要檢測那名小販帶過去的沙子，來找出巴勒斯坦人的地底隧道在哪裡。」

加薩新聞記者法提．沙巴哈深表同意，他對《半島電視台》說：「通敵者就是國家的叛徒，他們唯一的下場就是死。不過司法審理的程序應該要合乎公平，也要讓他們有機會能替自己辯駁。」

「我們要求巴勒斯坦自治政府跟其他巴勒斯坦軍事組織插手介入。無論動機與理由為何，這種不合法的處決行動都應該即刻停止。」巴勒斯坦人權中心加薩分部的主管拉吉．蘇拉尼在一份聲明中表示。

加薩的巴勒斯坦政黨派系宣布有超過十三名通敵者，紛紛到各地的維安中心自首投案；不過似乎仍有許多嫌疑犯被判處死刑、喪失生命。

「巴勒斯坦反抗組織必須展現公平正義的風範，依照法律程序行事。」一位專門審理通敵案件的法官對《半島電視台》表示，不過他希望電視台能隱匿其姓名。「以色列每天都奪走一堆巴勒斯坦人的生命，這已經夠殘暴了。」

加薩機場：希望夢想能再度成真

加薩居民希望有一天海港跟機場能夠重新開放，讓貨物與人民能夠自由進出，重新獲得富庶、自由自在的生活

加薩國際機場於一九九八年落成啟用，巴勒斯坦的孩子都紛紛衝到街上歡迎美國總統柯林頓。這座機場當時被視為一扇連接世界的大門，巴勒斯坦人只要蹦上飛機就能環遊世界，想回家的時候也能自由進出。

為了紀念一隻手持卡拉什尼科夫步槍、另一隻手拿著橄欖樹枝的亞西爾·阿拉法特，這座國際機場後來也以他的名字重新命名，國際上通用的代號為GZA。

有些機場人員腦中仍有一幕美麗的畫面，那就是當時荷蘭皇家航空的飛機到亞西爾·阿拉法特進行航班測試，後來又返航回到荷蘭的史基浦機場。這座機場對其所擁有的三架飛機來說，象徵著巴勒斯坦人的榮耀。每天都有飛往埃及、約旦、敘利亞、摩洛哥、賽普勒斯，還有土耳機的班機。

伊薩姆·薩勒回想起他第一次到約旦旅行的時候，就是搭了其中一個航班，「就像是坐在一輛會飛的巴士裡，一路上顛簸搖晃。我根本就搞不清楚飛機現在是在天上，還是已經降落地

面了。」薩勒想起那只有一小時的航班，掩不住臉上的笑意。不過現在假如他想要到別國去，必須提早好幾周開始申請文件資料。而最後究竟出不出得了國，還要看控管關口的埃及官員是否允許民眾通行。

「雖然飛機搖搖晃晃，但是總比哪裡都去不了好。」他說。

對他來說，這樣搭機出國的記憶已經逐漸消散，變成一個遙不可及的夢想。加薩在以色列的侵略之下已經損失慘重，薩勒說他一定要讓搭機的夢想再次成真。

二〇〇〇年爆發第二次巴勒斯坦大起義時，以色列的戰鬥機對著機場的航空控制塔台投擲炸彈，接著推土機也將跑道破壞得坑坑疤疤。這幾年以來，就算經歷了二〇一四年的以色列侵襲，鑲有斑斕大理石雕刻的美麗的摩洛哥式航廈依然隱約可見——阿拉法特總統一直以來都在這個航廈接待外國賓客。

當初斥資八千六百萬建造、曾經耀眼奪目的這座機場，現在充斥著家禽家畜的屍體，倖免於難的動物則亂跑亂跳。雞隻在沙堆中東啄西啄，而空中的飛機也永遠不會降落在這座機場——機場上方盡是以色列的F-16戰機以及無人機，不斷監視、威嚇著加薩居民。

即便現在機場已經被以軍炸個稀巴爛，巴勒斯坦航管局的主管薩爾曼·阿布·哈利卜對未來仍然抱持著相當樂觀的態度。他表示根據奧斯陸協議，巴勒斯坦人民是有權利擁有一座機場的。

巴勒斯坦政黨派系與以色列之間的談判破裂。巴勒斯坦人內心希望的，仍然是能有一個自由開放的海港跟機場；兩者都象徵著一場曾經實際存在的夢。

「加薩曾經擁有自由開放的機場與海港，雖然現在不復存在，但是我相信只要巴勒斯坦反抗組織繼續抗爭，不久之後就能再度實現出海與搭飛機的夢想。」住在距離機場只有幾分鐘路程的阿布．薩迪表示。

「我還記得以前我們都會到機場送機，向即將出國的親友揮手道別；現在我只希望加薩能設立禁飛區，禁止以色列的戰機在加薩領空盤旋。」

海港以及機場現在是協議停戰過程當中難以跨越的障礙；以色列為了避免巴勒斯坦人太過獨立自由，因此拒絕開放這兩項公共建設。

以軍瘋狂空襲，機場航廈跟跑道現在都變成一堆碎石砂礫。以色列實施更嚴厲的鎖國政策之後，加薩居民紛紛利用這些砂石來重建家園。停戰期間，加薩人民都各自蒐集以色列導彈以及坦克炸彈炸出的石塊，用來修補破損的房屋。

伊薩姆．薩勒回想過去，準備出國的巴勒斯坦人在登機之前，都會到以色列控管的關口排隊，拿出護照讓海關蓋章。

「至少那個時候還有一點出國的希望。我們當時擁有的不只是這個受到局限的國家，能夠飛向天際的念頭讓我覺得自己不受拘束。」他說。

根據奧斯陸協議，加薩居民能夠建造海港。一九九〇年代後期，加薩就跟歐洲的工程承包商簽訂了七千三百萬美元的合約。

薩勒表示現在他很想要、也必須回到約旦接受治療，他也開始計算從加薩到安曼需要耗費多少里程數。其他民眾跟薩勒一樣都有這種想飛的渴望，許多加薩年輕人都希望能有機會暫時喘口氣、逃離以色列的壓制。

來自加薩商會的經濟學家馬赫爾·塔巴阿博士表示，海港跟船塢能夠讓巴勒斯坦人引進貨物，同時更能對外輸出加薩的商品。這樣一來，加薩的經濟狀況就能大為改善，也能製造大約三萬多個工作機會。

「現在我們有機會能夠打造一個漂浮海港，只需要一年的時間就好。」塔巴阿博士表示。他還說重建海港對振興加薩的經濟狀況來說，絕對是當務之急。

塔巴阿提到，自從二〇〇二年以來，加薩就一直透過以色列將外來商品運入國內，而這種間接運輸的經濟模式，每年也需要耗費十億美元；截至目前為止，加薩進口貨物的門檻已經比早期高了五倍。

以色列占領加薩，許多加薩的關口也被埃及與以色列控管，所以許多加薩的年輕一代從來沒有出過國。不過加薩青年並沒有放棄做夢，大家仍然跟其他人一樣希望能有自由移動的權利。

塔巴阿博士表示，從歐洲各國的統計資料來看，就能夠明白以色列對於開放機場通關的顧慮。「一旦加薩居民能夠自食其力、自由進出口貨品的話，大家一定會欣喜若狂。」

他還表示倘若加薩能夠自主進口貨物，居民就能負擔得起大部分的商品，巴勒斯坦自治政府也能有穩定的稅收。

這個時候，以色列與巴勒斯坦政黨派系於開羅的停戰協議，談判結果仍未明朗。而現身的埃及協調官員則表示，關於海港以及機場的要求，各國代表將在一個月後舉辦的第二場會議中討論。

「一旦有了屬於加薩的機場跟海港之後，我們就不需要再仰賴補給品了。巴勒斯坦人能夠自立自強，靠著我們的空氣跟水打造出一片安居樂業的天堂。」

以色列轟炸公寓，家庭流離失所

在以色列長達六周的軍事侵害當中，加薩走廊有兩千兩百七十六戶民宅完全被夷為平地、一萬三千三百九十五戶住家遭受部分損傷，更有一萬多間住宅也遭受波及

好幾年來，許多加薩的菁英分子都住在加薩市的札菲大樓。

周六傍晚夜幕降臨之後，以色列的戰機就開始朝加薩市東部的十二層住宅大樓發動空襲。這場攻擊不僅將該大樓夷為平地，也讓四十四戶公寓倒塌崩毀。

巴勒斯坦內政部於周六發表一項聲明，表示這場攻擊象徵著「衝突逐漸升溫；以色列不斷對加薩居民進行集體懲罰，目的就是要讓老百姓無家可歸。」

不過以色列卻加以辯駁，表示這場攻擊完全是針對反抗組織所使用的一間房間。該大廈的住戶後來出面推翻此說法，他們表示大樓裡根本就沒有任何隸屬反抗組織的空間與物品。

巴勒斯坦內政部指出，以色列的證詞根本無憑無據、完全不可信。

「如果大樓裡有反抗組織的成員，怎麼可能會在發動攻擊之前警告我們撤離？根本說不通。」一位受到重傷被送至敘法醫院的目擊證人表示。

今年四十二歲的阿布．薩拉表示，一開始先是有一顆無人機的炸彈落到屋頂上，幾分鐘之

後他就看到住戶紛紛衝下樓梯，便也攜著自己的太太跟五名子女衝到大街上。

「我們衝出屋外的時候，身上還穿著居家服，連現金跟身分證件都沒帶在身上。」

現在這棟大樓已經成為一處殘骸了。

住在札菲大樓裡的幾乎都是加薩的菁英分子，阿布・薩拉自己也是前任巴勒斯坦自治政府的公務人員。有些住戶是前任巴勒斯坦自治政府資深雇員的子女。從歷史淵源來看，這些人根本不會與哈瑪斯扯上關係，因為巴勒斯坦政府的員工通常都是支持法塔赫的。

住戶表示以色列發射了一顆「屋頂警告彈」，過了幾分鐘之後整棟大樓就遭到猛烈的砲彈攻擊；當時的狀況千鈞一髮，許多民眾差一點就要被壓在倒塌的石塊底下。

加薩衛生署指出有二十二人受傷，當中有十一位孩童跟五位婦女逃跑的速度不夠快，來不及在兩顆以色列F-16導彈擊中大樓的前五分鐘撤離。這場史無前例、針對住宅大樓的攻擊行動，讓許多民眾震驚不已；大家也再次見證，無論這些大樓對以色列的「國家安全」是否構成威脅，他們都會不計手段發射砲彈。

濃密的黑煙從以色列導彈所炸出的坑洞中竄出，當地的基礎建設遭到嚴重毀損，很多塔爾・哈瓦地區的高樓大廈也都慘遭砲火蹂躪。建築物開始搖晃的時候，居民紛紛逃到街道上，臉上滿是震驚恐懼的神色。

「我以為自己住的大樓裡面有爆炸物，所以趕快衝出廁所，沿著樓梯往下跑。」一位住在札菲大樓的四十五歲居民表示。

這個時候，今年五十一歲、坐著輪椅，身為前任巴勒斯坦自治政府雇員的哈珊姆・薩克拉表示，他逃離大樓的時候獲得許多人的協助，不過他現在完全一無所有。「我的錢、衣服、證件、家具還有所有家產都沒了。我感覺我跟四個孩子好像今天才光溜溜地來到這個世界上。」

哈珊姆說以色列當時欺騙了大家，這棟大樓裡面根本沒有反抗組織成員的住所。「住戶之間的關係非常緊密，我們很了解彼此。這棟大樓裡沒有反抗組織的成員或是可疑人士。」他說。

「連有乞丐站在大樓外、求我們施捨一點錢的時候，我們也都盡可能伸出援手。」他更說道。

以色列長達六周的軍事侵略已經造成四十五萬名加薩居民流離失所，所有人都到醫院或聯合國營運的機構尋求庇護。聯合國表示，現在有十萬名加薩人無家可歸。

遭受以色列砲火侵害的民宅數量在周六傍晚達到巔峰。

加薩的爆炸物專家表示，過去六周以來，以色列至少投擲了兩萬噸的炸彈。過去四十八小時當中，以色列在三個地點投擲了集束炸彈：首先是在阿布亞克里恩的住家，造成一平方公里的毀損；接下來在札菲大樓；最後一個地點則是加薩北部。這種炸彈所造成的破壞，是其他地區無法比擬的。

歐洲及中東人權觀察組織表示，以色列為期六周的軍事侵略，總共朝一萬五千六百七十一戶住家發動砲火，當中有兩千兩百七十六戶住宅徹底被夷為平地，而一萬三千三百九十五戶也遭到部分毀損，另外更有數以萬計的民宅同樣被砲火波及。

該組織也指出，就在周六這天，以色列就轟炸了四百三十九戶民宅。其中有九十九戶徹底倒塌，剩下的三百四十戶則是變得殘破不堪。

周六當天，以色列戰鬥機也攻擊了四處非政府組織的所在處，遭到襲擊的組織總數高達二十六個，這些民營的避難所總共收容了二十萬名加薩居民。

周六一早，太陽在加薩另一側升起之後，以色列也朝一戶民宅發射導彈，奪走位於加薩中部、札威達地區的阿布·達赫魯耶一家人的性命。

當地居民說這個地方並不是什麼政治中心或是軍事重鎮，那個民宅裡只有正在呼呼大睡的民眾而已；這些人現在一覺不醒，再也無法睜開雙眼。

「很幸運的是，第一顆火箭砲彈並沒有爆炸。不過正當我的阿姨跟親人準備把小孩子叫醒、要大家疏散的時候，他們就被兩顆火箭砲彈打中了。」

「以色列士兵根本不給我們時間逃難，就把這棟房子給轟掉了。」罹難者的表親瓦伊爾·阿布·杜赫魯耶還說道，現在仍然有很多遺體被壓在碎石堆底下，等待救難團隊將他們一一挖出。

這五位家庭成員當中，有的人的遺體被砲彈炸得四分五裂、散落各處，他們的屍體至今仍然埋在不見天日的沙石堆中。

周六稍早，哈瑪斯的副指揮官穆薩·阿布·瑪爾祖克公開表示，哈瑪斯已經簽署了一項加入國際刑事法院規約的文件，目的是希望能讓任何巴勒斯坦人都有國際刑事法庭的會員資格。這樣一來，不管是以色列還是哈瑪斯，所有人都有可能要接受戰爭罪的懲處。

以色列戰鬥機轟炸位於戴爾巴拉赫南部的卡拉拉市政廳，以及該市政廳的文化中心。而位於拉法市的拉法購物中心也被六枚導彈擊中，總共有八十個商家遭到毀損，兩所附近的學校跟鄰近的住家也遭到波及。

哈珊姆．薩克拉身邊這群倒塌的碎石堆，就是札菲大樓的遺骸。薩克拉跟他的妻子以及四名子女現在流離失所，那種安全無憂的感覺已經不復記憶。他表示自己看著大樓漸漸崩解的時候，腦海中浮現了發生在紐約的九一一事件。記者問他有什麼話想對美國人說的時候，薩克拉表示，「以色列人在七月二十四日對加薩發動的恐怖攻擊，就跟你們經歷的九一一恐攻相同。」

加薩走廊承受的「經濟戰」

無論是商店攤販、工廠老闆，或是漁民以及農民——以色列導彈將所有人的生計轟得分崩離析，所有人都在估計損失的規模以及未來將要負擔的債務

一般，拉法市的新生兒父母親通常都會到貝爾拜希的店裡，挑選各式各樣的嬰兒用品，像是嬰兒服、睡衣，還有床罩。對於拉法市的十八萬居民（當中有許多人是難民）來說，這家店是一個相當神聖的存在。

不過這家店現在已成歷史。奧瑪・貝爾拜希現在茫然地站在商店的殘骸當中——拉法購物中心總共有八十個商家在周六上午遭到以色列導彈襲擊，貝爾拜希的店就是其中之一。煙霧從貝爾拜希的店裡緩緩飄出，他深深地吸了一口氣。貝爾拜希的臉上除了覆蓋著灰燼之外，還有他奮力挖掘碎石堆、搶救店內商品時所揚起的煙灰。雖然奮不顧身，但是他還是很害怕以色列接下來會投擲更多導彈。

以色列至少朝這座購物中心發射了六枚導彈，不僅有許多商家遭到毀損，更有一個婚禮宴會廳還有一處律師事務所遭到波及。拉法市的市長辦公室發出聲明，表示自從這座商場在一九九八年於挪威與荷蘭人的協助之下，耗資兩百萬美元打造落成之後，就有很多民眾跟當地

市政廳承租攤位做生意。

「我們根本沒有想到會發生這種事。這棟商場到底能對以色列的國安構成什麼威脅？在商場裡面，我們只是單純販賣一些國內的產品給老百姓而已啊。」貝爾拜希表示。

貝爾拜希雇用了幾名員工，他支付這些員工薪資，撐起總共四十多個人的生計。

他環視店裡的情況：這裡根本沒有「火箭砲彈」跟其他軍事用品，只有每件三十美元的褲子，還有其他服飾跟家庭用品；這些商品現在要不是被埋在石堆底下，就是被炸得四分五裂。

之前，貝爾拜希為了開齋節、夏天換季，還有學校的新學期訂購了許多商品，他下訂的商品在以色列發動的這五十幾天的軍事侵略前就已送達商店了，貨品的存量更是往常的兩倍。現在商品毀壞不堪，貝爾拜希已經一無所有；他只好將店門深鎖，接下來的好幾個月都沒辦法營業。

一般來說，這一季沒有賣出去的商品，貝爾拜希都可以在下一季跟客戶交換、或是打折出清。現在他卻沒得選，所有東西都被砲彈給摧毀。

「我整整存放了三季的貨品。損失實在是太嚴重了。我虧損的財產大概是以前的三倍，差不多是好幾千美元。」

貝爾拜希所面臨的絕境實在是慘不忍睹，因為他並不是用自己的存款訂購這批貨品的。通常商人會先向廠商下單訂貨，等到商店有收入之後再清償款項。他所經營的商店大約在九月中，就會收到約莫三萬九千五百元的帳單。

貝爾拜希根本不知道該如何是好。不過另一位名為馬亞德・哈德伊德的加薩居民表示，他以前擁有一間鎮上最大間的康乃馨園，後來也不幸遭逢同樣的際遇。他完全知道貝爾拜希接下來會面臨什麼樣的處境。

在二〇〇六年、以色列封鎖加薩之前，他曾經到荷蘭參加歐洲花卉博覽會。看著自己的商品外銷歐洲各國，哈德伊德的內心備感欣慰。

以色列後來關閉了加薩的貿易關口，導致哈德伊德無法繼續外銷他所培育的康乃馨。在哈德伊德苦苦等待以色列開放關口的時候，這些花朵漸漸凋零枯萎，最後他只好讓自己的牛隻跟駱駝把這些花給吃了。接著就有很多供應商跟攤販跑到警局或到法院申訴，要求哈德伊德償還債款。

對貝爾拜希而言，他似乎會遭遇跟哈德伊德同樣嚴峻的磨難。

沒有人能幫貝爾拜希償還債務。他跟自己的家人只好祈禱會有奇蹟出現，讓一家人不至於挨餓至死。

加薩的經濟學家馬赫爾・塔巴阿指出，這場戰爭所造成的損失，是二〇〇八到二〇〇九年鑄鉛行動的三倍。

貝爾拜希一邊檢查店內的情況，拉法市市長蘇卜西・拉德溫也同時接受訪問，他表示這次損傷的景象實在是相當駭人。煙霧依然不斷從購物中心竄出，市長身旁的工作人員忙著估算商場的損失——總計高達一千萬美元。

「這根本是不公不義又極端野蠻的攻擊行動。以色列故意要破壞這間加薩僅存、經濟蓬勃的場所。」拉德溫表示。

八月一日上午，以色列的F-16導彈又對同一座購物中心發動攻擊，不過損傷主要都集中在建築物的屋頂。這一次，以色列情資單位打電話通知住在商場附近的福阿德．札德，要他在八分鐘內儘速撤離。

「我打電話給所有鄰居，要大家趕快逃命。」札德表示。不過在那關鍵的八分鐘過去之前，以色列就擊發第一枚導彈了。

雖然札德的住家並不是以色列的主要目標，不過他還是遭到流彈波及。同樣被砲彈擊中的還有阿米奈．賓特．瓦卜，還有哈安薩這兩所聯合國學校——這兩處避難所的數百戶人家，當初都是迫不得已從自家逃到拉法市東部避難的。

拉法市購物中心的執行長雷伊德．霍里認為，除了刻意打擊巴勒斯坦的經濟體系之外，以色列已經喪心病狂、失去理智了。「他們完全不能用國家安全作為藉口，巴勒斯坦攤販承受的損失實在是太過龐大了。」

同時，聯合國糧食及農業組織表示，大約有四萬兩千英畝的農地嚴重毀損。全加薩有超過半數的家禽家畜因為農民沒有能力照顧、或是直接被砲彈擊中而接連死亡。加薩漁民的漁獲量，今年也減少了百分之十。

除了上述的損失之外，加薩的基礎建設也面臨崩解危機，像是現在水資源跟電力都相當枯竭。全加薩至少有三百六十間工廠跟工作室呈現毀損狀態，當中還有一百二十六間徹底化為碎石堆，總計造成四千七百萬美元的損失。

巴勒斯坦工業聯合會表示，業界有許多工廠在戰爭期間都完全停擺，也因此損失了七千萬美元的收入。

宣布停戰，朱達一家哀悼

歐洲及中東人權觀察組織表示，戰事蔓延了五十多天，全加薩將近有一千八百名孩童成為孤兒

今年十歲大的塔伊爾．朱達躺在加薩敘法醫院的加護病房中，外頭喧鬧著以色列與加薩停戰的歡呼聲。

朱達的傷勢相當嚴重，他右腿跟右手的幾根手指都被截肢，身體左半邊也好不到哪裡去。他的手上布滿傷痕，以色列導彈爆炸過後產生的彈片畫過他的身軀，在臉頰跟胸口上割出一道道的疤痕。

塔伊爾幸運地活了下來，只不過他摯愛的家人沒有辦法繼續陪在他身邊，他必須孤單地走完人生的旅程。塔伊爾現在仍不知道他的家人，包括母親拉維亞、兩個姐姐塔斯尼姆跟塔格里德，以及兩個弟弟奧薩瑪跟穆罕默德發生了什麼事。塔伊爾的親人全都遠離人世了——以色列從天而降的導彈奪走了塔伊爾家人的性命，也讓他躺在敘法醫院中接受治療；從塔伊爾的傷勢看來，或許他要在醫院待上好一陣子，等到「勝利」的呼喊聲逐漸平息之後才能出院。

八月一個相當燠熱的夜晚，太陽才剛下山，災難就這樣降臨朱達一家。

四十歲的拉維亞．朱達坐在門前的台階上享受清新的夏日晚風，一邊跟自己的孩子講故事，稍微將他們的注意力從恐怖的以色列砲火聲中轉移。這家人衷心盼望的，就是砲彈聲能夠稍微平息，就算只有幾分鐘也好。

拉維亞．朱達說完故事之後便走進屋內，打算看看丈夫忙得怎麼樣了。朱達的先生伊薩姆今年四十五歲，他打算讓太太休息一天，所以親自下廚替一家人準備晚餐。

塔伊爾的兩個姐姐——十二歲的卡格里德跟十三歲的塔斯尼姆正在玩洋娃娃。其中一個女孩要另一個女孩拿梳子過來，她們準備替手中的新娘洋娃娃打理髮型、舉行婚禮。

而塔伊爾的弟弟——九歲的穆罕默德以及八歲的奧薩瑪也在附近玩著氣球。每次只要遠處傳來導彈的爆破聲，他們就會衝到母親身旁、躲在她的懷裡。等到砲彈聲散去、一切又歸於平靜之後，大家才會重新拾起手邊的玩具。

今年十一歲的拉哈夫跑到隔壁找鄰居玩耍了，她心中洋溢著喜悅，因為她壓根不知道自己很快就要跟家人天人永隔了。

剎那間，短暫寂靜就被轟隆聲給取代。

夕陽中，有兩顆以色列導彈打中了拉維亞跟她的孩子，將他們的身體炸得四分五裂。爆炸威力讓附近的住戶也感到天搖地動，大家紛紛衝出屋內看能否幫得上忙，不過在當地居民眼前的卻是朋友跟家人四散的屍體，大家都無法分辨罹難者的長相。

身為父親的伊薩姆．朱達聽到聲響之後隨即衝出屋外，他不停大吼：「快幫幫我！大家快來幫幫我！」伊薩姆的女兒拉哈夫這個時候也從隔壁跑了回來，她看著母親跟兄弟姐妹的屍體，放聲大叫。

這一家人完全不曉得以色列為何要痛下毒手，他們對天發誓住家附近根本就沒有任何軍事目標。

他們的親戚穆罕默德急忙趕過來協助救援，他表示堂弟妹當時只是在玩耍而已，「這間房子裡面只有小孩子的嬉戲聲，難道這樣也惹到以色列了嗎？」

他還表示今年八歲的奧薩瑪很開心終於要上學，他還把畫本跟他的塗鴉放在書包裡面，而如今這些畫本、畫具的主人卻已經遠離人世了。

這一家人的遺體在被運往卡莫艾德溫醫院的路上，鄰居親戚、老老少少全都急忙跟在救護車後頭。很多人都把粉碎、焦黑的屍塊帶在身上，打算舉辦葬禮的時候將屍體完整拼湊。

一位長者懷中揣著用白色裹屍布包著的屍塊，這樣一來罹難者家屬才能妥當地將遺體下葬。

「全世界都在為以色列死去的猶太孩童哭泣，但又有誰會為這麼善良的母親跟四個孩子掉一滴淚？」這位長者說道。四名孩童的屍體中，有兩具正躺在救護車裡，另外兩個遺體則是由居民負責搬運。

一般來說，許多母親會親眼看見自己的孩子死去，不過這一次連媽媽也不幸罹難。拉維亞留下的兩個孩子，一個遭到彈片割傷，正跟嚴重的傷勢拔河；另一位則是肝腸寸斷，備感失落。兩個人都必須面臨這種與親人生離死別的痛苦，以及內心的空虛。

敘法醫院裡，在塔伊爾的身旁，有一群朋友已經捲起袖子準備捐血。穆罕默德・艾勒西就是其中一位等待抽血的民眾。

「這只是一戶平凡的家庭而已，不是什麼軍事攻擊目標。」艾勒西還表示，「這家人跟反抗組織毫無瓜葛，而且住家附近也沒有發射火箭砲彈的基地。」他口中所說的地區，就是加薩走廊人口最稠密的塔札塔。

雖然現在暫時聽不到砲彈的聲響了，但是今晚對許多加薩居民來說仍然相當難熬。歐洲及中東人權觀察組織表示，經歷了五十多天的戰爭之後，全加薩有一千八百名孩童變成孤兒。根據一直以來都在觀測死傷規模的莫贊人權中心統計，加薩走廊至少有五百三十六名孩童喪生，這幾乎占了總死亡人數的四分之一。

許多資料也顯示以色列對加薩的民宅發動了一百四十五次空襲。在這五十多天的衝突當中，總共有兩千一百四十五名巴勒斯坦人喪生，其中絕大多數是市井小民；還有六十六名以色列士兵，與四位以色列國民喪生。

孤苦無依的孩童通常都會被家族中的親戚收養，不過他們內心的傷痛卻難以撫平。就算煙硝味跟遺體的腐敗味逐漸飄散，失去一條腿或是痛失親人的打擊，或許會永留他們心中。

宣告停戰，漁民得利

加薩漁民在以色列與加薩的衝突過程中，遭受砲火打擊、損失慘重；大家希望拓寬捕魚的海域能夠振興經濟

阿布德納勒姆．艾希心中比任何人都清楚，他並不是自己選擇要當一位漁夫的。艾希的父親、祖父、曾祖父，到曾曾祖父，所有人都是漁夫，這項工作就這樣一代傳一代，就像親屬之間的基因遺傳一樣。

艾希並不是家族中唯一靠捕魚維生的人。在加薩北部的沙堤難民營當中，還有幾戶人家也靠著這項捕魚的家族傳統過活。

「講到工作，我腦子裡只會出現捕魚兩個字。這份工作我從一九六七年就做到現在了。」今年六十三歲的艾希表示。

「我從來沒有想過要轉換跑道，我偉大的祖父母也都是漁民。」艾希的祖父母在以色列建國之前就住在雅法這個古老的港口城市，他們以前常常對艾希描述當地的生活狀況。想到那些回憶，艾希的臉上不禁浮現一抹微笑。

儘管出海往往要面臨以色列軍艦發射的砲彈，但是這些往事總能讓艾希每天鼓起勇氣開著

船到海上捕魚。自從以色列於七月七日發動軍事侵略之後，艾希每天都會去檢查自己的捕魚設備，看看漁網跟船隻是否毫髮無傷。

有好幾次他都聽聞朋友的船被砲彈擊中。不過幸運的是，在這五十多天的軍事行動中，艾希的漁船逃過一劫、沒有受到任何損傷，往後他仍然能夠繼續出海捕魚。

宣布停火

周二以色列與加薩宣布休戰之後，艾希就迫不及待駕船出海了。周四一早天剛破曉，艾希就帶著親戚朋友們到海岸邊，大家心中只掛念著一件事——加薩漁民的捕魚範圍好幾年來都被局限在三海浬，但是這次以色列與加薩談妥一項非常關鍵的協議，現在漁民的活動範圍已經從三海浬拓寬到六海浬了。

雖然海面上危機四伏，全家人還是替艾希加油打氣；大家都鼓勵他趕緊出發，成為第一位航向新海域的加薩漁民。

儘管加寬三海浬聽起來沒什麼大不了的，不過想想先前的三海浬已經擠滿一百八十萬名漁夫、面臨過度捕撈的危機。今年多出來的這三海浬可能是加薩漁民生計的一塊浮木。艾希一邊準備出航、踏上未知的旅程，同時也表示原先那塊活動範圍基本上已經「資源枯竭」了。

艾希育有兩子兩女，他口中滔滔不絕地談論著大家庭中的二十七位家人——當中包含他的孫子孫女。這些孩子都是他的驕傲，也讓他內心充滿喜悅；不過養育這麼龐大的家庭也讓他壓力倍增，不得不立刻出海捕魚。

幾周前艾希損失了許多捕魚器具，不過他的船仍然毫髮無傷。現在生財工具只剩這艘船，他不僅必須更仔細地維修照護，還要立刻啟航補足先前短缺的收入。

這項任務其實相當艱鉅。戰爭爆發之前，艾希的船上總共有十二名船員，而且更有七十多人單靠這艘船的漁獲維生。

以色列封鎖加薩走廊之後，油價就惡狠狠地直線飆漲，艾希先前為了添購燃油已經向銀行申請貸款。現在戰火平息，他又必須重新申請新的貸款來償還先前的債務。

「我要先跟銀行借錢，才能還清之前欠下的債款。」他表示。

現在他每個月必須償還兩百美金。早期他還能勉強向銀行繳錢還債，現在他卻一毛錢也付不出來。連續七周沒有辦法出海打魚，艾希已經身無分文、一貧如洗了；為了養育全家人，他的積蓄在戰爭期間已全數用罄。

就連現在漁民的活動範圍加寬了三海浬，經濟壓力還是沒有即刻獲得舒緩。

「就算能到六海浬遠的區域捕魚，基本上也撈不到什麼魚或是海底生物。」艾希想起在二〇一二年時，以色列與巴勒斯坦政黨派系也在停戰協議中表明，加薩漁夫得以在六海浬的海域內捕魚，不過當時他的漁獲量也沒有因此增加多少。

再者，漁民的人生安全仍然有可能遭到威脅，沒有人知道以色列軍方究竟採取什麼舉動——他們是否會攻擊加薩漁民？就算之前在三海浬的範圍內活動，以色列仍然有主動發動砲火的先例。艾希的兒子蘇卜西有一位名叫卡莫爾．阿布．瓦特菲的朋友表示，不久之前以色列海軍才朝他開槍、還將他給逮捕。雖然瓦特菲最後獲釋，但是他的漁船卻被以軍扣留。

加薩漁民跟其他居民一樣，在二〇一四年與以色列的這場衝突中都奮力求生，努力抵抗以色列的封鎖政策。

「這根本不是戰爭，是一場大屠殺。我以前從來沒有經歷過這種浩劫。」艾希表示。「我們其實也經歷過許多戰爭，但是情況從來沒像現在這樣慘烈。我在這場衝突中失去很多生財工具，我的船屋甚至被砲彈打中，燒個精光。不過感謝阿拉，我的孩子還活得好好的。」

其他漁民也紛紛表示他們的捕魚用具遭到砲火破壞。

今年三十七歲的漁夫馬雷茲．阿布．瑞雅拉表示，七月二十七日當天，以色列的F-16導彈打中加薩市的碼頭，損傷程度之慘烈讓所有居民都不敢置信。

「我的捕魚器具全部付之一炬，漁網還有漁船的引擎都不堪使用。」

身為十名子女的父親，瑞雅拉跟他的兄弟總共要撐起五十三個人的大家庭，大家都仰賴他們的漁獲過活。

「這就是我們面臨的生活，我們總共損失了四萬五千元之多。」瑞雅拉一邊檢查破損的漁船、一邊受訪。

這就是以色列採取的「經濟脅迫」戰略。「他們打的如意算盤就是要讓加薩的經濟狀況崩潰解體。」他補充道。

瑞雅拉表示，現在全家人都不知該如何是好。加薩這片土地幾年來不斷遭逢厄運，現在所有人也只能靜靜地等待奇蹟降臨。

自從十歲之後，瑞雅拉就開始捕魚，之後再也沒有做過其他工作；他完全無法想像自己轉換跑道的模樣。他的妻子巴薩瑪主動表明願意用她的結婚首飾來換取現金，讓瑞雅拉能夠添購捕魚用具、重新開始，但是這似乎也無濟於事。

「我想要重新站起來，但是根本買不到我需要的引擎。這種引擎早就被以色列查禁，不得在加薩販賣。」瑞雅拉說道。

輝煌歲月

其實漁民的經濟狀況並不是一直以來都這麼慘澹。早在一九九四年巴勒斯坦自治政府成立之後，以色列就下達海域禁令了。不過那個時候在積極的國際志工陪同帶領之下，加薩漁民都顯得相當大膽，所有人都願意將船開到十海浬遠的地方捕魚。

「我們能撈到很多魚。曾經有一段時間，船上滿是各類魚種，漁獲甚至多到沒有空間存放。」艾希表示，「我們能捕到紅鯔魚、小沙丁魚、長鰭鮪、歐洲海鱸、紅鯧魚、魟魚、鯛魚等各種魚類還有蝦子。」

那個時候艾希每天都能輕鬆賺到兩萬新謝克爾（大約五千六百二十元美金）——對他來說這筆數目相當可觀。跟他這幾天在三海浬海域內捕撈的漁獲量相比，當時的收入整整有六倍之多。

現在他將那段時間稱為「輝煌歲月」，那個時候在外國籍人士的陪同之下，以色列尚不敢擅自發動砲火。

艾希更表示，二〇一二年穆罕默德．穆爾西接任埃及總統時，大家的生計又出現了第二次曙光。雖然短暫，但是生活還是稍稍獲得舒緩。

「只要越過以色列所屬的海域，我們就能躲過以色列的砲火，到二十浬遠的海域捕魚。」艾希表示在那片自由的大海，他就能盡情打撈、不受任何限制。

如果詢問艾希有何解決之道，他認為辦法再簡單不過。其實以色列不需要多做讓步、也不用開放新的海域，他們只要將捕魚的範圍拓寬到十二海浬即可。

「只要能到十二海浬左右的海域，加薩漁民就能補到更多魚種。」艾希表示，「那片大海是屬於我們的。我們應該有權利擺脫以色列漁民跟戰艦的監視，無拘無束地打撈捕魚。」

地中海貧血患者要求醫院優先診治

如今加薩的醫院面對數以萬計的傷患；與罹患地中海貧血的加薩居民相較，醫院還有許多病情危急、需要首先搶救的患者

照慣例推斷，伊卜拉欣．阿布杜拉每三周就要到醫院輸血。不過加薩走廊面臨砲火威脅，最近兩個月以來他只有接受過兩次輸血而已。雖然以色列與加薩宣布休戰讓他內心燃起一線生機，不過加薩的各間醫院都有許多傷勢嚴重的患者，像他這樣罹患地中海貧血的民眾仍然必須耐心等待。

地中海貧血是一種遺傳性的血液疾病，患者的紅血球體積較小，而且容易破損。這種疾病在地中海地區相當常見，患者會因為體內的血紅素（帶氧紅色細胞）生成不良，或是因為缺乏刺激身體製造血紅素的染色體，而導致小血球性貧血。罹患地中海型貧血的人，需要定期接受輸血才得以繼續存活。

戰火喧囂的時候阿布杜拉根本沒辦法出門去醫院——不過現在兩國停火，他能趁機到醫院輸血。「之前我打電話給附近一家醫院，院方告訴我，他們會派一輛救護車來接我跟另外三位患者，這真的是奇蹟。」

這幾名患者在家苦等，但是救護車遲遲沒有出現。阿布杜拉又撥了電話到醫院去，但是院方卻表示他們現在無法派救護車來接他們。

「我對醫院說我們就像那些被以色列導彈炸傷的民眾一樣，如果不接受輸血和血液透析，我們也會死掉。」阿布杜拉表示。

但是院方仍舊沒有派救護車來接送，外頭也攔不到半台計程車。

阿布杜拉站在大馬路中間，等待任何一台能送他到加薩歐洲醫院的車輛。這個時候他看到一台巴士載著一群醫生。

「這群醫生聽了我的狀況之後，就讓我上車；但是其他需要長期治療的病患就不像我這麼好運了。」他說道。

敘法醫院血液疾病部門的主任貝安．薩卡醫生表示，「假如加薩的三百多名患者沒辦法到醫院輸血的話，他們就有死亡的風險。」以色列軍方完全知道這批患者需要定期到醫院接受治療。

薩卡醫生表示，地中海貧血患者需要接受輸血以及血液透析，藉以除去在體內堆積的鐵質。因為戰爭的緣故，醫院的血液存量現在已經偏低。醫生開立的藥方，也只有患者所需用量的一半，「以前我們必須要拿六盒藥錠，現在只能拿到三盒。」身形瘦弱的阿布杜拉表示，他看起來相當失落、不知該如何是好。

薩卡醫生還說先天遺傳的地中海貧血患者需要定期接受輸血——患者到過世之前，每三到四周都要輸一次血。

在加薩，法律有規定假如一對情侶要結婚，那麼其中一方必須提出證明，藉以表明自己沒有罹患地中海貧血。假如男女雙方都帶有缺陷的基因，法官就不會允許兩人成婚。這項法律條款在幾年前正式實施，目的就是為了要控制地中海貧血患者的數量。

目前加薩各大醫院都需要民眾捐血。許多居民遭到以色列襲擊，導致血液需求量暴增，原本就存量不多的血庫頓時面臨危機。院方呼籲社會大眾前來捐血，而有數百位居民也不畏艱難，親自到醫院奉獻熱血。

加薩走廊各處都有罹患地中海貧血的民眾，以色列發動軍事侵略的兩個月以來，只有三家醫院毫髮無傷，能夠繼續提供患者適當的治療。

薩卡醫生也表態在戰爭期間，要讓病患到醫院輸血確實是一件相當艱難的任務。以色列的砲火讓加薩陷入絕境，地中海貧血患者的處境也相當危急；若是想要繼續生存，他們就必須採取相當極端的手段。阿布杜拉冒著生命危險、面臨被以色列砲兵部隊轟炸的可能，站在路中攔下一輛滿是醫生的巴士。他這麼做的唯一目的只是想到醫院接受治療而已。

許多醫生都表示在加巴里雅、貝特哈農、還有舒加艾耶這些地方，大概有七十幾戶罹患地中海型貧血的人家，都需要逃離他們原先的住家。現在這些患者紛紛到聯合國設立的學校尋求庇護，當中更有四名患者死於以色列的砲彈之下。

停火第一天，阿布杜拉就抵達醫院了。不過院內人滿為患，藥品也存量不足、不敷使用。以色列表示停戰協議中有某些條款允許加薩輸入、流通一些醫療補給品，因此阿布杜拉內心也懷抱希望，期盼他的藥劑很快就會送達醫院。

不過許多患者就沒有這樣的樂觀。他們只能沉默的面對地中海貧血的各種併發症——像是鐵質堆積過多、骨頭關節變形，或是其他心血管疾病。醫院收容大批傷患之後，貧血患者就不是院方首要的診治對象；當阿布杜拉跟其他患者得知這項事實之後，大家都感到相當痛苦。

阿布杜拉表示醫院開給他的藥劑量，根本就沒有辦法控制他的病情。「我要向全世界求救，請幫幫我們，」他說：「我們想要好好活下來。」

人民準備重建家園，關鍵要素卻被以色列擋在國門之外

卡車載著一車車的貨品來到加薩，不過以色列在停戰協議中允許加薩人民使用的營建材料，卻始終不見蹤影

慕尼爾・哈爾班一聽到宣布停戰之後，就立刻打給在加薩國界的凱雷姆・沙洛姆關口上班的同事，要大家準備回到工作崗位。

不久之後，許多卡車載著貨品跟人道救援補給品，進入慘遭戰火肆虐的加薩走廊。不過哈爾班仍然焦急地等待建造房屋的材料，而且也沒人知道這些材料究竟何時才會運進加薩。

塑膠座椅、非酒精飲料、糖果、罐頭食品、鞋子，還有衛生紙，哈爾班一一清點才剛從拉法關口運進來的貨物，這個時候哈爾班卻表示，加薩居民最需要的物品至今仍未現身。

許多加薩居民都跟阿布・哈立德・賈莫爾一樣，等待一袋袋水泥的到來。

幾年前，賈莫爾的住家在以色列砲火中遭到損傷。有了近東救濟和工程處的金援，他在兩年後就搬到一處新家定居。

就在二〇一四年七月，他的房子又被以色列坦克砲彈打中，受到損傷。

賈莫爾不想一動也不動地靜待國際組織或是政府伸出援手，他想要憑一己之力，用水泥修

復自己跟親朋好友的住家。

「假如痴痴地等待國際團體的回應，我的小孩可能還要再忍耐十個寒暑吧，」他表示。「確實，以色列跟加薩決定停戰是一件好事，我們終於不用再遭受欺凌了；但是大家都想要重建家園，我總不能眼睜睜地看著自己的孩子在刮著寒風的冬夜裡顫抖。」

經歷了長達七周的暴虐軍事攻擊之後，賈莫爾耳聞營建材料即將運進加薩。自從周二停戰協議正式生效之後，他就一直在等哈爾班的通知，期待修補房屋的材料儘早出現。

阿布．哈邁德．席安這位卡車司機身處熙來攘往的凱雷姆．沙洛姆關口，他站在一個停滿卡車、塵土飛揚的區域，表示自從宣布停火之後，進出口的狀況確實有「稍微好轉」，有些之前遭禁的貨品現在也得以入境。

「這裡有來自約旦河西岸、世界糧食計畫署，還有近東救濟和工程處派來的卡車。」席安表示。這時，有一輛載著新鮮水果到加薩供應販賣的卡車駛了進來，司機朝著席安揮了揮手。

席安還表示學生用的文具用品也運進加薩走廊了，不過這個時間點實在是憂喜參半：學校原本上周就該開學，但是因為近東救濟和工程處還有政府設立的學校需要替災民找到新的容身處，將他們從教室還有體育室當中遷出，所以新學期延後兩周。

七周以前，只有燃油跟人道救援物資能夠通過關口。現在各種商品也在第一時間進入加薩——當中包含許多日常所需品，像是牛奶、起司，還有尿布。雖然上述商品都是加薩短缺已久的貨物，不過最重要的水泥卻仍然不見蹤影。

「說到建築材料，加薩居民現在依然在焦急地等待。」席安對《中東之眼》的記者說道。

二〇〇六年以來，各種建築營造用的原物料就被以色列視為違禁品，當中包含水泥、鋼，還有混凝土。以色列認為這些原料有可能被加薩的反抗組織利用，拿去建造軍事基地。

好幾年以來，加薩都是仰賴地底隧道運輸這些原料。現在身為盟友的埃及軍方為了要打擊哈瑪斯，便將絕大多數的地底隧道給封了起來。去年十二月穆斯林兄弟會的總統穆罕默德．穆爾西因政變下台之後，埃及就將哈瑪斯視為一個恐怖組織。

以色列的代表在開羅會議中同意緩解國界禁令，允許一些營建物資進入加薩。哈爾班認為營建用料很快就會輸入加薩，但是至今仍然尚未現身。

「現在所有居民都在等待營建材料的到來。」他說：「這才是加薩最迫切需要的物資。」哈爾班表示在戰爭期間，以色列總共只允許兩百輛卡車進入加薩。不過加薩人口稠密的程度幾乎位居世界之冠，每天至少要有六百輛卡車輸送物資才算足夠。

以色列人權組織吉薩指出，二〇〇七年六月到二〇一〇年六月之間，每個月大概有兩千四百台卡車從以色列開進加薩走廊；不過在更早的二〇〇五年時，每個月進入加薩的卡車數高達一萬零四百輛。

設立凱雷姆．沙洛姆關口的目的，原本是要將加薩的農產品、藥草，還有家具輸出到其他國家。不過從吉薩的統計資料來看，事實卻不是如此。從二〇一二年五月至今，總共只有五十五輛卡車載著貨物從加薩開往以色列或約者旦河西岸：其中四十九輛運送乾糧到世界糧食計畫署；四台卡車將巴勒斯坦自治政府訂購的校園課桌椅運到約旦河西岸；最後的兩台車則是運送棕櫚葉到以色列。

「二〇一四年的一月到七月之間，每個月平均有十二輛卡車載著貨物離開加薩。跟二〇〇七之前的榮景相比，現在每個月從加薩輸出貨物的卡車數還不及當年的百分之一。」吉薩在八月十九日的《加薩備忘欄》（*The Gaza Cheat Sheet*）當中表示。

凱雷姆．沙洛姆關口的位置就在拉法關口隔壁，這裡永遠都有數百名旅客等待離開加薩，不過埃及並不允許旅客離開加薩的出境關口。在過去七周的戰爭當中，埃及深鎖關口，只有那些持有外國或埃及護照、握有居留證，或是受傷的民眾才能通行。

在上周舉辦的開羅會議當中，拉法關口並不在協商的範圍之內。以色列與巴勒斯坦政黨派系談和的過程中，埃及官員拒絕討論有關開放拉法關口的事宜，他們堅持協議是埃及與巴勒斯坦之間的私事。

縱然以色列上周在關口附近發動空襲，月台的出入境大廳以及貴賓室依舊照常運作。管理加薩通關的主管馬赫．阿布．薩卜哈指出，「雖然砲彈肆虐，我們還是要讓納坦尼雅胡知道我們的厲害，一定要讓關口繼續營運。」

在這群等待的旅客當中，有很多在海外念書的大學生：新學期準備開始，他們卻被困在這裡動彈不得。另外還有一些人需要接受治療，但也依然在隊伍中痴痴地等。

「這個關口本來就應該要開放給巴勒斯坦人的啊，埃及人怎麼只允許外國旅客進出？」二十一歲的安姆雅德．尤瑟夫在夏季的烈日底下說道。尤瑟夫在摩洛哥念了兩年書之後就來到加薩走廊，原本他預計要在這裡待一個月，沒料到衝突爆發，他已經滯留在此兩個月了。

「我不想入境埃及。我希望能直接在開羅搭機飛往摩洛哥。」

尤瑟夫身旁站著一位癌症病患。這位患者的身上帶著所有通關需要的文件，當中包含巴勒斯坦衛生署開立的證明，這份證明指出她已經無法在加薩接受治療，因為所有醫院都在過去一個月的砲火中分崩離析。

尤瑟夫表示他對停戰協議感到相當失望，「我們原本希望以色列能好好對待加薩，也以為當地居民在出入關口受到的侮辱能夠從此一掃而空。」

「這就是為什麼在加薩擁有自己的機場之前，我都會一直支持巴勒斯坦反抗組織的原因了。」

國際非政府組織：重建需要二十年

以色列在停戰協議中答應讓加薩輸入建築材料，而根據這項假定，「住所集群」組織估計加薩大概要花二十年才能完整重建。不過當地居民卻表示，現在他們根本就還沒取得營建用的原物料

站在三間商店的碎石堆中，住在貝特哈農、今年二十歲的馬哈茂德．諾法爾表示，他大概要再花上二十幾年的時間，才有辦法從今年這場戰爭中站起來重建家園，回歸往常寧靜的生活。

「我完全不敢相信，以色列只花了三十秒就把住宅跟商家全都夷為平地，我們卻要花上二十年重新建造。」諾法爾表示。

諾法爾當初從父親手中繼承的超級市場現在破敗不堪，裡面只剩下一堆裝牙膏的容器、散落一地的尿布、口香糖、變形的可樂罐，這些商品全都赤裸裸地躺在貝特哈農的街道上。總共損失的商品金額高達五萬美元。

諾法爾表示他現在唯一能做的，就是跟孩子一起坐在聯合國的學校中避難。夜幕低垂，諾法爾睡在校園的遊樂場裡，他的妻兒則是躲在教室當中。教室裡的場景就像罐裝沙丁魚一樣擁擠。幾年前他們一家的生活過得還算富裕，但是現在卻別無選擇，只能仰賴罐頭食品還有其他

救濟食品維生——在過去，這些東西都是他在超市裡販賣的商品。

「住所集群」是一個國際性的住房組織，他們衡量了戰爭後重建所需的時間，評估的結果跟諾法爾的預測不謀而合：該組織在周五發表的一份報告中指出，歷經為期七周的戰爭之後，加薩需要花二十年的時間重建。

住所集群跟聯合國還有國際紅十字會一同評估戰後重建的狀況，他們表示全加薩有一萬七千戶住宅嚴重毀損——當中還包含在二〇〇八到二〇〇九、以及二〇一二年的戰爭中就損壞、至今仍等待修補的房屋。有些拉法市居民的住家在二〇〇三年到二〇〇五年就遭到砲彈破壞，他們還要等待阿拉伯國家的資助計畫完工，才能夠返家安居。

住所集群表示，整體來看全加薩總共有七萬五千棟住宅不適合人居住。

巴勒斯坦住房部估計，以色列在二〇一四年造成的損失規模，高達將近六十億美金。

這些估計都只是初步調查而已，評估人員都認為損傷的規模其實更為龐大，還需要更多時間做細部的調查。

巴勒斯坦住房部部長墨菲德．哈薩耶尼博士最近到聯合政府就職，他對《中東之眼》表示，他的工作人員現在都分頭評估各地區的情形。巴勒斯坦總統馬哈茂德．阿巴斯也指派哈薩耶尼跟另外兩位部長，請他們進一步調查加薩的損傷規模，希望能在未來募集資金的會議中讓其他國家了解加薩的需求。

雖然細節仍有待查證，不過挪威跟埃及似乎要聯手舉辦國際募款會議。

以色列在停戰協議中同意讓一百輛載運營建原料的卡車通過沙洛姆關口，住所集群估計的二十年重建時間，就是根據以上所推斷。

在周二發布、細節未定的停戰協議當中，確實載明重建家園的物資以及其他生活補給品會陸續送進加薩。以色列過去禁止加薩居民使用營建原料，他們害怕反抗組織會拿這些材料來建造軍事基地。

不過直到現在，加薩居民對《中東之眼》表示，過去一周以來，他們都沒有見到重建材料的身影。一聽到重建家園需要耗費二十年的噩耗，許多民眾剎時陷入絕望之中。

「我受夠了，我也累了。」六十二歲的納薩爾．穆罕默德．納賈爾表示，「我的老婆在這場戰爭中喪失性命，表親也離我遠去，住家更變成一堆砂石。」

納賈爾花了好幾年才重建家園，現在他跟六名家庭成員全都無家可歸，只好暫時睡在聯合國建造的學校當中。納賈爾以前曾經在以色列工作，不過二〇〇〇年時他就被解雇。這幾年來納賈爾努力在自己的祖國生存，但是他跟鄰居位於汗尤尼斯的住家全都被推土機給破壞搗碎。

「根本沒有人在乎我們。」他表示。

在汗尤尼斯的另一間聯合國學校中，四十二歲的拉瑟姆．阿布．札伊德靜靜地坐著。他過去在約旦生活了十五年，一直以來都是靠著開計程車的收入養育老婆跟四個孩子。現在札伊德下定決心回到加薩。

札伊德說身在加薩，他才能夠自由地暢所欲言，但是生活卻過得不穩定，也更危機四伏。雖然他了解需要耗費二十年才能重建住家——屆時他今年一歲大的兒子穆斯拜也已長大成人，但札伊德仍然不願意回到約旦。

「宣布停戰的時候，我覺得空氣中瀰漫著一股可疑的氛圍。」他說：「我問我自己：『以色列握有強大的軍事實力，他們根本就視停戰協議為無物，那麼談和的意義在哪裡？』」

札伊德跟家人都表示，他們已經得知住所集群的統計結果，大概要花二十年才能從瓦礫堆中站起來。

「不過我們倒是沒有聽說任何以色列想要違反條約的舉動。」阿布．札伊德說。

身兼政治分析師與前巴勒斯坦解放組織發言人的黛安娜．布圖對《中東之眼》表示，她認為假如雙方真的想要維繫和平，那麼就必須開放巴勒斯坦國界；否則以色列將會繼續封鎖加薩。

「國際組織一定要確保加薩不會走回頭路，變成以前那座露天監獄。」布圖說：「巴勒斯坦人一定要握有自由進出口貨物的權利，進出國門也不該受到攔阻；大家能必須夠自由往返約旦河西岸，更要設立不受他國限制的機場與海港。」

「假如國際組織不向以色列施壓、請他們歸還巴勒斯坦人民這些基本人權的話，以色列就會認為他們能夠恣意妄為地侵略加薩，就算非法封鎖加薩也不用受罰。假如國際團體不實際對以色列提出要求，那麼世界各國譴責以色列的言論對巴勒斯坦人而言，全都是空口說白話、毫無意義。」布圖補充道。

雖然阿布．札伊德希望能親眼看到加薩走廊重建後的樣貌，不過他也對各種官方說法感到厭倦。

「同情心餵不飽我的孩子，也不能替他們遮風擋雨，根本沒什麼實際用處。冬天就快到了，我們一家人都無處可去。」他說：「如果那些國際組織好奇我們每一天是怎麼過的，那我可以告訴他們：『加薩居民過一天，就像你們過一年一樣漫長。』」

加薩的人肉盾牌：受害者吐露心聲

「以色列士兵朝我的褲子潑了一些液體，還表示如果我不告訴他地底隧道在哪裡的話，他就要『活活把我燒死』。」

以色列坦克砲彈擊中屋外圍牆時，薩米．納賈爾跟他的兄弟姐妹正坐在位於汗尤尼斯西部、胡薩地區的家中。

「房間裡充滿濃濃的黑煙，大家都無法呼吸，所以一口氣衝到室外。」納賈爾緩緩向記者敘述七月裡那個陰鬱的一天。

正當一家人試圖衝出大樓時，納賈爾的父親發現一塊白色的布條。他的父親立刻改造這塊白布，將它做成了一塊應急用的白色旗幟，接著再對頭頂的以軍揮舞，讓他們知道這裡的居民都是一般老百姓，而且他身後還有其他家人準備陸續從濃煙中逃出來。

雖然納賈爾的父親用盡全力，外頭的以色列士兵還是命令男人跟女人站成兩排，還將在場男性居民的手給捆了起來。

所有男人都被綁起來後，士兵就一一質詢，要當地居民透露反抗組織使用的地底隧道在哪裡。納賈爾堅持他不曉得地底隧道的位置，但士兵怎樣也不肯相信。

今年二十一歲的納賈爾表示，接著有一位士兵就「拿起一把椅子，往我的背上砸」。納賈爾看到自己的母親跟其他家人從大樓裡望著他，後來士兵又將他一個人帶到大樓的後院、要納賈爾跪下，這個時候有一隻軍犬慢慢接近他，那隻軍犬口上罩著金屬口套，背上似乎還架著一台攝影機。

水瓶

「我根本不知道接下來將要發生什麼事。」納賈爾說道。

「三位士兵當中有一個人放了一個空空的水瓶到我頭上，然後舉起手中的槍瞄準。」納賈爾說到這裡的時候暫停，深吸一口氣，舒緩緊張的情緒。

「第一發子彈把水瓶給打破了，後來另一位扛著M-16自動步槍的士兵走上前來——他的年紀跟我差不多大，身高不高但是體格健壯，他頂著光頭，腳穿黑色軍靴，一雙眼睛又細又長，就像亞洲人一樣。」

「我跪在地上，他就直挺挺地站在我前方。」

有另一位士兵臉上蒙著面罩，站在納賈爾的另一側。他用標準的阿拉伯語對在場的士兵還有囚犯傳達指令。

水瓶被打破之後，納賈爾的聽覺有好一陣子都暫時失靈。雖然他聽不清楚那位士兵究竟在講些什麼，不過他想起當時那位有著亞洲臉孔的士兵大吼：「等一下你就會見識到我們的手段，我們一定會逼你講出哈瑪斯從哪裡發射火箭砲彈，還有兩位哈瑪斯領導人的姓名。」

納賈爾回答道：「我不常待在胡薩，我比較常在自己的工廠裡面修補輪胎，我的生活就是這樣而已。」

那位士兵便揪著納賈爾的襯衫，將他從地上拉了起來，接著再朝納賈爾的臉揮了一拳。

「你這個騙子。」那位士兵不斷咆哮，又開始拿起椅子往納賈爾身上砸。他不斷揮舞手中的椅子，直到椅子斷成細碎的木塊為止。

納賈爾說椅子斷裂之後，那位士兵就把他從地板上拖了起來，另一位操著阿拉伯語的士兵將臉上的面罩拿下來，開始命令納賈爾招出地底隧道的位置。

「告訴我地底隧道在哪！」士兵不斷嘶吼，還拿著槍在納賈爾身旁揮動。

納賈爾內心既驚恐又痛苦，不過更艱難的關卡還在後頭。

「突然間不知道從哪裡竄出一顆子彈，朝以色列士兵飛來。」納賈爾說：「那位抓著我的士兵就把我押在他前面走。」

以軍與巴勒斯坦反抗組織不斷交火，納賈爾還說他被抬了起來，被迫站在以色列坦克車的艙板上。

「子彈到處流竄、時有時無，以色列士兵把我當成人肉盾牌。」納賈爾道。

「等到一切又平靜下來之後，蒙著面罩的士兵就拿某種液體往我的褲子上倒，他說要是我不講出地底隧道的位置跟兩名哈瑪斯成員的姓名，就要『把我活活燒死』。」

後來那位講阿拉伯語的士兵將納賈爾的雙眼矇了起來，還命令他把身上的衣服全部脫下。

納賈爾在視線陷入一片漆黑之前，看到自己的母親跟姐妹隨著以色列士兵走出屋外。

「我不知道要脫到什麼程度，不過當我準備褪下內褲的時候，以色列士兵就叫我停止。」納賈爾說後來他就跟另外幾名年輕男性，一起被帶到一個未知的地點。

納賈爾跟其他同樣在胡薩被以軍挾持的男子相同，他們的供詞都相去無幾，所有人都不曉得哈瑪斯的軍事機密。

納賈爾的堂哥、今年二十四歲的福阿德．納賈爾也表示，他被以色列士兵帶走，並做為抵擋子彈的人肉盾牌。

福阿德跟他的堂弟一樣，都變成以色列的戰俘。一開始以色列士兵都會安撫他，要他不用擔心、告訴他不會有什麼生命危險；但是福阿德一表示他不知道地底隧道的地點、無法回答士兵的問題時，那位先前要福阿德不用擔心的士兵也朝他的臉揮了好幾拳。

「他用軍靴把我踩在地上，把我的頭跟脖子埋在骯髒的沙子裡。」福阿德說那個時候他還聽見附近有坦克車行進的轟隆聲。

福阿德還說，後來他跟一整排年輕人都被以色列士兵拿去當人肉盾牌。

「每次以色列的F-16導彈爆炸時，在我身後的以色列士兵——那位士兵膚色黝黑、臉上留著一點鬍子，其他士兵都稱他為『雷米』——都一直叫我要安靜。」福阿德認為那位士兵看起來不僅很害怕，也不希望軍方將注意力放在他們身上。

狹持平民作為人肉盾牌的這個議題其實相當複雜。過去以色列曾指控哈瑪斯拿市井小民來當作人肉盾牌、試圖抵擋以色列的砲火攻擊，對此哈瑪斯始終矢口否認。然而這幾年來，許多證據也顯示以色列一直狹持、凌虐加薩以及約旦河西岸的巴勒斯坦人，拿這些無辜民眾來抵擋反抗勢力的子彈。

這種行徑大大違反了日內瓦公約，以色列法庭也在二〇〇五年認定這種舉動為犯罪行為，不過以色列軍方依然不斷挑戰法律的約束。

雖然法律規定如此，但是在少數真的開庭審理的案件中，以色列軍方仍然沒有遭受適當的懲處——像是在二〇〇九年，以軍要求加薩一位九歲的男童去檢查裝有爆炸物的背包——法院判處的刑責非常輕微，以色列軍方也表示該起案件是那名士兵獨自下達的指令，跟軍方的整體策略毫無瓜葛。

拘留營

納賈爾說他在家中被剝去衣服、矇住雙眼之後，三名以色列士兵就脅迫他走在隊伍前方。納賈爾光著雙腳，踩在被烈日曬得滾燙的地板上。

納賈爾估計他們一行人大約趕了九十分鐘的路程，最後抵達一個位於以色列國境內、鄰近以色列與加薩邊界的拘留營。

除了三名士兵的聲音之外，納賈爾說：「我還聽到我的堂兄弟莫門跟埃薩的聲音。那個時候我真的感到很欣慰，因為並不是只有我孤單一人。」

不過後來這份寬慰之情很快就被恐懼所取代：納賈爾還記得他的雙眼一直被布矇著，還被關在一個室外的籠子裡。他的耳邊不時傳來火箭砲彈震耳欲聾的聲響，還聽見以色列士兵衝進拘留營內躲避攻擊。

第二天，納賈爾說他被一名士兵帶到了質詢室，但是他也看不見那位士兵究竟長什麼樣子。那名以色列士兵不斷咆哮大吼，要求納賈爾供出兩位哈瑪斯成員的姓名。

「他把手掐在我的喉頭上，如果我說不知道的話，他就會大喊：『你這個騙子』，接著把我打到崩潰在地。」

納賈爾跪倒在地上時，那位士兵又立刻把他拉了起來，對他吼道：「給我站起來，你根本是在說謊！」

那位士兵接著就表示，他會用這種方式對待納賈爾，是因為納賈爾「是人類」，而人類就是注定要遭受這種凌辱。他要讓納賈爾蒙羞、擔驚受怕。

經歷了幾個小時的質詢之後，納賈爾說以色列士兵要他把內褲脫掉，換上白色的囚服。雖然以色列士兵有時候會提供納賈爾食物跟水，他還是不免會抱怨監獄的環境，因為監禁他的那間牢房地板上污水橫流。

「我都可以聞到地面污泥飄散的氣味。」他說。

直到第四天，士兵呼喊了納賈爾的名字，接著納賈爾就搭上一輛巴士。他不知道車子會開往哪裡，但是過了一陣子之後，巴士就開到了加薩國界，納賈爾跟另外幾名年輕人被趕下車。納賈爾四處張望、尋找表親的身影，但是怎麼找都找不到莫門跟埃薩。顯然納賈爾的堂兄弟不在這批釋放名單當中。

整整過了兩個月，納賈爾才有辦法將當時所受的折磨娓娓道來。即便如此，現在納賈爾講述他在拘留營中聽到堂哥淒厲的叫聲時，仍會渾身顫慄、聲音抖個不停。直到現在，一家人還不知道莫門跟埃薩身在何方、遭遇了什麼慘況。

「以色列取下矇住我們眼睛的布條時——當時大約有五十到五十五位巴勒斯坦青年，全部的人都站在加薩的國界上，被以軍當成人肉盾牌。」納賈爾說。

「巴勒斯坦人發射火箭砲彈時，以色列士兵就拿我們來抵擋反抗組織的砲火。」

工資之戰：哈瑪斯雇員被迫辭職

四萬名加薩公務人員已經有九個月沒有領薪水了，許多人也無法繼續仰賴通往埃及的地底隧道維生

巴勒斯坦總統馬哈茂德·阿巴斯最近勤上各大媒體，指控哈瑪斯正在加薩繼續領導政權。阿巴斯表示，哈瑪斯無視雙方於四月談妥的巴勒斯坦和解協議，繼續在加薩維持影子政府。

在和解協議中，派系分化七年的巴勒斯坦政黨原本應該要合而為一。雙方當時都同意要共同建立一個巴勒斯坦聯合政府，還要在簽署和解協議書的六個月之後，舉辦總統與立法委員選舉。

觀察加薩的政治情勢之後，阿巴斯的指控確實有其道理：基本上目前所有的政府事務以及決策，都是由哈瑪斯領導的前任實權政府來管理，只不過目前的政府部門沒有院長而已。

哈瑪斯與巴勒斯坦自治政府簽訂和解條約之後，原先任職於哈瑪斯政府的院長都紛紛辭職，而空出來的職位就由先前在加薩走廊服務的副院長替補。

現在的聯合政府中，只有四個院長來自於加薩，其他人則是來自於約旦河西岸。根據報導，那些出身約旦河西岸的院長、部長，都不願意跟治理加薩的各級首長溝通聯繫。

加薩教育局的局長札利亞．胡爾表示，巴勒斯坦自治政府的敗筆，就是因為他們沒有辦法把所有公務人員都納入同一個政府體系底下。

他表示，「巴勒斯坦政府根本不願意承認那些替加薩居民服務的機關首長與公務人員，但他們在這裡已經工作了八年之久。」

胡爾還表示有將近四萬名的政府雇員，整整九個月沒有收到薪水了。

「直到現在，無論是在戰爭期間還是戰爭過後，聯合政府裡面的教育局長都沒有跟我們聯繫，確認加薩這邊的教育狀況。」

胡爾表示阿巴斯口中的影子政府，其實根本就不是問題所在。

「如果阿巴斯總統前來加薩走廊，我們一定會讓他了解加薩的各個政府職員，還有各部門都是如何運作的。」胡爾表示。

這個時候，有四名在加薩的聯合政府官員表示，他們在自己掌管的部門中握有實權，還有權限開放或封鎖加薩的關口。

胡爾認為阿巴斯對哈瑪斯聘用的官員施壓，逼迫他們離職或是下台，藉此削弱哈瑪斯的政治實力。

「藉著馴化哈瑪斯的手段，阿巴斯想要向世界證明他才是唯一掌權的人。阿巴斯不想讓世界各國知道打贏跟以色列這場戰爭的其實是反抗組織，而不是他所領導的自治政府。」

目前在巴勒斯坦自治政府部門中工作的幾千名雇員，他們仍然按時領取自己的薪水。但是曾經在哈瑪斯政府底下服務的多數雇員，還有那些在醫院工作的公務人員，他們至今尚未領到積欠已久的薪資。

胡爾指出，在五萬名政府雇員當中，有超過四萬人已經連續工作八個多月，但是卻沒有收到任何薪水，然而這個時候卻有好幾萬人坐在家中，領著國際組織給付的錢。

哈瑪斯在二〇〇七年開始掌管加薩之前，加薩仍然是由巴勒斯坦自治政府管理，而當時在加薩工作的公務人員，現在都坐在家中領薪水。現在自治政府與哈瑪斯簽訂和平協議，那些前任的公務員現在應該也要回到崗位，不過他們卻遲遲未現身。

戰爭尚未爆發前的六月底，許多政府雇員已經連續七個月沒領到薪水了，有些人也只領到部分薪資而已。哈瑪斯官員估計，巴勒斯坦自治政府積欠的薪資大約已經高達十億美金。

約莫有六十萬加薩居民或是百分之三十六的加薩人口都有家人在政府部門工作，因此這波薪資凍結的問題也大大影響他們的生活。

對許多國際媒體來說，還有另一個問題有待釐清，那就是政府各部門要如何在以色列將地底隧道封鎖的情況下繼續營運。

直到埃及前總統穆罕默德．穆爾西下台之前，加薩政府還能向管理地底隧道的公司課稅，用這些稅金支付政府員工的薪資。自從埃及與哈瑪斯（穆斯林兄弟會衍生出的組織）之間的關係逐漸緊張之後，埃及就指控哈瑪斯讓槍手溜進西奈沙漠附近的地底隧道。為了制止哈瑪斯，埃及破壞了至少一千三百七十個地底隧道——此舉也等於切斷了哈瑪斯資金的主要來源。

加薩走廊準備從戰爭的迫害中重新站起來，政府各部門現在也仰賴從各地徵收的稅金來進行建設。舉例來說，汽車維修廠一定要由政府經營，這樣一來，每當有車子進行檢修政府就會有收入。

胡爾表示他任職的教育局也被迫縮編預算、刪減重要計畫的資金——像是原訂的小學生教育計畫的十萬元就被迫縮減，只剩下兩萬元可用。

燃油配給券現在也減少了。譬如原先政府的資深員工每個月都會有一百三十到一百五十公升的燃油額度，讓他們能夠開車往返各地，但是現在每個月他們只能免費加三十公升的油。

長達七周的戰爭結束之後，巴勒斯坦政黨派系看起來似乎不再指控彼此，而能團結合作——但是這樣和平的局面，似乎也因為雙方漸漸在媒體上指控對方，而開始動搖崩解。

雖然如此，巴勒斯坦人民仍然對於下個月預定在開羅舉辦的會議感到很有信心，大家相信各個政治黨派一定能達成共識。今年四十三歲、在加薩擔任學校老師的阿布・艾卜德哈迪表示，阿巴斯總統跟他的聯合政府應該要來加薩走一走、看一看。

「我們被以軍蹂躪糟蹋，但是巴勒斯坦自治政府從來沒有關心過我們。」艾卜德哈迪說：「戰爭過後，所有部門首長不是應該都要親自現身，關心他的人民嗎？」

不過他也表示，現在不是一一唱名、公開指責的時候。政黨派系應該要團結合作，因為巴勒斯坦人民的生活比起法塔赫或哈瑪斯的利益都來得重要。

「畢竟我們同是巴勒斯坦人，我們在戰爭中撒下的鮮血應該要讓大家更團結。」艾卜德哈迪說道。

阿巴斯表示，假如伊斯蘭運動妨礙到自治政府在加薩走廊的運作的話，他就要中斷跟哈瑪斯談成的和平協議。

哈瑪斯領導人穆薩・阿布・瑪爾祖克在最近舉辦的一場研討會表示，聯合政府肩負的責任更大，他們應該要協助加薩重建。他還批評巴勒斯坦自治政府在約旦河西岸，獨自成立了一個重建加薩的委員會。

「加薩走廊明明就有辦法自立自強。」瑪爾祖克說。

政黨派系不斷鬥爭攻訐、你來我往，國際組織以及社會大眾都非常擔心，不曉得派系分化的後果究竟是誰要承擔。

歐盟最近派了幾位官員到加薩走訪，這些官員也跟加薩當地的領導人會面。這些歐盟官員隱約表示，歐盟跟以色列都不排斥協助支付加薩公務人員的薪資。

與此同時，哈瑪斯大力抨擊阿巴斯總統。

「加薩人民面臨阿巴斯總統投下的震撼彈。社會大眾跟媒體現在都漸漸曉得，原來公務人員的薪資遲遲無法發放，當中唯一的障礙就是阿巴斯。」胡爾表示。

加薩面臨選擇：追著外援團體跑，或是挨餓至死

許多國際非政府組織在遭受砲火摧殘的加薩走廊發送救援物資，不過最迫切需要救助的災民，並沒有獲得應有的配給物資

位於加薩市西部、塔爾哈瓦的聯合國學校，校園外現在變成了一處迷你市集，許多攤販都在這裡向無家可歸的居民兜售商品。這些攤販跟流離失所的災民搶奪物資，拿到市集上販賣，努力換取現金。

現年五十四歲的阿布·哈立德原先在加薩的舒加艾耶擁有一棟住宅，不過以軍肆虐後他已一無所有。無家可歸、一貧如洗的哈立德，對於救援物資分配的狀況相當不滿。這些來到加薩的國際非政府組織跟近東救濟和工程處相差甚遠：近東救濟和工程處有非常明確的救援流程；國際非政府組織只是帶著物資來到加薩，卻沒有制定清楚的配送策略。

「我們的家早就被夷為平地，但是到目前為止我們沒有收到任何補助，可是其他人卻拿到很多食物配給券。」他表示。有許多民眾跟阿布·哈立德際遇相同，不過阿布·哈立德是一位自尊心非常強的人，他絕對不會追著食品車跑，哀求對方賜予這種基本的生存權。

其實問題的癥結在於配送物資的組織沒有一套全面的流程，讓那些急需救濟的居民獲得最大的幫助。目前看來有許多組織分配補給品的過程都相當隨性，而許多處境堪憐的居民依然生活在水深火熱中。

其中一位就是今年五十一歲、行動不便的哈珊姆．薩克拉。薩克拉原先住在塔哈瓦地區十二樓高的札菲大樓中，但是這座大樓也遭到以色列砲擊轟炸。

「物資配送都是依據家族勢力還有跟政治黨派的關係而定，」薩克拉表示。他說自己的某些朋友，都是靠著人脈或是效忠政府的程度來領取救濟品的。

無家可歸的加薩居民抱怨他們領到的補給品品質不佳，有的還被小販拿去當地市場兜售，或是被那些住家毫髮無傷的民眾領走。當地居民更稱呼某些物資為「貴賓補給品」。

「有些甚至只會分派給身分地位較特殊的民眾，我從朋友口中聽說像是洗衣機、冰箱、碗盤，還有其他廚具，這些東西都只有特定人士才能領取。」薩克拉表示他什麼也沒拿到，因為他跟政治黨派毫無瓜葛。

「連去領取別國捐贈的寢具也會遭到歧視：科威特捐贈了很多品質不錯的床墊，但是只有那些握有特殊人脈的才拿得到；像我們這種平民百姓只能分到低劣品，有些人甚至兩手空空、什麼也領不到。」

加薩的家家戶戶都認為救援團體的策略失敗，他們沒有辦法將援手伸向那些最弱勢、被邊緣化的民眾。

「救援團體之間完全沒有協調過。」薩克拉表示，「有時候我們會從不同組織手上拿到一模一樣的食物，頻率大概高到六次。我們根本不需要這麼多重複的食品，大家其實需要各式各樣的生活補給品。」身為一位身障者，薩克拉需要現金添購各種基本日常用品，像是藥品還有洗衣精。薩克拉還需要交通補助，讓他的女兒能夠順利上下學。

戰火停息的時候，薩克拉從卡達政府領到一千元的補助金，不過他說其他跟政治黨派關係甚深的民眾，領取的金額更為可觀。

「援助團體的舉動，讓我們都變成了沒有尊嚴的乞丐。」薩克拉說到一半，突然停下來調整自己的輪椅。

戰爭結束又過了一個月，薩克拉必須跟自己的孩子還有親戚道別，因為其它家人必須到另一個安全的地方尋求庇護。雖然薩克拉不願意思考未來的處境為何，但他也了解嚴冬即將來臨。身為一位行動不便的父親，他所需要的物資不僅是食物而已；不過薩克拉不知道該向誰求助，他覺得自己似乎被世界所遺棄。

除了身上的衣服之外，薩克拉的衣物全部都被壓在札菲大樓的殘骸底下。雖然他收到了一些二手衣物、也確實將這些救濟品穿在身上，但是他卻覺得自己備受羞辱。

「每次一有向人乞討的感覺，我就又會再次感受無家可歸的那種痛苦。」

孤立無援

巴勒斯坦人權維護網的成員穆罕默德．賈莫爾表示，援助團體都是依照居民與政黨派系的關係、或是跟國際非政府組織的親近程度來分派物資。這種分派的現象很有可能讓某些居民孤立無援。

「依照政黨派系來配送救援物資的說法絕對無庸置疑，你們看拉法市東部的災情這麼嚴重，但是現在卻沒有任何救援團體對當地居民伸出援手。那些選擇待在家裡、維護自身尊嚴的民眾完全沒有領到補給品。」

賈莫爾並不認為救援團體是刻意要排擠某些族群，他認為某些國際非政府組織只是不願意耗費精力，乾脆把物資分給那些他們認識、或者距離配送地點比較近的民眾。

「其實這種分配不均的現象也不是頭一遭了，但是現在加薩走廊湧進大批救難物資，顯然很多家庭領了八、九次補給品，但是有的人卻什麼也沒分到，至今仍等待救援。」

可惜的是，沒有人知道如果要改善這種現況，需要通報哪個單位；就連確切的戰後損傷規模也沒人知曉，因為有很多住家遭到以色列砲彈毀損的民眾，他們的姓名至今仍未正式登記在巴勒斯坦自治政府的救助清單上。

賈莫爾表示他的住家也遭到損傷，但是戰爭結束之後，他連一罐乾淨的礦泉水也沒領到。他還有一些朋友的處境更加危及，他們在戰爭中受到重創，但是戰後卻乏人問津，沒有救難團體主動提供幫助。

「我知道有些人寧願餓死，也不要像乞丐一樣追著食品補助車跑。」他表示。

今年三十七歲的慕尼爾・哈瑪是一位待業中的加薩居民，他的住家位於拉法市邊界的柯伯特・阿達斯。戰爭結束之後過了三周，阿達斯現在仍在等待救援物資的來臨，同時他也有些話想說。

「那些國際非政府組織都坐在辦公室裡吹冷氣、不願意實際走進大街小巷幫助人，他們就等著災民親自上門乞討。品質優良的物資早就被跟政黨關係密切的民眾掠奪一空，我們這些平民百姓只能拿到那些剩下來的瑕疵品。」

這種資源分配不均、偏袒特定民眾的現象，也讓援助團體的名聲受到質疑。

「救災的物資本來應該就要先分配給那些逃離住家、遭受重大傷害的居民，像我就是其中一例。」哈瑪說道。而哈瑪受訪的時候，住家門口正好駛過一輛開往加薩市、載著床墊的卡車。

跟其他身處地理位置偏遠的民眾相比，住在加薩市的薩克拉已經幸運許多。儘管如此，薩克拉還是認為國際救助組織的行動雜亂無章，物資配送中心的現場也是一片混亂。

薩克拉必須跟其他居民一起分享他所分配到的多餘糧食，現在他連基本民生用品也買不起。

「我真希望大家不用靠救濟品度日，也不用面臨這種配給不均、被政黨勢力欺凌的屈辱。」薩克拉說道。

絕望的加薩居民消失大海之中，家人四處找尋

許多加薩人民都會努力尋找機會搭船到歐洲、試著在異地找回正常的生活模式；不過航行過程危機四伏，許多懷抱異國夢的民眾往往被大海給吞噬

今年五十一歲的祖黑爾．馬霍夫在得知自己的兒子跟孫女失蹤之後，一句話也說不出口。馬霍夫已經盡了最大努力尋找至親的下落，但是至今仍然沒人知曉他們身在何方。

他二十九歲的兒子穆罕默德．馬霍夫非常幸運，在以色列對加薩進行的殘暴攻擊中活了下來。穆罕默德．馬霍夫帶著自己的女兒拉娜通過了加薩的地底隧道，也因此逃過以色列猛烈的砲火攻擊。

「我在加薩走廊已經一無所有。我現在身無分文，還需要支持女兒的生計。」穆罕默德在離開加薩之前對《半島電視台》說。

九月六日，穆罕默德對他的父親說：「爸爸不要擔心我們，我們已經準備好要到瑞典去了。」

不過在九月十日當天，馬霍夫一家收到噩耗，消息指出巴勒斯坦的移民在馬爾他的岸邊喪命。一群巴勒斯坦人為了追求自由便偷渡到一艘船上，後來這艘船沉了，船上的乘客也紛紛

溺斃。

祖黑爾現在茫然失措、仍然在等待兒子跟孫女的消息，一心想確認他們是否也在罹難者清單當中。加薩走廊遭到以色列封鎖、埃及也關閉拉法關口，數百名加薩居民只好想盡辦法逃離加薩走廊，而最常見的辦法就是從地底隧道逃到埃及，或是搭船到歐洲去。過去十年來，這種窮極各種手段逃離加薩走廊的案例屢見不鮮，其中巴勒斯坦人最喜歡的國家則是比利時以及瑞典。

經歷船難的其中一位生還者替馬霍夫一家捎來最新消息：三歲大的拉娜在沉船的時候就喪失性命，而穆罕默德則是掙扎的游了一段距離之後才溺水死亡。不過目前政府當局或其他組織仍未證實這項消息。

根據《衛報》（*The Guardian*）的報導，這艘載著偷渡客的船是受到另一艘同樣載著非法移民的船隻撞擊，而不幸沉沒。

在此之前，穆罕默德．馬霍夫的生活已經被逼到死角、別無選擇。他的工作是一位汽車維修員，雖然技術精湛，但是自從以色列將許多汽車維修零件列為違禁品之後，穆罕默德也只得放棄這項志業，從此便沒了收入。幾年之後，穆罕默德搬了家，也找到新工作，他在起亞（KIA）汽車的維修部門擔任主任，只可惜這項工作的薪資相當微薄。而在各種零件缺乏的情況之下，穆罕默德也難以大展身手。

「我想要離開這裡，我想要過和平的生活。我想要用自己的雙手工作，養活家人。」他還在起亞汽車任職的時候曾對《半島電視台》說過：「在加薩走廊根本就沒有生活可言，沒有這些重要的汽車零件，我什麼事也沒辦法做。」

穆罕默德的哥哥哈邁德在二〇〇八到二〇〇九年的戰爭時，逃到瑞典展開新生活，從此以後在那裡安居樂業。哈邁德後來也鼓勵自己的弟弟離開加薩走廊尋求更好的生活，同時還能在瑞典擔任汽車維修員增加收入，讓自己的孩子在一個沒有暴力的環境之中成長。

拉法市的保安總局估計，大約有數千名巴勒斯坦人在二〇一四年的軍事行動期間，利用地底隧道逃離加薩走廊。這些逃難的民眾內心懷抱希望，願意鋌而走險繳交一大筆費用，從拉法市的地底隧道逃到埃及的亞歷山大港，再搭船前往利比亞或是義大利。這整段過程不僅相當危險，也要看當事人的運氣好不好，通往自由的道路總是埋伏著許多險惡。

有時候這些巴勒斯坦人會被倒塌的通道給壓死，還有其他人會在半路被位於西奈半島的埃及軍方給扣留拘捕。有時候埃及的海巡署隊員會對某些船隻進行抽查，而有些載滿巴勒斯坦難民的船隻則是在航行途中沉船。

雖然風險極高，但是穆罕默德·馬霍夫顯然認為這個機會值得他奮力一搏。他寧願帶著孩子到未知的國度生活，也不願意讓他們在這種備受壓抑、痛苦不堪的環境中成長；他也不希望女兒親眼目睹自己的家庭成員，在這個被以色列封鎖包夾的祖國中喪命、凋零。很多穆罕默德的朋友都不贊同他的決定，他們認為應該要堅守加薩走廊，因為要是大家都紛紛出走，以色列的詭計就得逞了。如果巴勒斯坦人離開祖國，以色列就可以占領、殖民這個空空如也的國度。

祖黑爾·馬霍夫表示他的兒子原本只是決定要到瑞典待一段時間，等到政治局勢穩定、生活狀況獲得改善之後就會帶著女兒回來。但是現在穆罕默德似乎永遠無法回到加薩走廊了。

來自義大利跟馬爾他的消息表示，有數百名巴勒斯坦人在尋找避難處的時候溺斃了。移民局估計二〇一四年大約有兩千九百人死於地中海，然而二〇一三年的死亡人數卻只有七百人而已。

總部設於日內瓦的國際移民組織發言人克莉絲提納・貝絲歐姆，對馬爾他沉船事件發表聲明，「那艘船上約莫有五百位偷渡客，包括敘利亞人、巴勒斯坦人、埃及人，還有異他族[60]人。這些人都想乘船到歐洲生活。」不過貝絲歐姆所提供的最新消息並沒有解決祖黑爾・馬霍夫內心的疑惑。祖黑爾至今仍未獲得兒孫死亡的確切消息。

一對來自戴爾巴拉赫的父母親也在等待新聞通報兒子的下落，不過好一陣子都音訊全無，於是這家人設立了一個哀悼的帳篷，準備接受親友慰問。後來有人從義大利撥了電話過來，告訴這對父母他們的兒子很有可能幸運地死裡逃生，因此他們立刻撤掉為葬禮搭建的帳篷。但是又過了兩天，情況卻有了一百八十度的轉變，原來那位那位活下來的難民不是他們的兒子，是另一位幸運存活的民眾、現在正在馬爾他的醫院接受治療。死者的父親表示，他的兒子為了要賺錢讓母親動手術，只好離開巴勒斯坦尋找更好的工作機會。

死者的母親無以入眠，而穆罕默德・馬霍夫的妻子也表示她的丈夫目前仍名列失蹤清單中。現在她從早到晚緊盯著電視，一心希望新聞能帶來好消息。

許多加薩走廊的家庭現在都下落未明，有些家庭全數失蹤，只有一些遠親仍然留在這片土

60 印度尼西亞的第二大民族，人口數約莫有四千萬人，宗教信仰大多為伊斯蘭教。

地。自從二〇〇六年以色列開始就禁止巴勒斯坦人民到海上航行，不過絕大多數的加薩人民還是決定要冒險乘船漂流到異鄉，可惜的是，許多人就此消失在這片茫茫大海中。

歐洲及中東人權觀察組織的雷米．艾卜杜歐博士表示，現在要立刻統計罹難者數量並查出他們的身分姓名，是一件相當艱難的任務。

「馬爾他政府根本就沒有充足的資源來打撈每一具屍體，而且義大利政府只要發現任何罹難者，也會立刻將遺體埋葬。」

艾卜杜歐博士認為，假如馬霍夫一家人夠幸運的話，或許他們還能拿到一張義大利政府埋葬屍體時拍攝的照片。

但是一張照片對馬霍夫全家人來說，根本就沒有辦法彌補他們的傷感之情。至親的家人漂流到一個他們從沒想過的國度，最後還無法得知他們的下落，穆罕默德的妻子絕對沒辦法接受這麼模糊不明的結果。

祖黑爾．馬霍夫表示，「我一定要知道我的兒子跟孫女是生是死。」

砲彈下的渴望：加薩走廊轟炸日記 / 穆罕默德．奧默 (Mohammed Omer) 著；溫澤元譯 .-- 初版 .-- 臺北市：
時報文化，2016.03
面；　公分 .--（文化思潮；2）
譯自：Shell shocked : on the ground under Israel's Gaza assault
ISBN 978-957-13-6569-5（平裝）
1. 猶太民族　2. 國際衝突　3. 報導文學　4. 中東

735　　105002687

ISBN 978-957-13-6569-5
Printed in Taiwan

文化思潮 002

砲彈下的渴望 加薩走廊轟炸日記

Shell Shocked: On the Ground Under Israel's Gaza Assault

作者　穆罕默德．奧默 Mohammed Omer ｜ **譯者**　溫澤元 ｜ **責任編輯**　陳怡慈 ｜ **責任企畫**　廖婉婷、劉凱瑛 ｜ **美術設計**　許晉維 ｜ **董事長．總經理**　趙政岷 ｜ **出版者**　時報文化出版企業股份有限公司　10803 臺北市和平西路三段 240 號 4 樓　**發行專線**——(02)2306-6842　**讀者服務專線**——0800-231-705．(02)2304-7103　**讀者服務傳真**——(02)2304-6858　**郵撥**——19344724 時報文化出版公司　**信箱**——台北郵政 79-99 信箱　**時報悅讀網**——http://www.readingtimes.com.tw ｜ **法律顧問**　理律法律事務所　陳長文律師、李念祖律師 ｜ **印刷**　勁達印刷有限公司 ｜ **初版一刷**　2016 年 3 月 18 日 ｜ **定價**　新台幣 420 元 ｜ 行政院新聞局局版北市業字第 80 號 ｜